传
记
文
库

特立,不独行

许寿裳 著

天字第一号
章太炎传

新星出版社 NEW STAR PRESS

章太炎(1869—1936)

杭州余杭区仓前镇章太炎故居

经学大师俞樾。章太炎曾在其门下学习七年

章太炎打坐像。1903年,章氏因"苏报案"入狱,牢中开始专心研读佛典

1913年,章太炎与汤国梨结婚照

1913年夏天,章太炎、汤国梨婚后与汤国梨的两位母亲沈太夫人和邹太夫人的合照

1916年10月31日，黄兴病逝。11月24日，前来吊唁的友人在上海哈同花园合影。前排左起：一廖仲恺、四陈炯明、六章太炎、七寺尾亨、八孙中山、九有吉、十胡汉民；二排右起：一蒋介石、二宫崎寅藏

孙中山、章太炎、胡汉民（前排左起）合影

晚年章太炎

弟子们在章太炎北平追悼会合影，右起：马太玄、钱玄同、周作人、许寿裳、马裕藻、朱希祖、沈兼士、朱镜宙

章太炎手迹。释文：老少异粮，妾御绩纺，侍巾帷房，纨扇圆洁，银烛炜煌，悦豫且康，嫡后嗣续，祭祀烝尝

白刃當頭唯一笑
青天在上任人揸

書此贈順天時報館諸君子藉作紀念
時癸丑孟冬初寓于東師宜大門內之師
也章炳麟

章太炎书赠顺天时报馆

目 录

代 序

    有思想的学问家——关于章太炎……………………… 陈平原 / 1

第一章　最近三百年来中国政治和学术的鸟瞰 …………………… 9
    第一节　绪　言………………………………………………… 11
    第二节　满洲政府的罪恶……………………………………… 16
    第三节　民族主义的沦没……………………………………… 19
    第四节　帝国主义的猖狂……………………………………… 26
    第五节　固有学术的消沉……………………………………… 29

第二章　革命元勋的章先生 ………………………………………… 33
    第六节　幼年期的民族思想…………………………………… 35
    第七节　会见国父痛驳康有为时期…………………………… 39
    第八节　光复会时期…………………………………………… 42
    第九节　入狱时期……………………………………………… 47
    第十节　编辑《民报》时期…………………………………… 53

  第十一节 功成后的做官 ………………………………… 60
  第十二节 功成后的被幽囚 ……………………………… 67
第三章 国学大师的章先生 …………………………………… 73
  第十三节 治学与师友 …………………………………… 75
  第十四节 革命不忘讲学 ………………………………… 81
  第十五节 语言文字学上的贡献 ………………………… 88
  第十六节 文学上的贡献 ………………………………… 96
  第十七节 史学上的贡献 ………………………………… 102
  第十八节 经子及佛学上的贡献 ………………………… 117
  第十九节 对于中印文化沟通的期望 …………………… 126
第四章 先生晚年的志行 ……………………………………… 131
  第二十节 对于甲骨文的始疑终信 ……………………… 133
  第二十一节 对于全面抗日的遗志 ……………………… 136
  第二十二节 先生的日常生活 …………………………… 140
  第二十三节 "学而不厌・诲人不倦" …………………… 145

附录一 《訄书》选 …………………………………………… 148
附录二 纪念先师章太炎先生 ………………………………… 228
附录三 作为著述家的许寿裳 ………………………………… 238

代　序

有思想的学问家——关于章太炎

陈平原

　　身兼斗士与学者的章太炎（1869—1936），一生屡遭世变，多次卷入政治斗争旋涡，可依然著述、讲学不辍。早年奔走革命，不忘提倡学术；晚年阐扬国故，可也呼吁抗日。在政治与学术之间徘徊，是清末民初学者的共同特征；章太炎的好处是干什么像什么，是个大政治家，也是个大学者。后世学人关于民国以后的章太炎是否"退居于宁静"的争论，未免过分集中关注其政治生涯。换一个观察角度，由从政转为问学，很难简单认为"颓唐"或"消极"。在我看来，章太炎不只是革命家，更是近代中国最博学、思想最复杂高深的人物。鲁迅称章氏为"有学问的革命家"，我则倾向于将其作为"有思想的学问家"来考察。

一

谈论章太炎的思想与学术，很难不作分期把握，因其思想庞杂且变化多端，根本无法"一言以蔽之"。前人关于章氏思想发展的分段，颇多可议之处。关键不在分段时提前几年抑或推后几年，而在使用的理论尺度以及无意中表露出来的论者的学术思想。

最常见的弊病是过分依赖历史事件，而不大考虑对象自身的特性。甲午战争、辛亥革命和"五四"运动，当然会在章氏生活和思想上打下烙印，可将其作为分段依据则嫌牵强。外在的政治事件与个体的生命体验和思想学术追求不能画等号，尤其是像章太炎这样有极强烈的独立意识的思想家，根本不会随时势流转。将个体感受直接依附于外界发生的政治事件，说成是其"必然的反映"，而不尊重个体独特的生存处境、感情世界以及内在思路，所有历史人物的思想发展也就只能一刀切了。

与此相关系的是，过分突出所谓革命派与改良派的斗争（或光复会与同盟会的分裂），用外在的政治行动作为评价的唯一依据，抹煞章太炎思想的深刻性与复杂性，使得历史人物一下子平面化了。清末民初，知识分子上下求索，许多见解既空泛又深刻，一时难断是非曲直。只因为辛亥革命成功，就断言"革命"是好"立宪"是坏，未免过于草率。史学家吕思勉曾指出一个有趣的现象：君主和民主比较，自然君主较旧而民主较新；可将革命和立宪比较，"革命是吾家旧物，而立宪的观念则来自西洋"（或者说革命是旧而立宪是新）。主君主立宪的康、梁与主民主革命的孙、章，都不是"新旧—中西"（更不要说"进步—落后"）这样简单的模式所能概括的。

章太炎自述思想变迁，有一句话很精辟："自揣平生学术，始则转俗成真，终乃回真向俗。"（《菿汉微言》）这话常被研究者引用，可具体阐释五花八门，尤其是关于"真"、"俗"的界定。比如，随顺众生为俗，破除迷妄为真；具体事物为俗，抽象哲理为真；史学为俗，哲理为真；学以致用为俗，实事求是为真，儒学是俗，佛学是真；经验现象是俗，心灵本体为真……等等。章氏既持真俗之辨，又主"真妄同源"，颇多精彩之论。不过，倘以这假定性的"真俗"说衡量章氏一生，其"转俗成真"与"回真向俗"恰好落实在两次系狱。"遭世衰微，不忘经国，寻求政术，历览前史"——此乃未经"真"洗涤的"俗"；"及囚系上海，三岁不觌，专修慈氏世亲之书……解此以还，乃达大乘深趣"——此即"转俗成真"；"癸甲之际，厄于龙泉，始玩爻象，重籀《论语》"——此乃"回真向俗"。三年系狱，三年幽禁，前后两次被囚，精神状态大不一样，可都促使章氏深思熟虑，重新反省其政治理想及学术追求，在某种程度上促成了思想转变。这种转变当然不是一夜之间完成的，《太炎先生自定年谱》和《太炎先生自述学术次第》对此也含糊其辞；为了论说方便，只能作如下大致划分：第一次转变以1906年出狱东渡日本为界；第二次转变以1915年幽禁中作《菿汉微言》自述"回真向俗"为标志。以此二变三段来把握章太炎的思想变迁，相对强调内在思路而不是外在行动，价值追求而不是政治倾向。

二

谈论章太炎的学术思想不容易，因其糅合百家而又自成宗派，思想资料和学术渊源颇为复杂，不同时期所吸收、所推崇的又很不一致。不过，大致而言，章氏学术思想的形成，依其先后可分为古今文之争、中西学之辨和儒道释的调适三个层次。值得注意的是，章太炎不是在一种平静状态下接受某一思想（或学术观念），而始终是坚持"依自不依他"的独立意识，在争辩中、对抗中选择取舍，融会贯通的。

章氏治学讲求自得，既反泥古，也反媚外。评判历代学术，其重要标尺就是能否"独立自得"。而对西方学术，章氏从来都是以我为主，不为所拘，有时甚至故显倨傲，言辞刻薄。可另一方面，章太炎其实颇为善于向学术上的对手学习，借助论争激发灵感，完善自家学说。20年代章太炎有一段自白，很能表明他这种治学风格："我们更可知学术的进步，是靠着争辩，双方反对愈激烈，收效愈增大。我在日本主《民报》笔政，梁启超主《新民丛报》笔政，双方为国体问题辩论得很激烈，很有声色；后来《新民丛报》停版，我们也就搁笔。"（《国学概论》）

至于为了匡正时论，故作惊人之语，在章太炎也不稀奇。1906年，章太炎写下对新文化运动影响甚大的《诸子学略说》，批评儒家"以富贵利禄为心"，十六年后表示忏悔此"狂妄逆诈之论"，并解释当时立论乃因"深恶长素孔教之说，遂至激而诋孔"（《致柳翼谋书》）。这种解释并非无稽之谈，章氏好多轰动一时的惊人之论是服务于其时的政治论争的。李泽厚称其为"半政治半学术的广阔评述"（《章太炎剖析》），不无道理。正因为如此，对其分析评判，不能限于字面所述事实或所依学理，更得考虑其特定语境和潜在的对话者。

章太炎对康有为借公羊学倡改制的良苦用心其实颇有领悟，只是对其论学诡怪恣肆主观武断始终不以为然。早年为了"以革政挽革命"，章氏曾应邀与康门弟子共事，可"论及学派，辄如冰炭"；只因考虑到其时政治斗争形势，才没有公开批评康氏学说。戊戌政变后，他甚至针对世人对康有为的攻击，挺身而出为其辩护，并自认与康氏"论学虽殊，而行谊、政术自合也"（《〈康氏复书〉识语》）。只是到1900年解辫发主排满以后，政治上与康梁等君主立宪分道扬镳，章氏才多次著文痛诋康有为的今文经学。康有为立说过于武断，弟子梁启超也承认其师"以好博好异之故，往往不惜抹杀证据或曲解证据"（《清代学术概论》）。这种治学方法，与作为古文经学大师的章太炎所标榜的求是精神大相径庭。再加上政见歧异，故章太炎对之热讽冷嘲不遗余力。这么一来，章氏也就难得平心体会康氏立说的长处,"门户之见,时不能免"(同上)。

在今古文之争中,章太炎无疑是站在古文经学一边;而在中西学之辨中,章氏似乎以中为主,这有其特殊的理论背景,并非盲目排外。只是针对日渐加剧的"欧化主义",章太炎才大声疾呼"用国粹激动种性,增进爱国的热肠"(《东京留学生欢迎会演说辞》)。究其实际,章氏对向西方求学理这一思潮并不反感,而且自觉投入其中,不只释译日人岸本武能太的《社会学》,东走日本时更"旁览彼上所译希腊、德意志哲人之书"。这使得他在著述中可以不时与苏格拉底、柏拉图、亚里士多德乃至康德、费希特、黑格尔、叔本华、尼采、休谟、赫胥黎、斯宾塞等西哲对话与辩难,并以之作为建构理论体系的参照。更何况章氏还有另一手绝活——对印度哲学的了解,使得他能够随意征引婆罗门、胜论、数论各宗乃至《法华》、《华严》、《瑜伽》诸经。这点章太炎非常得意,口述《菿汉微言》时以融会通"华梵圣哲之义谛,东西学人之所说"自许。可毋庸讳言,章氏对"东西学人之所说",谈不上精深研究,好多只是依据第二、三手材料和同时代人的研究成果(一如梁启超《卢梭学案》、《近世第一大哲康德之学说》和鲁迅的《摩罗诗力说》),都是连编带写,近乎纂述,当然也都不无发挥。好在章太炎本就是"依自不依他",用近乎"六经注我"的态度,借助这些西方学说来构建自家的理论体系。

章太炎之不同于清儒,不只在于他有幸借鉴泰西学说,学术眼界更为广阔;更在于其超越考据,直探义理,成为近代中国真正有思想的大学者。章氏认定学者之病实者(执著滞淹)当施泻,病虚者(浮华夸诞)宜施补,"鄙人夙治汉学,颇亦病实。数年来,以清谈玄理涤荡灵府,今实邪幸已泻尽"(《致宋燕生书》)。诂经精舍七年,章太炎受过严格的朴学训练。由朴学而小学而史学而玄学,此乃章氏治学的大致门径。借用弟子许寿裳的话,就是"以朴学立根基,以玄学致广大"(《章炳麟》)。倘就追踪玄学丽言,章氏的精神漫游之路大致如下:先是由儒入佛,次则以佛反儒、以佛解庄，最后是儒释道互补。《蓟汉微言》中虽有"文孔老庄是为域中四圣，冥会华梵，皆大乘菩萨也"的话，但与传统文人之调和儒释道还是有所不同。就玄理而言，章氏认定中外学说，"无过《楞伽》、《瑜伽》者"，只是"佛法虽高，不应用于政治社会"，这才有待于老庄与文孔（《太炎先生自述学术次第》）。而儒道相较，又以孔子学说更切于人事，故国势日危时须格外阐扬儒侠，而不可独用佛道。经世求切于人事，求是则不妨高妙。就理论趣味而言，章太炎最欣赏的还是佛学，其著述的思想深度也大大得益于佛学的滋润。

三

古今、中外、儒释道三个层次之间，并非完全隔绝，而是处于互动、对话的状态。这一点，章氏自述学术次第时关于"汉学—科学—法相"三者关系的辨析最能说明问题。分层次只是为了便于把握，有时候根本无法分清孰先孰后。统而言之，章氏之治学，以第三层（哲理与眼光）成就最高，可根基则是第一层（方法与学养）。

在今古文之争、中西学之辨和儒释道的调适过程中，章太炎逐渐形成自己独特而庞杂的思想体系。不过在这有形的三层次的努力中，有一种无形的特殊动力，或者说思维习惯，驱使他为寻求真理而上下求索并取得丰硕成果。这就是其独行侠的气质以及否定性的思维特征。从上世纪末作《明独》，断言"知不独行，不足以树大旅"、"大独，大群之母也"起，章氏一生始终"特立独行"、"狂生"、"名士"、"异端"、"在野党"、"神经病"、"章疯子"、"矜奇立异"、"忤时违众"等等，这就是世人对章氏此一性格特征的褒贬。其中"神经病"的说法，是章太炎1906年在《东京留学生欢迎会演说辞》中供认不讳的："大凡非常可怪的议论，不是神经病人，断不能想，就能想也不敢说。说了以后，遇着艰难困苦的时候，不是神经病人,断不能百折不回,孤行己意。所以古来有大学问成大事业的,必得有神经病才能做到。"章太炎晚年批评世人趋新骛奇,可"立说好异前人"(包括今人),正是章氏平生活学一大特点,其得失皆系于此。

侯外庐称章太炎研究中"表现出自我横冲的独行孤见,在中国思想史上这样有人格性的创造,实在数不上几人"(《近代中国思想学说史》)。贺麟在《当代中国哲学》中则断言:"他不但反对传统的中国思想,他同样的反对西方的新思想,其勇于怀疑,与康有为之破除九界、谭嗣同之冲决网罗,有同等甚或更大的思想解放、超出束缚的效力。"萧公权以"抗议"二字作为章氏政治思想的核心(《中国政治思想史》);河田悌一则干脆称章太炎为"否定的思想家"(《否定的思想家——章炳麟》)。所有这些说法,都是注意到章氏立论的这一特色。

这种标新立异锐意创新的学术风格,好处是总走在时代前头,善于救弊扶偏,"事未至而先见败征,众人方醉而已独醒"(庞俊《章先生学术述略》),可一味颠倒时论,为否定而否定,虽能出奇制胜,但易失之偏激。

以"独行孤见"、"勇于怀疑"、"抗议"、"否定"为思维特征的章太炎,在清末民初这一场思想文化震荡中,其才华发挥得淋漓尽致,一点也不奇怪——这本来就是一个拆散(破坏旧世界)的时代。时过境迁,章太炎许多当年传诵一时的"妙语"与"怪论",都可能被人遗忘,但其"特立独行"的气势,至今仍令人神往。

1992年1月于京西畅春园

(原刊《文学自由谈》1992年2期)

第一章

最近三百年来中国政治和学术的鸟瞰

第一节　绪　言

一　革命元勋

章先生名炳麟，字枚叔，爱慕昆山顾炎武的为人，改名曰绛，别号太炎。是革命元勋，同时是国学大师。这个革命的意义是什么？只要一看那时代的背景，便可了然。先生以公元1868年（民国纪元前四四年，即清统同治七年），生于浙江余杭县东乡，生年比国父小二岁。那时侯，正是中英缔结不平等条约——《南京条约》的二十四年，英法联军攻破北京后八年，太平天国运动被消灭后四年，从里面看，满清政府的腐败一天厉害一天；从外面看，列强帝国主义的压迫一天沉重一天。但是当时士大夫们苟且偷安，懵然无觉。所谓优秀分子者，也不过或言变法，或谈立宪，议论纷纷，徒乱一般人民的视听。自从先生以历史民族之义提倡光复，"首正大义，截断众流"，又和国父相见定交，同谋革命，先生的文字鼓吹的力量，特别来得闳大壮美。因之遭逮捕，入幽牢，百折不挠，九死无悔，而后国民感慕，翕然从风。其于民国艰难缔造之功，国父而外，实为第一，所以称之曰革命元勋。

二　国学大师

至于章先生学术之大，也是前无古人。试看满清一代的学术，惟有语言文字之学，就是所谓"小学"，的确超轶前贤，光芒万丈，其余多是不振。其原因就在满洲入关以后，用种种凶暴阴险的手段来消灭我们汉族的民族意识。我们看了足以惊心动魄，例如兴文字狱呀，焚书呀，删改古书呀，民多忌讳，所以歌诗、文史趋于枯窳；愚民策行，所以经世实用之学也复衰竭不堪。使一般聪慧的读书人，都只好钻入故纸堆中，做那考据训诂的学问。独有先生出类拔萃。虽则，他的入手工夫也是在小学，然而以朴学立根基，以玄学致广大。批判文化，独具慧眼，凡古今政俗的消息，社会文野的情状，中、印圣哲的义谛，东西学人的所说，莫不察其利病，识其流变，观其会通，穷其指归。"千载之秘，睹于一曙"，这种绝诣，在清代三百年学术史中没有第二个人，所以称之曰国学大师。

三　中华民国国名的解释

章先生的地位，无论在中国学术史上，或在中国革命史上都是卓绝的。我们有国父和先生才有革命，有革命才有"中华民国"。要晓得我们的中华民国之称，尚系发源于先生的《中华民国解》。现在录一节如下：

> 中国之名，别于四裔而为言。印度亦称摩伽陀为中国，日本亦称山阳为中国，此本非汉土所独有者。就汉土言汉土，则中国之名，以先汉郡县为界。然印度、日本之言中国者，举中土以对边郡；汉土之

言中国者，举领域以对异邦，此其名实相殊之处。诸华之名，因其民族初至之地而为言。世言昆仑为华国者，特以他事比拟得之；中国前皇曾都昆仑以否，史无明征，不足引以为质。然神灵之胄自西方来，以雍、梁二州为根本。宓羲生成纪，神农产姜水，黄帝宅桥山，是皆雍州之地；高阳起于若水，高辛起于江水，舜居西城（原注：据《世本》，西城为汉中郡属县，故公孙尼子言舜牧羊于汉阳。据《地理志》，汉中郡襄中县有汉阳乡），禹生石纽，是皆梁州之地。观其帝王所产，而知民族奥区，斯为根极。雍州之地，东南至于华阴而止；梁州之地，东北至于华阳而止。就华山以定限，名其国土曰华，则缘起如是也。其后人迹所至，遍及九州。至于秦、汉，则朝鲜、越南皆为华民耕稼之乡，华之名于是始广。华本国名，非种族之号。然今世已为通语，世称山东人为伧子者，伧即华之遗言矣。正言种族，宜就夏称。《说文》云："夏，中国人也。""蛮夷猾夏"，《帝典》已有其文，不知起于夏后之世。或言远因大夏，此亦与昆仑华国同类。质以史书，夏之为名实因夏水而得。是水或谓之夏，或谓之汉，或谓之漾，或谓之沔，凡皆小别互名；本出武都，至汉中而始盛，地在雍、梁之际。因水以为族名，犹生姬水者之氏姬，生姜水者之氏姜也。夏本族名，非邦国之号，是故得言诸夏。其后因族命地，而关东亦以东夏著。下逮刘季，抚有九共，与匈奴、西域相却倚，声教远暨，复受汉族之称，此虽近起一王，不为典要；然汉家建国，自受封汉中始，于夏水则为同地，于华阳则为同州，用为通称，适与本名符会。是故华云，夏云，汉云，随举一名，互摄三义，建汉名以为族，而邦国之义斯在；建华名以为国，而种族之义亦在：此中华民国之所以谥。

（太炎《文录·别录卷一》）

由此可知华是国名，原于华山。雍、梁二州，中间以华山山脉为界

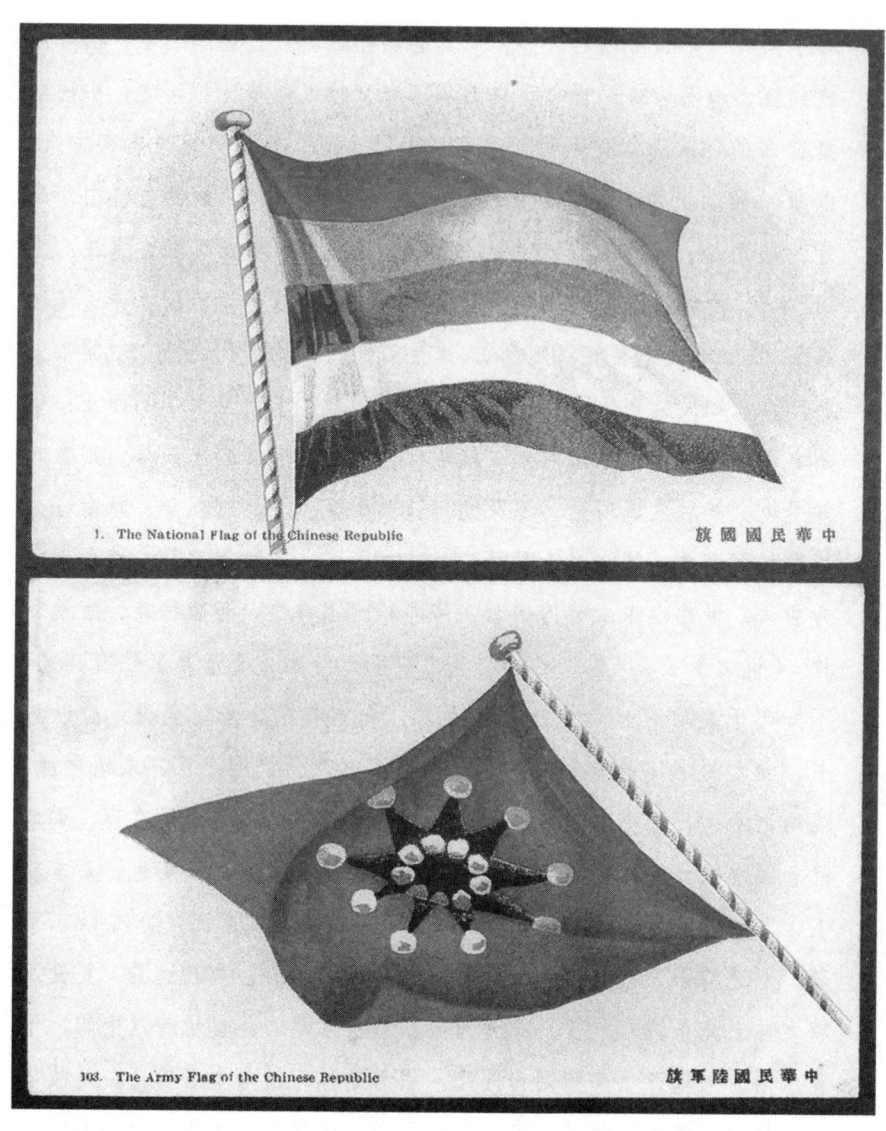

中华民国成立时的国旗和陆军旗。当时各方为国旗方案争论不休，章太炎提出用五色旗，取"红、黄、蓝、白、黑代表汉满蒙回藏五族共和之义"，被各方接受

(秦岭山脉应正名为华山山脉)。我们的祖先开国，本以这二州做根据。故就华山山脉以定方位，而名其国土曰华。夏是族名，《说文》训中国之人。因为本是族名，并非邦国之号，所以得称诸夏。国父说过："民族主义就是国族主义，在中国是适当的，在外国便不适当。"这句遗训，于今于古，都是恰当的。我们从古以来，自称华夏。华夏二字连称，便可作为国父所说"民族主义就是国族主义"的一个实证，又得先生这样明白地解释，使人豁然贯通，真可谓之"相得益彰"。

第二节　满洲政府的罪恶

四　满清盗有中夏

满洲爱新觉罗氏是女真的遗族,自从努儿哈赤起兵,蚕食邻部,其子皇太极入据全辽,我国适有流寇之乱,开门揖盗。于是多尔衮、福临父子,乘隙而入,宰割我国土,屠戮我人民,盗窃我政权,卒使黄帝遗胄,沦为奴隶者二百六十七年,四海困穷,救死不给。即如康熙中叶,人们每艳称为家给人足,但按其实际,何尝是如此!唐甄生当其时,他的《潜书·存言篇》有云:"清兴五十余年,四海之内,日益困穷,中产之家,尝旬月不睹一金,不见缗钱,无以通之。故农民冻馁,丰年如凶。良贾行于都市,列肆焜耀,冠服华腆;入其家室,朝则卤无烟,寒则蜷体不伸。吴中之氏,多鬻男女于远方,遍满海内。"所谓最盛时期,富庶地方尚且是这样,其余更可想见了。

五　政谷十大罪

满清统治，稔恶盈贯，章先生写其凶虐的情形，历历如画，兹录一节如下：

……今将数虏之罪，我中华国民其悉心以听：昔拓跋氏窃号于洛，代北群胡，犹不敢陵轹汉族。虏以要害之地，建立驻防，编户齐民，岁供甲米，是有主奴之分，其罪一也。既据燕都，征固本京饷以实故土，屯积辽东，不入经费；又镕金巨亿，贮之先陵，穿地藏资，行同盗贼，故使财币不流，汉民日匮，无小无大，转于沟壑，其罪二也。诡言仁政，永不加赋，乃悉收州县耗羡以为己有，而令州县恣取平余；其余厘金夫马杂税之属，岁有增加，外窃仁声，内为饕餮，其罪三也。自流寇肆虐，遗黎彫丧，东南一隅，犹自完具。虏下江南，遂悉残破。南畿有扬州之屠、嘉定之屠、江阴之屠，浙江有嘉兴之屠、金华之屠，广东有广州之屠；复有大同故将，仗义反正，城陷之后，丁壮悉诛，妇女毁郭，汉民无罪，尽为鲸鲵，其罪四也。台湾郑氏，舟师入讨，惧海滨居民之为向导，悉数内迁，特申海禁。其后海外侨民为荷兰所戮者三万余人，自以开衅中华，上书谢罪。大酋弘历，悉置不问。且云寇盗之徒，任尔殄灭，自是白人始快其意。遂令南洋侨民，死亡无日，其罪五也。昔胡元入寇，赵氏犹有瀛国之封，宗室完具，不失其所。满洲戕虐弘光，朱氏旧宗，剿灭殆尽。延恩赐爵，只以欺世，其罪六也。胡元虽虐，未有文字之狱，自知貉子干纪，罪在不赦，夷夏之念，非可划绝。满洲玄烨以后，诛求日深，反唇腹诽，皆肆市朝。庄廷鑨、戴名世、吕留良、查嗣庭、陆生楠、汪景祺、齐周华、王锡侯、胡中藻等皆以议论自恣，或托讽刺国，诗歌字书之间，虏遂处以极刑，诛及种嗣；展转相牵，断头千数，其罪七也。前世史书之毁，多由载笔直臣，书其虐政，若在旧朝，一无所问。虏以人心思汉，宜所遏绝，焚毁旧籍八千余通，自明季诸臣奏议、文集而外，上及宋末之书，靡不烧灭。欲令民心忘旧，习为降虏，其罪八也。世奴之制，普天所无。虏既以厮役待其臣下，汉人有罪，亦发八旗为奴。仆区之法，有逃必戮。诸有隐匿，断斩无赦。背逆人道，苛暴齐民，其罪九也。法律既成，即当遵守，军容国容，互不相入。虏既多设条例，务为纠葛。督抚在外，一切以便宜从事。近世乃有就地正法之制，寻常私罪，多不复按。府电朝下，囚人夕诛。好恶因于郡县，生杀成于墨吏。刑部不知，按察不问，遂令刑章枉桡，呼天无所，其罪十也。警察之设，本以禁暴诘奸。虏既利其虚名，因以自煽威虐，狙伺所及，后盗贼而先士人；淫威所播，舍奸宄而取良奥。朝市骚烦，道路侧目，其罪十一也。犬羊之性，父子无别。多尔衮以盗嫂为美谈，玄烨以淫妹为法制。其他烝报，史不绝书。汉士在朝，习其淫慝。人为雄狐，家有麀鹿。使中夏清严之俗，扫地无余，其罪十二也。官常之败，恒由贿赂，前世赃吏，多于朝堂杖杀，子姓流窜，不齿齐民。虏有封豕之德，卖官鬻爵，著在令典，简任视事，率由苞苴。在昔大酋弘历，常善任用贪墨，因亦籍没其家，以实府藏。盗风既长，互相什保。以官为贾，以法为市。子姓亲属，因缘为奸，幕僚外嬖，交伍于道。官邪之成，为古今所未有，其罪十三也。氈笠绛缨以为帽，端罩箭衣以为服。索头垂尾以为鬘，鞍鞯璎珞以为饰。往时以蓄发死者遍于天下，至今受其维絷，使我衣冠礼乐，夷为牛马，其罪十四也……

(《太炎文录》卷二《讨满洲檄》)

第三节 民族主义的沦没

六 文字狱

国父说："民族主义这个东西，是国家图发达和种族图生存的宝贝。中国到今日已经失去了这个宝贝。……并且不只失去了一天，已经失去了几百年。"这是说我们的民族主义被满清政府消灭了的痛史。其所用以消灭的方法不一，有软的，有硬的。前者示恩，如开博学鸿辞科之类，以牢笼士人；后者示威，如屡兴文字狱、焚书及删改古书之类，以毁坏历史。兹仅将后者三项，分节略述：

文字狱的案件甚多，不仅由于讥刺清朝，所谓"反动"而已。亦有出言隔膜，或乡曲迂儒，不识忌讳，或草野愚民，关心皇室，然其运命大抵悲惨。现在此类档案，已由故宫博物院陆续刊布。这里仅就上节所述关系民族思想的庄廷鑨等九人之狱，略叙述如下：

（一）庄廷鑨《明史》之狱。廷鑨，浙江人。编《明史辑略》，于清廷的事概施直笔,为归安知县吴之荣所揭发,时廷铖已卒,乃戮其尸,株连死者七十余人。

(二)戴名世《南山集》之狱。名世,安徽人。《南山集》多采取方孝标所记,并用永历年号,遂处以极刑,族皆弃市。

(三)吕留良选文之狱。留良,浙江人。评选时文,内有论夷夏之防。国亡著书,多种族之感。雍正时,以曾诤狱牵涉,至于戮尸,株连甚众。

(四)查嗣庭试题之狱。嗣庭,浙江人。为江西正考官。试题曰:"维民所止。"讦者谓此"维止"二字,是取"雍正"二字而去其头。胤禛帝竟谓其逆天负恩,并且迁怒于浙江全省的士子,谓恐其效尤,乃停乡、会试若干年。此亦一段清代考试的史料。嗣庭死于狱,仍被戮尸。

(五)陆生楠论史之狱。生楠,广西人。著《通鉴论》十七篇。胤禛谓其借古诽今骰乱国事,乃被杀于军前。

(六)汪景祺作诗之狱。景祺,浙江人。随年羹尧为记室,作《西征随笔》。胤禛谓其作诗讥讪圣祖,大逆不道,立斩枭示,其妻子发往黑龙江,给穷披甲为奴。

(七)齐周华刻书之狱。周华,浙江人。好游览,有《五岳游草》,足迹遍天下。以保吕留良,刻其书,磔于市。

(八)王锡侯字书之狱。锡侯,江西人。作《字贯》一书,于《康熙字典》多所纠正。胤禛以其凡例内将庙讳及御名开列,就算不敬,治以大逆之罪。

(九)胡中藻诗抄之狱。中藻,广西人,鄂尔泰门生。鄂与张廷玉二人互相龃龉,朝官依傍门户者,彼此攻讦,倾轧不已。弘历帝深恶之,因欲借文字狱以示惩儆。中藻所刻诗曰《坚磨生诗抄》,弘历乃指中藻以此自号,为有心谋逆,且寻摘诗词中疑似的字句,指为谤讪诋毁,遂被弃市。

吕留良（1629—1683），明末清初学者、思想家、诗人。清军南下时曾组织武装反抗，在著述中宣扬华夷之辨。死后49年，受湖南儒生曾静反清一案牵连，雍正皇帝钦定以"大逆"罪名，被剖棺戮尸，子孙及门人等或戮尸，或斩首，或流徙为奴，罹难之酷烈，为清代文字狱之首

七 焚书

焚书亦是十四大罪之一。国父说："所有关于记载满洲、匈奴、鞑靼的书，一概定为禁书，通通把它消灭，不准人藏，不准人看。"因为弘历假奖励文化的美名，行察勘禁书的私意，所以章先生揭发其隐，并列举书名及著者甚详，今摘录一段如下：

……自满洲乾隆三十九年，既开四库馆，下诏求书，命有触忌讳者毁之。四十一年，江西巡抚海成献应毁禁书八千余通，传旨褒美，督他省催烧益急。自尔献媚者蜂起。初下诏时，切齿于明季野史。（原注：谕曰："明季末造，野史甚多，其间毁誉任意，传闻异辞，必有诋触本朝之语。正当及此一番查办，尽行销毁，杜遏邪言，以正人心，而厚风俗。"）其后四库馆议：虽宋人言辽、金，明人言元，其议论偏谬尤甚者一切拟毁。及明隆庆以后，诸将相献臣所著奏议、文录，若高拱《边略》，张居正《太岳集》，申时行《纶扉简牍》，叶向高《四夷考》、《籧编》、《苍霞草》、《苍霞余草》、《苍霞续草》、《苍霞奏草》、《苍霞尺牍》，高攀龙《高子遗书》，邹元标《邹忠介奏疏》，杨涟《杨忠烈文集》，左光斗《左忠毅公集》，缪昌期《从野堂存稿》，熊廷弼《按辽疏稿》、《书牍》、《熊芝冈诗稿》，孙承宗《孙高阳集》，倪元璐《倪文正遗稿》、《奏牍》，卢象昇《宣云奏议》，孙传庭《省罪录》，姚希孟《清閟全集》、《沆瀣集》、《文远集》、《公槐集》，《公槐集》中有《建夷授官始末》一篇，马世奇《澹宁居集》诸家，丝帙寸札，靡不燃爇。虽芧元义《武备志》，不免于火（原注：《武备志》今存者，终以诋斥尚少，故弛之耳）。厥在晚明，当弘光、隆武，则袁继咸《六柳堂集》、黄道周《广百将传注》、金声《金太史集》；当永历及鲁王监国，则钱肃乐《偶吟》，张肯堂《寓农初议》，国维《抚吴疏革》，煌言《北征纪略》；自明之亡，一二大儒，孙氏则《夏峰集》，顾氏则《亭林集》、《日知录》，黄氏则《行朝录》、《南雷文定》，及诸文士侯、魏、丘、彭所纂述，皆以诋触见烬。其后纪昀等作《提要》，孙、顾诸家稍复入录，而颇去其贬文。或曰：朱、邵数君子实左右之。然隆庆以后至于晚明，将相献臣所著，靡有孑遗矣！其他遗闻轶事，皆前代遗臣所录、非得于口耳传述，而被焚毁者不可胜数也。……乾隆焚书无虑二千种，畸重记事，而奏议、文献次之……

（《检论》卷四《哀焚书》）

八　删改古书

国父说："到了乾隆时代，连满汉两个字都不准提起了，把史书都要改过，凡是当中关于宋、元历史的关系和明、清历史的关系，通通删去。"同门鲁迅也说："乾隆朝的纂修《四库全书》，是许多人颂为一代之盛业的。但他们却不但捣乱了古书的格式，还修改了古人的文章；不但藏之内廷，还颁之文风颇盛之处。"鲁迅因为手头没有《四库全书》可查，而《四部丛刊续编》中，多系影宋刊本或旧抄本，还保存着满清暗杀中国著作的案卷，所以他举出两部书：（一）宋洪迈的《容斋随笔》至《五笔》。（二）宋晁说之的《嵩山文集》。洪氏书，据张元济跋，其中有三条就为清代刻本所没有。例如《容斋三笔》卷三里的《北狄俘虏之苦》：

元魏破江陵，尽以所俘士民为奴，无分贵贱，盖北方夷俗皆然也。自靖康之后，陷于金虏者，帝子王孙，官门仕族之家，尽没为奴婢，使供作务。每人一月支稗子五斗，令自舂为米，得一斗八升，用为粮粮；岁支麻五把，令绩为裘。此外更无一钱一帛之入。男子不能绩者，则终岁裸体。虏或哀之，则使执爨，虽时负火得暖气，然才出外取柴归，再坐火边，皮肉即脱落，不日辄死。惟喜有手艺，如医人绣工之类，寻常只团坐地上，以败席或芦秸衬之，遇客至开筵，引能乐者使奏技，酒阑客散，各复其初，依旧环坐刺绣，任其生死，视如草芥……

至于《嵩山文集》，卷末就有单将《负薪对》一篇和《四库》本相对比，以见一斑的实证。现在摘录几条在下面，大抵非删则改，语意全非。

《旧抄本》：

金贼以我疆场之臣无状，斥候不明，遂豕突河北，蛇结河东。
犯孔子《春秋》之大禁。
以百骑却虏枭将。
彼金贼虽非人类，而犬豕亦有掉瓦恐怖之号，顾弗之惧哉！
我取而歼焉可也。
太宗时，女真困于契丹之三栅，控告乞援，亦卑恭甚矣。不谓敢眤睨中国之地于今日也。
忍弃上皇之子于胡虏乎？
何则？夷狄喜相吞并斗争，是其犬羊猖吠咋啮之性也。唯其富者最先亡，古今夷狄族帐，大小见于史册者百十，今其存者一二，皆以其财富而自底灭亡者也。今此小丑不指日而灭亡，是无天道也。
褫中国之衣冠，复夷狄之态度。
取故相家孙女姐妹，缚马上而去，执侍帐中，远近胆落，不暇寒心。

《四库本》：

金人扰我疆场之地，边城斥候不明，遂长驱河北，盘结河东。
为上下臣民之大耻。

以百骑却辽枭将。

彼金人虽甚强盛,而赫然示之以威令之森严,顾弗之惧哉!

我因而取之可也。

太宗时,女真困于契丹之三栅,控告乞援,亦和好甚矣。不谓竟酿患滋祸一至于今日也。

忍弃上皇之子于异地乎?

遂其报复之心,肆其凌侮之意。

故相家皆携老襁幼,弃其籍而去,禁掠之余,远近胆落,不暇寒心。

鲁迅说:"即此数条,已可见'贼'、'虏'、'犬羊'是讳的;说金人的淫掠是讳的;'夷狄'当然要讳,但也不许看见'中国'两个字,因为这是和'夷狄'对立的字眼,很容易引起种族思想来的。但是这《嵩山文集》的抄者不自改,读者不自改,尚存旧文,使我们至今能够看见晁氏的真面目。"(《鲁迅全集》、《且介亭杂文·病后杂谈之余》)

综观以上三节,都是满清政府用来消灭汉人的民族意识,使对于历史文化,不致发生观感,也使后世对于满洲的秽德,无从知道。其藏身之固,防汉之术,可谓周密!哪里知道一到晚清,他们的阴谋完全暴露,我们民族意识的潜力也从新发芽了。

第四节　帝国主义的猖狂

九　外患纷呈

清代的内政既极腐败，以至外患纷呈，国权日蹙。中间以鸦片战争《南京条约》的订立，为划定外交新局面的界线，前乎此者是自尊自大，看不起外国人；后乎此者是一味屈辱，造成无数国耻。每当割土地、丧权利的时候，满洲政府所持惟一的政策是"宁与仇人，不与家奴"。其侮辱我们全体汉族为"家奴"，丧心病狂，一至于此！现在先把鸦片战争以后外患的年代，列一简表如下：

1842年（清道光二十二年）鸦片战争结局，与英议和，订《南京条约》，割香港，许五口通商，是为中国对外第一次之失败。

1857年（咸丰七年）英法同盟军陷广州。翌年至天津，陷大沽炮台。1860年再至天津，陷通州，入北京，毁圆明园。奕詝帝避难热河，为外兵侵入国都之第一次。

1879年（光绪五年）日本灭琉球。

1880年曾纪泽出使俄国，议改收还《伊犁条约》。1882年与俄定《喀什噶尔东北界约》。

1884年中法战起，翌年议和，失安南。

1886年与英订缅甸条约，失缅甸。

1893年英法共谋暹罗，废止入贡。

1894年中日战起，翌年马关议和，割台湾、澎湖列岛，失朝鲜。

1897年德占胶州湾。

1898年俄借旅顺、大连。英租威海卫。

1899年法占广州湾。

1900年八国（英、俄、日、法、德、奥、美、意）联军入北京，载湉帝避难西安。翌年订《辛丑和约》。

1903年日俄战起，以我东三省为战场。1905年与日订《满洲协约》。

1910年（宣统二年）外蒙库伦携贰。日本并灭朝鲜。

1911年英兵侵据片马。

综观由鸦片战争到辛亥革命，中国的国际关系可以分成三个时期：（一）自鸦片战争到中日战争，而《天津条约》又是其中的一个关键。（二）自中日战争到八国联军，而《马关条约》实为改变中日过去平等关系为不平等关系的枢纽。（三）《辛丑和约》以后。在（一）时期，帝国主义者在中国作平行的竞争；（二）时期，他们由平行转入对峙，英日同盟与俄法同盟就是国际对峙的产物；（三）时期，八国联军之后，国际对峙的形势，更盘旋于门户开放与共同瓜分的两种政策之间。门户开放政策，首倡者为美国，而英国和之。然而日本不甘心辽东半岛的退让，而帝俄在东北亦继续其独占的企图。于是有1903年日俄在中国领土之内的东三省鏖战，以划分其势力范围的国耻。而日本亦从此遂树立了它的大陆政策的初基，以为今日为祸于亚洲和世界的起点。

十　国权日蹙

国权日蹙的要目，如割地，如租界，如势力范围、租借地，如使馆界，如领事裁判权，如外国军队驻扎权、军舰行驶停泊权，如海关税务管理权、关税协定权，如沿海贸易权、内河航行权，如铁路建筑权，如矿山开采权，如设厂制造权，等等，其影响所及，使我国家民族在政治、经济各方面，无不颓风外暴，危机内伏，国将不国，民亦非民，几将毁灭我再生的基础，杜绝我复兴的根源，实为历史先例之所无。

章先生尝谓列强帝国主义的凶暴，甚于满清政府。二者均应攘除，然不能不先其所急，而以推翻满清为首要。有云："哀我汉民，宜台宜隶，鞭箠之不免而欲参与政权，小丑之不制而期捍御哲族，不其忸乎？"（《文录》卷二《中夏亡国二百四十二年纪念会书》）

第五节　固有学术的消沉

十一　清代学术的畸形发达

　　清代学术，惟有小学昌明，余多不振，绪言中已发其端。这种学术上的畸形发达，就因为在异族统制之下，顾忌太多的缘故。鲁迅说："说起清代的学术来，有几位学者总是眉飞色舞，说那发达是为前代所未有的。证据也真够十足：解经的大作层出不穷，小学也非常的进步；史论家虽然绝迹了，考史家却不少；尤其是考据之学，给我们明白了宋、明人绝没有看懂的古书。……我每遇到学者谈起清代的学术时，总不免同时想："扬州十日"、"嘉定三屠"，这些小事情，不提也好罢；但失去全国的土地，大家十足做了二百五十年的奴隶，却换得这几页光荣的学术史……"(《花边文学·算账》)。言之极为沉痛。有人以为满清一代，国学渊微，发明已备，后生只要追踪前修，无须更事高深。此乃浅见之言，其实缺陷正多着呢！考史者虽则留心于地理、官制，而其他如姓氏、刑法、食货、乐律之学，却无一不见衰微。章先生有云：

　　姓氏之学，自《元和姓纂》以降，郑樵亦粗明其统绪；至邓氏《辩证》，渐确凿矣。元、明以降，转变增损，又益繁多，未见近代有治此者也（原注：《元史·民族志》别是一种）。刑法之学，旧籍惟《唐律》为完，汉、晋、南北朝之事，散在史传，如补兵以减死，督责以代仗，又皆律外方便之门，皆当校其异同，评其利病，又未见近代有治此者也。食货之学，非独关于租赋，而权度之大小，钱币之多少，垦田之盈诎，金银粟米之贵贱，皆与民生日用相系，此不可不论列者，又未见近代有治此者也。乐律之学，略有端倪，陈氏《通义》，发明荀勖之学，可谓精且博矣。然清康熙朝所审定者，丝声倍半相应，竹声倍半不相应，相应者乃八与一，九与四。其言人气折旋，必有度数，皆由证验所明，更谓丝器不可以名律吕，亦可谓得理者。而陈君犹取倍半相应之说，两者孰是？必听音而后知之，非衍算所能尽理，又未有商略是非者也。斯四术者，所包闳远，三百年中，何其衰微也！此皆实事求是之学，不能以空言乱者，既尚考证，而置此弗道乎？

（章先生《自述学术次第》）

十二　先生学术的精深独到

先生更进言清代的小学与玄理，并且自述其独到之处，与下文第十三节所引可以互参。其言云：

　　近世小学，似若甚精，然推其本则未究语言之原，明其用又未综方言之要。其余若此类者，盖亦多矣。若夫周、秦九流，则眇尽事理之言，而中国所以守四千年之胙者。玄理深微，或似佛法，先正以邹鲁为衡，其弃置不道，抑无足怪。乃如庄周天运，终举巫咸，此即明宗教惑人所自始。惠施去尊之义，与名家所守相反。子华子迫生不若死之说，又可谓管乎人情矣。此皆人事之纪，政教所关，亦未有一时垂意者。汪容甫略推墨学，晚有陈兰甫始略次诸子异言，而粗末亦已甚。此皆学术缺陷之大端，顽鄙所以发愤。古文经说，得孙仲容出，多所推明。余所撰者，若《文始》、《新方言》、《齐物论释》，及《国故论衡》中《明见》、《原名》、《辨性》诸篇，皆积年讨论，以补前人所未举……

（《自述学术次第》）

综观以上所述，满清政府的罪恶，帝国主义的猖狂既如彼，民族主义的沦没，固有学术的消沉又如此，在这暗无天日的中间，忽然现出了光明的救星，这便是章先生所负的使命。换句话说，便是救中国——光复中华，振兴学术——的事业。其所完成的，不但和曾国藩这一派的洋务，康有为这一派的变法截然不同，就是和梁启超的运动，有志革命而仍徘徊于君主立宪的，也根本有别。这是先生伟大的所在。

第二章

革命元勋的章先生

第六节　幼年期的民族思想

十三　幼年的民族思想和外祖的启发

古来伟大的天才，其萌芽每见于幼年时期，但亦须有启发导引之人，知所爱护，不使它中途摧折，才能欣欣向荣，开灿烂无比的花，结硕大无朋的果。所谓"小时了了，大未必佳"者，大概由于环境或教育违背了自然，不能遂其发展的缘故。章先生从小聪慧，读书多悟，内心所含的民族主义的种子发芽最早，愤满洲统治之虐，明《春秋》夷夏之防，而又有外祖朱有虔及时启导。在先生十一二岁的时候，外祖就把蒋氏《东华录》中曾静案，讲给他听，并且说夷夏之防不可不严。

先生便问："以前的人有谈过这种话没有？"

朱答："王船山、顾亭林已经谈过，尤其王氏的话，真够透彻，说道'历代亡国，无足轻重；只有南宋之亡，则衣冠文物亦与之俱亡了'。"

先生说："明亡于清，反不如亡于李闯。"

朱答:"现在不必作此说。如果李闯得了明的天下,闯虽不是好人,他的子孙却未必都是不好的人,但现在不必作此说。"

(参阅朱希祖所记《本师章太炎先生口述少年事迹》)

章先生的民族主义伏根之早如此!年十三四,就能够读《东华录》,年二十就读全祖望文,于郑成功事,愤然欲与满清拼命。

十四　民族思想的发达和运用

可是返观当时一般的情形,大不相同。凡是反对革命最烈的人,都是反对民族主义的。如康有为(《章先生痛驳康氏》见第七节)、如杨度便是。杨度曾做了一篇《金铁主义说》,反对民族主义,其大意略说:中国云者,以中外别地域之远近也;中华云者,以华夷别文化之高下也。即此以言,则中华之名词,不仅非一地域之国名,亦且非一血统之种名,乃为一文化之族名。故《春秋》之义,无论同姓之鲁、卫,异姓之齐、宋,非种之楚、越,中国可以退为夷狄,夷狄可以进为中国,专以礼教为标准,而无有亲疏之别。其后经数千年混杂数千百人种,而其称中华如故。先生本其卓识,发为鸿之,痛斥杨氏之有三惑,最足以看出先生民族思想的发达和运用。其言曰:

> 为是说者,盖有三惑:一曰未明于托名标识之事,而强以字义反傅为言。夫华本华山,居近华山而因有华之称。后代华称既广,忘其语原,望文生训,以为华美,以为文明,虽无不可,然非其第一义,亦犹夏之训大,皆后起之说耳。……今夫蛮夷戎狄,固中国所以表别殊方者。其始画种为言,语不相滥,久之而旃裘引弓之国,皆得被以斯名。胡本东胡、久之而称匈奴者亦谓之胡,久之而称西域者亦谓之胡,番本吐蕃,久之而称回部者亦曰西番,久之而称台湾之野

人者亦曰生番。名既滥矣，而不得谓同称者即为同国同族。况华之名，犹未同也。特以同有文化，遂可混成为一，何其奢阔而远于事情耶？二曰援引《春秋》以诬史义。是说所因，起于刘逢禄辈，世仕满洲，有拥戴虏酋之志，而张大《公羊》以陈符命，尚非《公羊》之旧说也。按中国自汉以上，视蛮、闽、貊、狄诸族，不比于人，故夷狄无称人之例。《春秋》尝书邢人，狄人伐卫，齐人、狄人盟于邢，《公羊》不言其义。夫引异类以剪同族，盖《春秋》所深诛。狄不可人而邢人、齐人人之，则是邢人、齐人自侪于狄也。非进狄人，实以黜邢人、齐人。《老子》有言，正言若反。观于《春秋》书狄为人，其言有隐，其声有哀，所谓志而晦哉……夫弃亲昵而媚诸夷，又从而则效之，则宜为人心所深嫉。今人恶范文程、洪承畴、李光地、曾国藩辈，或更甚于满洲，虽《春秋》亦岂有异是？若专以礼教为标准者，人之无道，至乎杀父烝母而极矣。何《春秋》之书此者，亦未尝贱之如狄也……夫子本楚之良家，而云楚为非种，以忧劳主父，效忠穹庐故，遂不惮污辱其乡人，虑大义灭亲之太过也。盖《春秋》有贬诸夏以同夷狄者，未有进夷狄以同诸夏者。杞用夷礼，则示贬爵之文。若如斯义，满洲岂有可进之律？正使首冠翎顶爵号已图鲁者，当退黜与夷狄等耳。三曰弃表谱实录之书，而以意为衡量，如彼谓混淆殊族至千百种，历久而称中华如故是也。夫言一种族者，虽非铢两衡校于血统之间，而必以多数之同一血统者为主体。何者？文化相同，自同一血统而起，于此复有殊族之民，受我抚治，乃得转移而龛受之。若两血统立于对峙之地者，虽欲同化莫由……或曰：若如是，则满洲人亦居少数而已，稍稍同化于我矣，奚不可与同中国为？答曰：所以容异族之同化者，以其主权在我，而足以龛受彼也。满洲之同化，非以受我抚治而得之，乃以陵轹颠覆我而得之。二者之不可相比，犹婚媾与寇之例。以婚媾之道，而归女于吾族，彼女则固与吾族同化矣；以寇之道，而据我寝宫，入我床第，亦未尝不可与我同化，然其为怨为亲，断可识也。吾向者固云所为排满洲者，亦曰覆我国家、攘我主权之故。若其克敌致果，而满洲之汗，大去宛平，以适黄龙之府，则固当与日本、暹罗同视，种人顺化，归斯受之而已矣。然主权未复，即不得举是为例……

(《文录·别录卷》卷一《中华民国解》)

此外，如《检论》中之《序种姓》上、下二篇，如《清建国别记》，都是辨章族类的名著。

第七节　会见国父痛驳康有为时期

十五　英杰定交，同谋匡济

章先生提倡民族主义，著书立说，渐次为世所重。戊戌政变，长江一带通缉多人，先生的名字亦在其内。乃避地台湾，以为彼地有郑成功的遗风，割隶日本未久，当有可图，然终于没有所就。翌年己亥，游日本，始在梁启超坐中，遇见国父，尚未相知。迨至庚子年，唐才常事败，先生虽非同谋，亦被通缉。翌年掌教苏州东吴大学，并木刻《訄书》行世，为巡抚恩铭所诇知，欲兴大狱。乃于壬寅春，再避日本。其时国父方在横滨，英豪会见，握手定交，这是中国革命史上所应大书特书的事。

　　……余亦素悉逸仙事，偕力山（按：秦遁）就之。逸仙导余入中和堂，奏军乐，延义从百余人会饮，酬酢极欢，自是始定交。

（章太炎先生《自定年谱》）

从此互相往来，革命之机渐熟。中和堂这一会，兴中会的同志，畅叙欢宴，每人都敬先生一杯。先生共饮七十余杯而不觉其醉。国父对于先生雅相推重，凡开国的典章制度，多与先生商榷。先生亦佩服国父的善于经画，《检论》中有《相宅》、《定版籍》诸文，可以窥见一斑。《相宅》系述国父之言，此后建都，谋本部则武昌，谋藩服则西安，谋大洲则伊黎。《定版籍》一文，则系共同讨论土地赋税问题。要之，国父和先生二人，志同道合，千载一会，张良之赞汉高，刘基之佐明祖，犹未足以喻其得意，真有"翼乎如鸿毛遇顺风，沛乎若巨鱼纵大壑"之概。

十六　痛驳康有为的莠言

然而"道高一尺，魔高一丈"，其时莠言日众，上面已经说过，凡是反对革命最烈的人，都是反对民族主义的，康有为便是一个代表。他的《与南北美洲诸华商书》，公然说清帝圣明，并且说中国只可立宪，不能革命。先生作书痛斥，就其两点，在种族异同上，在情伪得失上，层层驳诘，使他体无完肤，莫可开口。文词条畅，洋洋万言。兹引一段如下：

> 若夫今之汉人，判涣无群，人自为私，独甚于汉、唐、宋、明之世，是则然矣，抑谁致之而谁迫之耶？吾以为今人虽不尽以逐满为职志，或有其志而不敢讼言于畴人，然其轻视鞑靼，以为异种贱族者，此其种性根于二百年之遗传，是固至今未去者也。往者陈名夏、钱谦益辈，以北面降虏，贵至阁部，而未尝建白一言。有所补助，如魏征之于太宗，范质之于艺祖者。彼固曰异种贱族，非吾中夏神明之胄。所为立于其朝者，特曰冠貂蝉、袭青紫而已。其存听之，其亡听之。若曰为之驰驱效用，而有所补助于其一姓之永存者，非吾之志也。理学诸儒如熊赐履、魏象枢、陆陇其、朱轼辈，时有献替，而其

所因革，未有关于至计者。虽曾、胡、左、李之所为，亦曰建殊勋，博高爵耳。功成而后，于其政治之盛衰，宗稷之安危，未尝有所筹画焉。是并拥护一姓而亦非其志也。其他朝士，入则弹动权贵，出则搏击豪强，为难能可贵矣。次即束身自好，优游卒岁，以自处于朝隐。而下之贪墨无艺，怯懦忘耻者所在皆是。三者虽殊科，要其大者不知会计之盈绌，小者不知断狱之多寡。苟得廪禄以全吾室家妻子，是其普通之术矣。无他，本陈名夏、钱谦益之心以为心者，固二百年而不变也。明之末世，五遭倾覆。一命之士，文学之儒，无不建义旗以抗仇敌者。下至贩夫乞子，儿童走卒，执志不屈，而仰药剚刃以死者不可胜计也。今者北京之破，民则愿为外国之顺民，官则愿为外国之总办。食其俸禄，资其保护，尽顺天城之中，无不牵羊把茅，甘为贰臣者。若其不事异姓，躬自引决，缙绅之士殆无一人焉。无他，亦曰异种贱族，非吾中夏神明之胄，所为立于其朝者，特曰冠貂蝉、袭青紫而已。其为满洲之主则听之，其为欧美之主则听之，本陈名夏、钱谦益之心以为心者，亦二百年而不变也。然则满洲弗逐，而欲士之争自濯磨，民之敌忾效死，以期至乎独立不羁之域，此必不可得之数也。浸微浸衰，亦终为欧美之奴隶而已矣。非种不锄，良种不滋；败群不除，善群不殖。自非躬执大彗，以扫除其故家污俗，而望禹域之自完也，岂可得乎？（原注：以上录旧著《正仇满论》）夫以种族异同，明白如此，情伪得失，彰较如彼，而长素犹偷言立宪而力排革命者，宁智不足，识不逮耶？……

（《文录》卷二《驳康有为论革命书》）

此文一出，真是朝阳鸣凤，连那些老师宿儒读了，也有深表钦佩的。而且康党的大言眩惑，更自白于天下，所以它的影响是异常重大的。先生后来之所以入狱，此文也是一个重要因素。

第八节　光复会时期

十七　反对勤王剪除辫发

庚子年夏,唐才常乘义和团之变,召集人士,宣言独立。然尚以勤王为名,部署徒众,欲在汉口起兵。章先生对才常说:"我们要谋光复,应该明揭推翻满清,不宜首鼠两端,自失名义。倘要勤王,我不敢赞同。"因即断发以示决绝。改定本《訄书》的末篇为《解辫发》,有云:

> ……共和二千七百四十一年秋七月,余年三十三矣。是时满洲政府不道,戕虐朝士,横挑强邻,戮使略贾,四维交攻,愤东胡之无状,汉族之不得职,陨涕涔涔曰:余年已立,而犹被戎狄之服,不违咫尺,弗能剪除,余之罪也。将荐绅束发,以复近古,日既不给,衣又不可得。于是曰:昔祁班孙、释隐玄,皆以明氏遗老,断发以殁。《春秋·穀梁传》曰:吴祝发。《汉书·严助传》曰:越劗

发（晋灼曰：鬋，张揖以为古剪字也）。余故吴、越间民，去之亦犹行古之道也……

因为剪辫变夷，所关非浅，所以必须考据凿凿，全文在手订《检论》时已经删去了。先生剪辫以后，短发分梳，垂于额际，常著长袍，而外面裹以和服，偶然亦著西装，所谓"方袿直下，犹近古之端衣"。

十八　纪念中夏亡国

壬寅年春，先生和秦遁等十人在东京发起"中夏亡国二百四十二年纪念会"，以励光复，并且撰书告留学生，极为沉痛。书中有云：

……昔希腊陨宗，卒用光复；波兰分裂，民会未弛。以吾支那方幅之广，生齿之繁，文教之盛，曾不逮是偏国寡民乎？是用昭告于穆，类聚同气，零涕来会，以志亡国。凡百君子，同兹恫瘝。愿吾滇人无忘李定国，愿吾闽人无忘郑成功，愿吾越人无忘张煌言，愿吾桂人无忘瞿式耜，愿吾楚人无忘何腾蛟，愿吾辽人无忘李成梁……

(《文录》卷二)

这是东京留学界组织爱国团体的权舆。临时，会未开成，因为清使馆假借外力，横来制止，但是大义所被，已经深入人心了。

十九　光复会和陶成章

癸卯年春，留东学生因争俄约，组织义勇队，旋即为清政府所忌，乃自动解散，秘密为"军国民教育会"，与上海主光复者相应和。于是成立

光复会部分会员在日本合影。从左至右,后排:龚宝铨(章太炎之婿)、陈志军;前排:陶成章、陈魏、徐锡麟

徐锡麟（1873—1907），浙江绍兴人，与章太炎等同为光复会成员。1907年，徐锡麟在刺杀安徽巡抚恩铭后，率学生军起义失败而遇害

章太炎《徐锡麟传》

"光复会",宗旨在颠覆满清政府,建立共和国家。先生著《光复军志序》,首述缘起,有云:

  余年十三四,始读蒋氏《东华录》,见吕留良、曾静事,怅然不怡,辄言以清代明,宁与张、李也。弱冠睹全祖望文,所述南田、台湾诸事甚详,益奋然欲为浙父老雪耻,次又得王夫之《黄书》,志行益定。而光复会初立,实余与蔡元培为之尸,陶成章、李燮和继之。总之,不离吕、全、王、曾之旧域也……

(《检论》九卷《大过》附录)

  光复会会员如徐锡麟、熊成基等的革命事迹,多见于先生文著中。惟陶成章功大而名最隐,先生之所以未为撰传,所谓犹有忧患者。成章会稽人,为光复会副会长。生平蓬头垢面,芒鞋日行八九十里,运动浙东诸县豪俊起义,屡遭危难,而所向有功。又游南洋群岛,运动侨民。辛亥年自爪哇归时,浙江已反正,举汤寿潜为都督,成章被任为参议,郁郁不得志,自设光复军总司令部于上海,募兵,为忌者所暗杀。其著作有《汉族权力消长史》行世。

第九节　入狱时期

二十　公开讲演革命

自癸卯年春，蔡元培先生设爱国社，以安顿南洋公学的退学生，中国教育会予以赞助。蔡请章先生讲论，多述明、清废兴之事。教育会会员每周至张园公开讲演革命，讲稿辄在《苏报》发表，以先生排满革命之论为最激烈，遂为清政府所注意，后来成为"苏报案"。其时邹容著《革命军》，自署曰："革命军马前卒。"求先生替它润色。先生喜其文辞浅露，便于感动平民，且给它作序。宗仰出资行，又将先生的《驳康有为论革命书》同时刊出，不及一月，数千册销行立尽。

二十一　"我不入地狱谁入地狱"

于是清政府下了密谕，拿办上海爱国党。上海道商之于总领事。总领事已经签字，但工部局以政治犯例应保护，不肯执行。被拿者六人：章炳麟、蔡元培、邹容、宗仰、吴敬恒、陈梦坡。工部局屡传蔡、吴前去，告以尽力保护之意，实即暗示被拿诸人从速离开上海罢了。不久，两江总督魏光焘派道员俞明震来沪查办，于是蔡赴青岛，吴赴欧洲，陈赴日本，宗仰避居哈同花园。独有章先生不肯去，并且教邹容也不可去，说道："革命没有不流血的。我被清政府查拿，现在已经第七次了。"清政府严谕魏光焘，有"上海爱国党倡言革命，该督形同聋聩"之语，魏惶恐，因工部局不肯拘人，乃问计于律师，律师以为只有诉诸法律。于是魏光焘代表清政府为原告，控诉章炳麟等六人于会审公廨。工部局于是年闰五月初六日，出票拘人。西捕至爱国学社，进客室，问谁是章炳麟。先生正在客室，自指鼻端答道："章炳麟就是我。"欣然跟了同去，真有"我不入地狱，谁入地狱"的节概。如此勇猛无畏，挺然独往，以为生民请命，才真是革命道德的实践者。宜乎后进慕其典型，追其踵武，而革命终以成功。邹容从后门逃出。先生从狱中作书，动以大义，使他自行投到，翌日，邹容果然自首了。

二十二　所谓"罪状"和清政府对质于公堂

此案原告是清政府，律师是英国人，被告是章炳麟等六人，到者二人。裁判官则为会审委员及英国领事，不伦不类，极为可笑。所控"罪状"，乃是摘取《苏报》中的论说，以及《革命军》、《驳康有为论革命书》中的语句，尤以驳康书中有"载湉小丑，未辨菽麦"两句，视为大逆不道。这正因为带了封建余孽的眼镜，以为呼名不讳，便是大罪。其实翻成白话，就变了平淡无奇。小丑就是小东西，未辨菽麦就是没有常识的意思。况且说载湉未辨菽麦，也是切合实情，并非过甚其辞。要晓得他的祖宗弘历，虽说是个能干的君主，却也是个未辨菽麦的人。他南巡时，不是

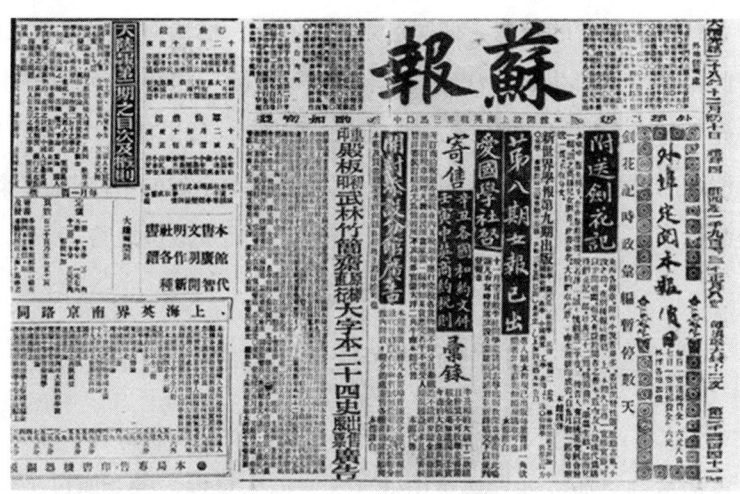

《苏报》1896年6月创刊于上海，1903年后发表章太炎、邹容等人的大量文章，"放言革命"，主张排满，遭到当局查封，章、邹被捕。这就是震惊全国的"苏报案"

邹容（1885—1905），四川巴县（今属重庆市）人。所著《革命军》请章太炎作序，章被捕后，他投案自首，死于狱中

看到田里种着的稻秧，便问这是甚么草吗？弘历对于民间事业尚且隔膜如此，载湉从小生长在深宫，自然更不消说了。裁判官问章先生有功名否，先生答道："我双脚落地，便不承认满珠①，还说甚么功名呢！"接着指出清政府的种种罪状，滔滔不绝。这就是震动全国的"《苏报》案"，从此革命党声气大盛，和清政府对质于公堂，俨然成敌国之势了。

二十三　狱中苦工·邹容之死·出狱东渡

　　这样审问二次，即行阁置。因为清政府用种种诡计，先以外交手段在京和英国公使交涉，要求引渡二人，而不见许；继又愿以沪宁路权变换，亦不见许。二人初拘在工部局，禁令尚宽，每周可容亲友前去探视一次，到了翌年三月，此案始判决：章炳麟监禁三年，邹容监禁二年，均罚作苦工，监禁期满，"逐出租界"。自移禁西牢之后，即不许接见亲友。狱中所作之工，则为裁缝，缝做那些巡捕的制服之类。狱卒——印度巡捕——狐假虎威，陵暴无状，见先生目力近视，工作偶不敏捷，辄持棍殴击。先生自知无生理，绝食七日而不死。有时亦以拳抵抗凶暴，屡遭蹴跌，或竟用软梏挛其手指，有好几次几乎死去。邹容年少性急，不胜压迫，未及满期，即病死于狱中。惟独先生素有涵养，苦役之余，朝夕必研诵《瑜伽师地论》，悟到大乘法义，才能够克服这种苦难。到了丙午年五月初八，即阳历六月二十九日，期满出狱，国父已派孙毓筠在沪迎接。是日晨，同志们集合在工部局门前守候，因为从西牢解放以后，还须经工部局执行"逐出租界"的手续。到了十一时，先生才出，自由恢复，日月重光，同志们鼓掌欢迎，一一与之握手，即晚登日本邮船，东渡至东京。

---

①"满珠"，指满洲，"满注""曼殊"同。女真语，译音无定字。

二十四　狱中日记与诗

先生有《癸卯狱中日记》云：

　　上天以国粹付余。自炳麟之初生，迄于今兹，三十有六岁，凤鸟不至，河不出图。惟余以不任宅其位，綮素王、素臣之迹是践，岂直抱残守阙而已。又将官其财物，恢明而光大之。怀未得遂，累于仇国，惟金火相革欤，则犹有继述者。至于支那闳硕壮美之学，而遂斩其统绪，国故民纪，绝于余手，是则余之罪也！

（《文录》卷一）

自知必死，毫无恐怖，惟斯文将丧是悲，其自任以天下之重如此！

狱中有诗，称心而言，不加修饰。《浙江潮》杂志曾登四首，兹录如下：

狱中赠邹容

邹容吾小弟，被发下瀛洲。
快剪刀除辫，乾牛肉作糇。
英雄一入狱，天地亦悲秋。
临命须掺手，乾坤只两头。

狱中闻沈禹见杀

不见沈生久，江湖知隐沦。
萧萧悲壮士，今在易京门。
螭魃差争焰，文章总断魂。
中阴当待我，南北几新坟？

狱中闻湘人杨度被捕有感二首

神狐善埋掮,高鸟喜回翔。
保种平生愿,征科绝命方。
马肝原识味,牛鼎未忘香。
千载《湘军志》,浮名是锁缰。

衡岳无人地,吾师洪大全。
中兴渺诸将,永夜遂沉眠。
长策惟干禄,微言是借权。
借君好颈子,来者一停鞭。

第十节　编辑《民报》时期

二十五　欢迎会上发狮子吼

章先生既抵东京，发长过肩，肌体颇腴，闻系狱中食物无盐之故。阳历七月十五日留东学生在神田区锦辉馆楼上开会欢迎，到者七千余人①，座无隙地，至屋檐上皆满，为的来看革命伟人、中国救星。先生即席演说，发狮子吼。其大意：首先述自己平生的历史，次以涵养、感情两事，勉励大众，庄谐间出，听众耸然。这是寿裳亲接音容、幸蒙受记之始。现将此演说摘录数段于下：

> 兄弟少小的时候，因读蒋氏《东华录》，其中有戴名世、曾静、查嗣庭诸人的案件，便就胸中发愤，觉得异种乱华是我们心里第一恨

---

① 这个数字疑有误。据冯自由在《革命逸史·章太炎事略》中谓："莅会者二千余人。"

事。后来读郑所南、王船山两先生的书，全是那些保卫汉种的话，民族思想，渐渐发达。但两先生的话，却没有甚么学理。自从甲午以后，略看东西各国的书籍，才有学理收拾进来。当时对着朋友，说这逐满独立的话，总是摇头，也有说是疯癫的，也有说是叛逆的，也有说是自取杀身之祸的。但兄弟是凭他说个疯癫，我还守我疯癫的念头……大凡非常可怪的议论，不是神经病人，断不能想，就能想也不敢说，说了以后，遇着艰难困苦的时候，不是神经病人，断不能百折不回，孤行己意。所以古来有大学问、成大事业的，必得有神经病才能做到……近来有人传说：某某是有神经病，某某也是神经病。兄弟看来，不怕有神经病，只怕富贵利禄当面现前的时候，那神经病立刻好了，这才是要不得呢！（鼓掌）略高一点的人，富贵利禄的补剂，虽不能治他的神经病，那艰难困苦的毒剂，还是可以治得的。这总是脚跟不稳，不能成就甚么气候。兄弟尝这毒剂是最多的，算来自戊戌年以后，已有七次查拿，六次都拿不到，到第七次方才拿到。以前三次，或因别事株连，或是普拿新党，不专为我一人。后来四次，却都为逐满独立的事。但兄弟在这艰难困苦的盘涡里头，并没有一丝一毫的懊悔，凭你甚么毒剂，这神经病总治不好。（欢呼）或者诸君推重，也未必不由于此。若有人说，假如人人有神经病，办事必是瞀乱，怎得有个条理？但兄弟所说的神经病，并不是粗豪卤莽，乱打乱跳，要把那细针密缕的思想，装载在神经病里。譬如思想是个货物，神经病是个汽船。没有思想，空空洞洞的神经病必无实际；没有神经病，这思想可能自动的么？以上所说，是略讲兄弟平生的历史。

关于近日办学的方法，一切政治、法律、战术等项，这都是诸君已经研究的，不必提起。依兄弟看：第一要在感情。没有感情，凭你有百千万亿的拿破仑、华盛顿，总是人各一心，不能团结。当初柏拉图说："人的感情，原是一种醉病。"这仍是归于神经病了。要成就这感情，有两件事最是紧要的：第一是用宗教发起信心，增进国民的道德。第二是用国粹激动种性，增进爱国的热肠。

先说宗教……孔教、基督教既然必不可用，究竟用何教呢？我们中国本称为佛教国。佛教的理论，使上智人不能不信，佛教的戒律，使下愚人不能不信。通彻上下，这是最可用的。但今日通行的佛教，也有许多的杂质，与他本教不同，必须设法改良，才可用得。……我们今日要用华严、法相二宗改良旧法。这华严宗所说，要在普度众生，头目脑髓都可施舍与人，在道德上最为有益。这法相宗所说，就是万法惟心，一切有形的色相，无形的法尘，总是幻见幻想，并非实在真有。……有的说佛教看一切众生，皆是平等，就不应生民族思想，也不应说逐满复汉，殊不晓得佛教最重平等，所以妨碍平等的东西必要除去。满洲政府待我汉人种种不平，岂不应该攘逐？且如婆罗门教分出四姓阶级，在佛教中最所痛恨。如今清人待我汉人，比那刹帝利种虐待首陀罗更要利害十倍。照佛教说，逐满复汉，正是分内的事。又且佛教最恨君权。大乘戒律都说："国王暴虐，菩萨有权，应当废黜。"又说："杀了一人，能救众人，这就是菩萨行。"其余经论，王、贼两项都是并举。所以佛是王子，出家为僧，他看做王与做贼一样，这更与恢复民权的话相合。所以提倡佛教，为社会道德上起见，固是最要；为我们革命军的道德上起见，亦是最要。总望诸君同发大愿，勇猛无畏，我们所最热心的事，就可以干得起来了。

次说国粹。为甚提倡国粹？不是要人尊信孔教，只是要人爱惜我们汉种的历史。这个历史是就广义说的，其中可以分为三项：一是语言文字，二是典章制度，三是人物事迹……

第三要说人物事迹。中国人物，那建功立业的，各有功罪，自不必说。但那俊伟刚严的气魄，我们不可不追步后尘。与其学欧、美，总是不能像的，何如学步中国旧人，还是本来面目。其中最可崇拜的两个人：一是晋末受禅的刘裕，一是南宋伐金的岳飞，都是用南方兵士打胜胡人，可使我们壮气。（鼓掌）至于学问上的人物，这就多了，中国科学不兴，惟有哲学，就不能甘居人下。但是程、朱、陆、王的哲学，却也无甚关系，最有学问的人就是周、秦诸子……近代还有一人，这便是徽州休宁县人，姓戴名震，称为东原先生。他虽专论儒教，却是不服宋儒，常说："法律杀人，还是可救，理学杀人，便无可救。"因为这位东原先生，生在满洲雍正之末，那满洲雍正所作朱批上谕，责备臣下，并不用法律上说话，总说："你的天良何在？你自己问心可以无愧的么？"只这几句宋儒理学的话，就可以任意杀人。世人总说雍正待人最为酷虐，却不晓是理学助成的。因此那个东原先生，痛哭流涕，做了一本小小册子。他的书上并没有明骂满洲，但看见他这本书，没有不深恨满洲。这一件事，恐怕诸君不甚明了，特为提出。（鼓掌）照前所说，若要增进爱国的热肠，一切功业学问上的人物，须选择几个出来，时常放在心里，这是最紧要的。就是没有相干的人，古事、古迹都可以动人爱国的心思。当初顾亭林要排斥满洲，却无兵力，就到各处去访那古碑、古碣传示后人，也是此意……

这篇演说，洋洋洒洒，长六千言，是最警辟有价值的救国文字，全文曾登《民报》第六号，而《太炎文录》中未见收入，故特地多抄一些如上。

二十六　《民报》撰文风行海内外

章先生抵东后，即入同盟会，任《民报》（同盟会的机关报）编辑。其中胡汉民、汪兆铭等诘难康、梁诸作，文笔非不锋利，然还不免有近于诟谇之处。惟有先生持论平允，读者益为叹服。而又注意于道德节义，和同志们互相切励：松柏后凋于岁寒，鸡鸣不已于风雨，如《革命道德说》、《箴新党论》二篇，即系本此意而作。《革命道德说》阐明道德衰亡是亡国灭种的根极。凡优于私德者亦必优于公德，薄于私德者亦必薄于公德，无道德者决不能担当革命。至于德目，则引顾炎武所标举的"知耻"、"重厚"、"耿介"。三事之外，更加入"必信"一事。因为前三者还是束身自好之谓，而信则周于世用。虽江湖聚劫之徒，亦惟有信，才能得徒众的死力。我们必须实践此四事，则所谓确固坚厉、重然诺、轻死生者于是乎在。《箴新党论》说明新党的竞名死利，其污辱较前世党人为甚，视顾炎武所讥的明末俗尚之年、社、乡、宗，则略有异同。其相同者，惟年与乡。宗则今日所轻，而重渐移于姻戚；社则今日所绝，而恩又笃于拜盟。新党之所以自相援助，传之自旧，虽昌言维新，而不废者亦有四事：一曰师生，二曰年谊，三曰姻戚，四曰同乡。这种偏弊，至今日犹未能彻底革除。篇末，且论及当时的学生，以为学生之所为，又是新党的变形而已。其言曰：

> 夫其学术风采，有异昔时，诸所建白，又稍稍切于时用。然其心术所形，举无以异于畴昔。其尊师帅，有异于向者之称门生乎？其应廷试，有异于向者之叙年谊乎？其分省界，有异于向者之护同乡乎？以借权为长策，以运动为格言，凡所施为，复与党人无异。特其入官未久，不如昔人之熟识径途，故不敢冒昧以求一试，迟之数岁，必森然见其头角。且新党虽多诡曲，而品核公卿，裁量执政，犹其所优为者，彼虽恃其客气，外以风节自高，则不得不有所饰伪，今则并其饰伪者而亦不知，惟以阿附群公为事。若夫呵殿出门，登坛自诩，以其爵命夸耀诸生，而祝其取青紫如拾芥者，则新党虽顽顿无耻，犹必噤口不言。然则新党者政府之桀奴，学生者当途之顺仆。新党犹马，不

饱则不行，学生犹狸，不饥则不用。自专权自恣之政府计之，则学生之谨愿小心，其可用自优于新党。学生用而新党废者，非独时势适然，亦其品格愈卑，易于策使之故……

（《文录·别录》卷一）

凡此所言，皆足以使人警惕，因之同志们奉为圭臬，节操弥坚，舍命不渝，敌忾致果，这都是先生的宿学雄文提倡扶持的力量呢！

其他如《排满平议》、《定复仇之是非》、《代议然否论》、《国家论》、《五无论》、《四惑论》等，名言谠论，不胜枚举。同门李楨称之曰：

辨名分，申正义，使天下易其观听，而不惑于保皇、君宪之说。……忧深思远，蒿目而观世变，其立说皆远在二十年前，而流弊隐患之勃发，则在民国建立之后。当时闻其说者，漫不加察，指其无的放矢，而不知先生之虑思深也。

（《余杭章先生事略》）

这话是事实。然当时，《民报》已风行海内外，清政府禁之愈严，而销行愈畅。国内有志的学生，无不阴相转输，竞先讽诵，甚至缙绅耆宿，亦复奋兴感慨，而知光复之不可以已。

《民报》周年纪念会，先生有祝词如下：

我汉族昆弟所作《民报》，傲载至今，适盈一岁。以皇祖轩辕之灵，洋溢八表，方行无阂。自兹以后，惟不懈益厉，为民斗杓。以起征胡之铙吹，流大汉之天声。白日有灭，星球有尽；种族神灵，远大无极。敢昭告于尔丕显皇祖轩辕，烈祖金天，高阳、高辛、陶唐、有虞、夏、商、周、秦、汉、新、魏、晋、宋、齐、梁、陈、隋、唐、梁、周、宋、明，延平、太平之明王圣帝，相我子孙，宣扬国光，昭彻民听。俾我四百兆昆弟同心戮力，以底虏酋爱新觉罗氏之命，扫除腥膻，建立民国。家给人寿，四裔来享。呜呼！发扬蹈厉之音作而民兴起，我先皇亦永有依归！

（《文录》卷二）

第十一节　功成后的做官

二十七　归　国

　　《民报》终于被禁止了。章先生遂专心于讲学与著书。至辛亥年八月十九（阳历十月十日），霹雳一声，大义举于武昌，推黎元洪为鄂军都督，用事者为谭人凤、孙武，都是先生的旧识。嗣闻湖南、江西相继反正，始中止讲业，附轮归国，十月抵上海，盖自去国居夷已经六年了。中华民国元年一月一日，国父就临时大总统职，成立政府，颁行阳历，以江宁为南京。延先生至京，任为枢密顾问。二月，南北和议告成，国父退让，推荐袁世凯，袁遂被选继任，复任先生为高等顾问。袁既就职，同志虑其难制，欲令南来以困之。先生反对。然后来追惩前失，深自引咎，观其《告癸丑以来死义诸君文》，可以知之，有曰：

　　　　武昌之师，以戈异族；云南之师，以荡帝制；事虽暂济，而皆不可谓有成功,则何也?异族帝制之势,非一人能成之。其支党槃结于京师者不可胜计。京师未拔,正阳之关未摧,虽仆一姓,毙一人,余蘖犹鸟兽屯聚其间。故用力如转山,而收效如毫毛。遽以是为成功者,是夸诞自诬之论也。人情偷息,抚此小康,未暇计后日隐患。某等虽长虑却顾,不敢自逸,无若众论之灌哎何!自南京政府解散,提挈版籍而致诸大酋,终有癸丑之变。祸患绵亘,首尾四岁,以诒诸君子忧,絷岂小人偷息之咎,某等亦与有罪焉。

二十八　东三省筹边使

先生出仕,除上述顾问外,实仅二职:一为民国元年任东三省筹边使,二为民国六年任海陆军大元帅府秘书长。然为时皆甚暂。筹边使署设于长春,经费既少,僚属仅十人。公事清简,颇注重于测绘土地。先生曾赴三姓,北抵卜魁,凡所规画,外掣手陈昭常辈,内扼于袁氏之忮忌,未能一一展布;然张布告以求民隐,为黑龙江浙江同乡会呈请褒扬吕留良的后裔以振遐荒,又作熊成基哀辞,以彰先烈而斥凶人。凶人指陈昭常。哀辞末段有云:

　　……今是凶人,贪以败官,又造矫诬以摧义士,其罪视曾扬(即杀秋瑾之张曾扬)且什百。民国政建,而犹晏居东表,专镇一圻,斯实国家之耻。昭告君之神灵,凡今日与奠者,自奠之后,而不能本君革除之志,以锄贪邪,而敢有回旋容阅以为凶人地者,有如松花江!

(《文录》卷二)

其他遗事尚多,如滴道山煤矿事,侨居延吉的韩人求归化事,均见先生《自定年谱》。

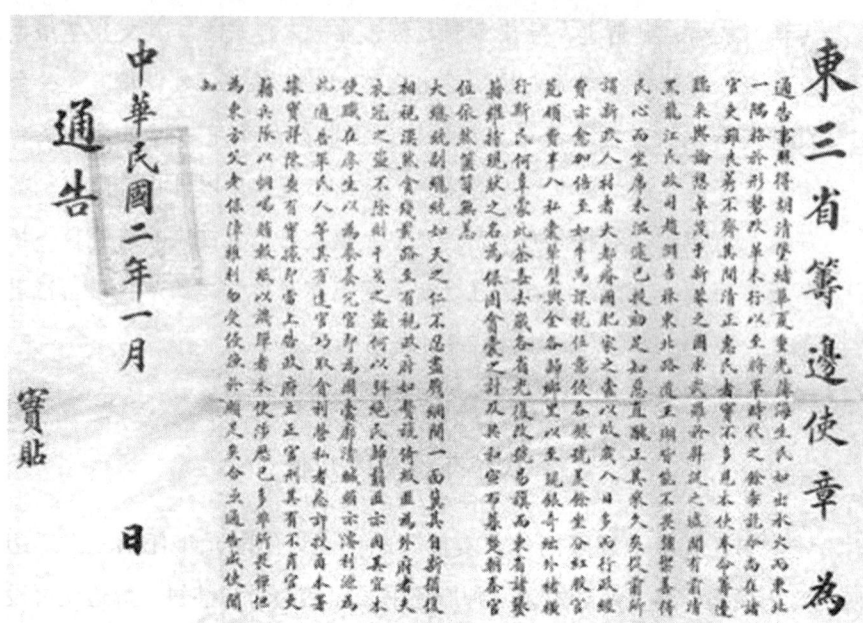

民国二年（1913）东三省筹边使通告。1912年底至1913年夏，章太炎被袁世凯的北洋政府任命为东三省筹边使，来到东北进行实业开发，其筹边公署的办公地点设在长春

民国二年三月，世凯使贼杀宋教仁于上海，先生闻之，即日去官奔赴，躬与执绋。

二十九　海陆军大元帅府秘书长

民国六年夏，九省督军皆反。张勋以清废帝溥仪复辟。黎总统避居东交民巷，密令段祺瑞出击张勋，勋败，冯国璋觊觎总统位，迫黎解职。七月，国父率海军总长程璧光与先生及前国务总理唐绍仪赴番禺，九月，被选为海军大元帅，建军政府，先生被任为大元帅府秘书长，为国父草就职宣言，词严义正，末段有云：

文于是时，身在海隅，兵符不属，会海军总长程璧光奉命南来，共商大计。既遣兵轮赴秦皇岛，奉迎黄陂，亦不能致。犹谓人心思顺，必有投袂而起者；迁延旬月，寂然无闻。是用崎岖奔走，躬赴广州，所赖海军守正，南纪扶义，知民权之不可泯没，元首之不可弃遗，奸回篡窃之不可无对抗，国际交涉之不可无代表也。于是申请国会，集于斯地，间关开议，以文为海陆军大元帅，责以戡定内乱，恢复约法，奉迎元首之事。文忝为首建之人，谬膺澄清之责。敢谓神州之广，无有豪杰先我而起也哉！徒以身为与共和生死相系，黄陂为同建国之人，于义犹一体也。生命伤而手足折，何痛如之！艰难之际，不敢以谦让自洁，即于六年九月十日就职。冀二三君子，同德协力，共赴大义。文虽衰老，犹当褰裳濡足，为士卒先，与天下共击废总统者！

1917年7月27日广东省省长朱庆澜为孙中山举行广东海陆军警欢迎会。前排左起第十位是朱庆澜,第十一位是章太炎,第十二位是孙中山

三十　桂黔川之行

　　章先生见广州事难就，欲应云南督军唐继尧之招而西行。国父使人来曰："今人心不固，君旧同志也，不当先去以为人望。"先生曰："此如弈棋，内困则求外解。孙公在广东，局道相逼，未有两眼，仆去为作眼耳。嫌人失望，以总代表任仆可也。"国父从之。遂与议员五人授继尧副元帅印证者同行。正办理护照，准备起程。北京政府商法国公使，电致安南总督，不许革命政府人员过境，因之广州法领事拒绝护照签字。乃各易姓名，先生则易姓名为张海泉，同行者沿途戏以海泉呼之，先生应如响。及抵安南海防，华侨来招待，得安全通过。抵昆明时，继尧衣上将礼服，率饮飞军郊迎，执礼甚恭。遂馆于八邑会馆，每日下午，赴军署欢宴，谈谐至深夜，时或大醉。居半月余，与继尧同赴贵州毕节——川、滇、黔三省军事指挥总部所在地。启行时，先生命制大纛，上书大元帅府秘书长名义，其大超过继尧的约三分之一。继尧的副官长以告，继尧但笑颔之。即令副官长随先生行，照料一切。凡滇、黔旅行者，皆知非在正站则食宿均感不便。兵站供应均设正站，故大军尤应按站而行。先生则随兴所至，或多行二三十里，或少行一二十里，且常索白兰地酒、大炮台香烟，曰借以驱除瘴气。

　　不久，先生自毕节赴巴，有诗《留别唐元帅》云：

　　　　　旷代论滇士，吾思杨一清。
　　　　　中垣消薄蚀，东胜托干城。
　　　　　形势稍殊昔，安危亦异情。
　　　　　愿君恢霸略，不必讳从横。

　　　　　兵气连吴会，偏安问汉图。

江源初发迹,夏渚昔论都。

直北余逋寇,当关岂一夫?

许将筹箸事,还报赤松无?

(《文录续编》卷七)

此诗勉励继尧,希望其能佐国父扶义,为西南诸将的领袖。

第十二节　功成后的被幽囚

三十一　在共和党本部

在上述两次出仕之间,便是有名的被袁世凯幽囚之期,首尾四载,自民国二年秋至五年夏。地址三易,初为共和党本部,继为龙泉寺,最后则在东城钱粮胡同。

共和党是武汉革命团体,民社中人在民国二年,反对三党合并的进步党而宣告独立的。推黎元洪为理事长,章先生副之。自南事败坏,袁世凯帝制已渐萌芽,先生在上海时时发表反袁文字,一纸甫传,各报竞载。又念袁氏网罗周布,无所逃死;中国既经光复,不愿再做亡命之客。适共和党人急电催先生入都,因为国民、共和二党惩于旧衅,愿意复合,先生决计北行,虽经友人力阻,而先生则谓:"不入虎穴,焉得虎子。"遂于八月冒险入京,宿共和党本部。袁命陆建章派宪兵守门,名为保护,实则禁其出京,而且监视其言论。至冬,国民党被解散,十二月国会亦解散。某日，先生乘马车出赴晚宴，宪兵跃而登车，前后夹卫，初未注意，及宴毕回寓亦然。先生怪而问之，才知是世凯派来保护者。先生大怒，起而持杖逐之。宪兵皆逃。先生喜曰："袁狗被我赶走了。"其实宪兵被逐以后，仅仅换了便服，仍住门房如故。先生既被软禁，每日书"袁贼、袁贼"以泄愤，又喜以花生米佐酒，尤喜油炒花生，吃时必去其蒂曰："杀了袁皇帝的头。"以此为乐。某日，建章派秘书长秦某来，请同寓吴宗慈为先容，问其何事，则谓："敝总长奉大总统命，说章先生居此，虑诸君供亿有乏，将有所赠。"宗慈入告，导与相见。秦某入，致词毕，探怀出银币五百元置书案。先生当初默无一语，至此忽然起立，持币悉掷秦面，张目叱之曰："袁奴速去！"秦乃狼狈而逃，其时黎副总统居瀛台，颇系念先生起居，召吴宗慈、张伯烈共商所以安慰之策。属转询先生，在京有否愿做的事，并说袁对于先生尚具善意，但不欲其出京及发表任何文字。先生表示愿任"函夏考文苑"事，袁氏允年拨经费十五万元，先生则开具预算，坚持非七十五万元不可。袁允经费可以酌加，但不必如预算所列，亦不必设机关办事。先生最后表示，经费可略减，但必须设机关，办实事。事终不就。

穷愁抑郁，可以伤生。纵酒痛骂，亦非长局，遂决意作冒险出京之计。党部同人设筵为饯，逆料出京必然被阻，但欲其恣饮狂欢以误车行。至下午五时，先生放杯起立说："时间不早了。"匆匆赴车站，而京奉车早经开出，不得已，移寓扶桑馆，以便明晨由水门上车，派庶务员同住照料。明晨，宗慈得庶务员电话报告："章先生独自赴总统府了。"服蓝布长衫，手持羽扇，以勋章作扇坠，兀坐新华门招待室候电话。不久，梁士诒来招待，方致词，先生曰："我见袁世凯，哪里要见你？"梁只好默然而去。旋又一秘书来说："总统刚才事忙，请稍候。"久久没有消息，先生怒，打毁招待室的器物略尽。直至下午五时许，陆建章始入，鞠躬向先生曰："总统有要公，劳先生久候，深为抱歉！今遣某迎先生入见。"先生熟视一晌,随陆出登马车,车出东辕门,先生怪而问曰:"见总统,为何不入新华门?"陆佯笑对曰:"总统在居仁堂,出东辕门,过后门,进福泽门,车可直达,以免步行。"而先生不知已被骗了。

三十二　在龙泉寺

从此禁锢在龙泉寺。龙泉寺偏院屋五间,颇整齐清丽。袁氏谕建章应特别优待,不得加以非礼,但不许其越雷池一步。建章奉命惟谨,先生则焦怒,常以杖扫击器物,并欲焚其屋宇,建章只吩咐守者慎防而已。据建章言:"袁曾手示八条,保护太炎先生:(一)饮食起居,用款多少不计。(二)说经讲学文字,不禁传抄;关于时局文字,不得外传,设法销毁。(三)毁物骂人听之,物毁再购。(四)出入人等严禁挑拨之徒。(五)何人与彼最善,而不妨碍政府者,任其来往。(六)早晚必派人巡视,恐出意外。(七)求见者必持许可证。(八)保护全权完全交给你。"建章又告人曰:"太炎先生是今之郑康成。黄巾过郑公乡,尚且避之。我奉极峰命,无论先生性情如何乖僻,必敬护之;否则并黄巾之不如了。"由此可知袁、陆二人,对于先生尚知敬畏。记得移居龙泉寺的翌日,袁克文亲送锦缎被褥,未敢面先生。先生觉窗缝外有人窥探,牵帷一看,乃是袁克文。即入室点香烟,把被褥烧成许多洞穴,累累如贯珠,遥掷户外,曰:"拿去!"三年夏,先生又绝食七八日,神气转清,惟步起作虚眩。其时弟子们环吁床前,请进食,先生始尝梨一片。旧友黄节致书当事,道不平。当事恐先生饿死,复延医生来省,于是得移至东城钱粮胡同。

三十三　在钱粮胡同及爱女㸃之死

钱粮胡同的屋宇宽敞,政府月致银币五百元,赁屋炊食悉自主之。以

今日钱粮胡同一隅。清朝户部下属的宝泉局管铸钱,宝泉局有东西南北四厂,钱粮胡同是南厂所在地

巡警充门房，稽察出入，书札必副总厅检视，宾客必由总厅与证，而书贾与日本人出入无阻。当事常派人来窥探意旨，偶道及国体，先生即以他语乱之。尝作魏武帝、宋武帝二颂，及肃致使、巡警总监二箴，以示讽刺。

四年七月，筹安会起，劝进者数百。先生固知袁氏恶贯将满，然不能无感愤，赖以禅观制止。某日，以七尺宣纸篆书"速死"二大字，悬于壁上。至九月，其长女叕忽一夜自经而死，先生大恸。这事传至日本，误谓先生已死，既而上海报纸依以入录。汤夫人（民国二年与先生结婚）急电来问安。先生复曰："在贼中岂能安？"露章明发，逆料袁氏技穷，无能为害的。爱女开吊之日，先生书挽联于灵像前，曰："汝能如此，我何以堪？"又撰事略如下：

亡女叕，字蕴来，性端简。生十岁丧母。余适以事遭胡清逮捕，故叕从其伯父受学。三年，余违难抵日本东京，始通书存问。又四年，叕东行，余教之诗，不深好也。适嘉兴龚宝铨，年十七矣。宝铨素与会稽陶成章善，亦数离患东走，从余学，故成章为致辞。既婚，未得归国，濡滞东京。岁余武昌军兴，余始与宝铨、叕先后归上海，而成章解逅遇祸；宝铨不自聊，夫妇居钱唐西湖，无问世意。民国元年夏，复与宝铨同赴东京治疾，逾年归。叕性狷好洁，平居衣履有小褰垢，必掔爨刮治之，而恶与乘时取势者往来。然处家委顺，善得尊长欢，与叔妹居，无闲言。独时邑邑不乐，常欲趣死。余数遇祸，而宝铨亦时怏郁。民国四年四月，叕如京师省视，言笑未有异也。然燕处辄言死为南面王乐，余与季女昭常慰藉之；宝铨数引与观乐，或游履林囿间，叕终不怡；见树色，益抚然若有亡者。九月七日夕，与宝铨、叕，谈笑至乙夜就寝；明旦起视，已自经，足趾未离地，解抚其胸，大气既绝矣。医师数辈皆言不可治，遂卒。呜呼！余以不禄，出入生死几二十年，宝铨亦颠沛者数矣，幸虽有功，未得以觞酒与宾婚故人相劳,而崋谷复时中之。成章之死,与其他故旧困穷失据之状,皆焱所亲睹也。身处其间,若终身负疢疾者,其厌患人世则宜然。焱未死十日,余尝以苛养欲购石菜,焱惧有故,辄止仆人毋往,其操心危厉如是,而遽自毁其躬;比敛,面如生,颜色更如欢笑者,此曷为而然者耶!

民国四年九月十一日,章炳麟书。

(《文录续编》卷四)

十二月,云南护国军起,世凯始恐怖,翌年三月,取消洪宪年号。至六月,世凯呕血,渐不支。先生急欲观南方的实际状况,友人有在海军部者,与日本海军增田大佐、柴田大尉相识,示以易和服出走,从铁路达天津。至期,日本驻津领事密携宪兵迎于东站。既发,未上车,侦者踵至,作无赖口吻说道:"你欠了我钱,为甚么逃走?"遂抢取指环及常弄的古玉而去。另外有一伙曳以走,日本军官在内。领事所携宪兵前进,夺军官而去。先生则被曳至巡警总监。时世凯已病,警吏气焰亦衰,但催促他回去罢了。六月六日世凯自毙,十六日撤警,增田、柴田皆来贺。二十五日先生出都,七月一日至上海。

第三章
国学大师的章先生

第十三节　治学与师友

三十四　自述治学工夫

绪言中已经说过,章先生学术之大,前无古人,以朴学立根基,以玄学致广大。论其学术次第,有两篇自述最足参考:一在《菿汉微言》中,一为单行本的《自述学术次第》。兹就前者摘录首尾二段如下:

余自志学讫今,更事既多,观其会通,时有新意。思想迁变之迹,约略可言:少时治经,谨守朴学,所疏通证明者,在文字器数之间。虽尝博观诸子,略识微言,亦随顺旧义耳。遭世衰微,不忘经国,寻求政术,历览前史,独于荀卿、韩非所说,谓不可易。自余闳眇之旨,未暇深察。继阅佛藏,涉猎《华严》、《法华》、《涅槃》诸经,义解渐深,卒未窥其究竟。及囚系上海,三岁不觌,专修慈氏世亲之书。此一术也,以分析名相始,以排遣名相终。从入之途,与平生朴学相似，易于契机。解此以还，乃达大乘深趣。私谓释迦玄言，出过晚周诸子，不可计数；程、朱以下，尤不足论……

……自揣平生学术，始则转俗成真，终乃回真向俗，世固有见谛转胜者耶。后生可畏，安敢质言？秦、汉以来，依违于彼是之间，局促于一曲之内，盖未尝睹是也。乃若昔人所诮，专志精微，反致陆沉，穷研训故，遂成无用者，余虽无腆，固足以雪斯耻。

自述如此，不夸不饰，毫无溢美，识者称之。

三十五　本师俞樾

清代朴学，始于顾炎武，嗣后硕儒辈出，至乾隆朝，则成学著系统者：一自吴，始于惠栋；一自皖南，始于戴震。震生于休宁，受学于婺源江永，治小学、礼经、算术、舆地，无不深通。其乡里同学有金榜、程瑶田，后有凌延堪、三胡。三胡者，匡衷、承珙、培翚也，皆善治礼，而瑶田兼通水地、声律、工艺、谷食之学。震又教于京师，任大椿、卢文弨、孔广森皆从问业。弟子最知名者，金坛段玉裁，高邮王念孙。玉裁为《六书音韵表》以解《说文》，而《说文》明。念孙疏《广雅》，以经传诸子转相证明，诸古书文义诘诎者，皆燦然理解。授其子引之为《经传释词》。于是三古辞气，汉儒所不能理者，皆廓尔洞达。要之，王氏父子小学训诂的深通，不但是超轶唐、宋，简直是凌驾汉、魏。

章先生的本师是俞樾。俞君德清人，三十岁成进士，入翰林，旋放河南学政，两年被人言免官。免官以后，幡然改计，乃读王氏父子书，从此精研朴学，旁及艺文。他的著述《春在堂全集》五百卷，中以朴学为上，文学次之，朴学中又以《群经平议》、《诸子平议》各三十五卷，及《古书疑义举例》七卷，为最博大精深。此三书中，《群经平议》成书太早，视王氏《经义述闻》，间有未谛之处，故其晚年自救为《茶香室经说》。《诸子平议》则足与王氏《读书杂志》抗衡。至于《古书疑义举例》，则超过《经传释词》，于解释古书之词例及谬误，可谓集其大成，实在是一部整理中国古书文法的杰作。其治学方法，悉本高邮王氏，门径既正，造诣又深。古义多所发明，宿疑为之冰释。开浙学之中兴，张清学之后殿。著述而外，并主讲西湖诂经精舍，历三十一年之久，主持风雅，宏奖人才，其功至为伟大。

章先生自二十三岁肄业诂经精舍，因得从俞君学，亲炙良师，时亘七载，其所成就益大。昔戴震论学曰："学有三难：淹博难，识断难，精审难。"三百年来，兼此三长者，惟有先生。先生论治学方法，谨严不苟，足为后学南针，有云：

> 审名实，一也；重左证，二也；戒妄牵，三也；守凡例，四也；断情感，五也；汰华辞，六也。六者不具，而能成经师者，天下无有。学者往往崇尊其师，而江、戴之徒，义有未安，弹射纠发，虽师亦无所避。
>
> （《文录》卷一《说林》下）

又论朴学的等第，取法乎上，仅得乎中，使后学知所别择，有云：

> 以戴学为权度，而辨其等差，吾生所见，凡有五第：研精故训而不支，博考事实而不乱。文理密察，发前修所未见。每下一义，泰山不移，若德清俞先生，定海黄以周，瑞安孙诒让，此其上也。守一家之学，为之疏通证明，文句隐没，钩深而致之显，上比伯渊，下规凤喈，若善化皮锡瑞，此其次也。已无心得，亦无以发前人隐义，而通知法式，能辨真伪，比辑章句，秩如有条，不滥以俗儒狂夫之说，若

长沙王先谦，此其次也。高论西汉，而谬于实证，侈谈大义，而杂以夸言，务为华妙，以悦文人，相其文质，不出辞人说经之域，若丹徒庄忠棫，湘潭王闿运，又其次也。归命素王，以其言为无不包络，未来之事，如占蓍龟，瀛海之大，如观掌上，其说经也，略法今文而不通其条贯，一字之近于译文者以为重宝，使经典为图书符命，若井研廖平，又其次也。

（《文录》卷一，《说林》下）

章先生对于本师的尊敬，至老不渝，然却有过一段趣事，见于"谢本师"文中，大意是说既游台湾回国，往谒俞君于曲园，俞君督敕甚厉，说他讼言革命是不忠，远去父母之邦是不孝；不忠不孝非人类也，小子鸣鼓而攻之可也。先生对曰："弟子以治经侍先生，今之经学，渊源在顾宁人。顾公为此，正欲使人推寻国性，识汉、虏之别耳，岂以刘殷、崔浩期后生也？"此事在所撰《俞先生传》，并未提及，只言"老而神志不衰，然不能忘名位"而已。

三十六　学友黄以周、孙诒让、宋衡等

章先生交友，以学问相切磋者甚多。其风义在师、友之间者，有黄以周、孙诒让诸氏，皆朴学大师。友人则有宋衡先生，深通佛典。兹各略述如下：

黄以周，定海人。所著以《礼书通故》百卷为最大，其精审过于秦蕙田的《五礼通考》。章先生为之传，称此书"与杜氏《通典》比隆，其校核异义过之，诸先儒不决之义尽明之矣"。主讲南菁书院，江南诸高材皆出其门。

孙诒让，瑞安人。著《周礼正义》、《墨子闲诂》、《古籀拾遗》、《札

黄以周（1828—1899）　　孙诒让（1848—1908），与俞樾、黄以周合称清末三先生

迻》，又著《契文举例》、《名原》，为研究殷契之第一人。章先生为之传，有云："以为典莫备于六官，故疏《周礼》；行莫贤于墨翟，故次《墨子闲诂》；文莫正于宗彝，故作《古籀拾遗》。"又云："《札迻》者，方物王念孙《读书杂志》，每下一义，妥耴宁极，浡入凑理……诒让学术，盖龙有金榜、钱大昕、段玉裁、王念孙四家。其明大义，钩深穷高过之"。

宋衡先生，平阳人。原名存礼，改名曰恕，又改曰衡。其学以仁爱为基，以大同为极，是一位伟大的革新运动者及文化批评者。著作繁富，生前仅刊《六斋卑义》一种，此书提倡革改，远在辛卯以前。又深研内典，章先生称之云："平子疏通知远，学兼内外，治释典，喜《宝积经》。炳麟少治经，交平子始知佛藏。"又云："……最后乃一意治瑜伽。炳麟自被系，专修无著世亲之说，比出狱，世无应者。闻平子治瑜伽，窃自喜，以为梵方之学，知微者莫如平子，视天台、华严诸家深远。"（《文录》卷二《瑞安孙先生伤辞》）宋先生掌教于杭州求是书院，"取法象山，限规不立，经史子集，任择从事。"寿裳幸得受业，并得因以知中国之有章先生。

第十四节　革命不忘讲学

三十七　东京讲学实际情形

章先生一生讲学，历有年所，循循善诱，至老不休。本节所言，系专指居东京、编《民报》之时，一面执笔为文，鼓吹革命，目不暇给。然犹出其余力，为后进讲语言文字之学。寿裳幸侍讲席，如坐春风。谨就当时实际情形，謦欬所承，略记于下：

先生东京讲学之所，是在大成中学里一间教室。寿裳与周树人（即鲁迅）、作人兄弟等，亦愿往听。然苦与校课时间冲突，因托龚宝铨（先生的长婿）转达，希望另设一班，蒙先生慨然允许。地址就在先生寓所——牛込区二丁目八番地，《民报》社。每星期日清晨，前往受业，在一间陋室之内，师生席地而坐，环一小几。先生讲段氏《说文解字注》、郝氏《尔雅义疏》等，神解聪察，精力过人，逐字讲释，滔滔不绝。或则阐明语原，或者推见本字，或则旁证以各处方言，以故新义创见，层出不穷。

前排右起：朱希祖、钱玄同、章太炎、刘半农、马裕藻

即有时随便谈天，亦复诙谐间作，妙语解颐。自八时至正午，历四小时毫无休息，真所谓"诲人不倦"。其《新方言》及《小学答问》两书，都是课余写成的。即其体大思精的《文始》，初稿亦起于此时。这是先生东京讲学的实际情形。同班听讲者是朱宗莱、龚宝铨、钱玄同、朱希祖、周树人、周作人、钱家治与我共八人。前四人是由大成再来听讲的。其他同门尚甚众，如黄侃、汪东、马裕藻、沈兼士等，不备举。

三十八　论学微旨

先生讲书之外，时宣微旨，深达理要，补前修之未宏，诚肤受之多妄，实足发人猛省。兹录数则，以见一斑。如说读书论世，贵乎心知其意，勿拘于表面的文字，曰：

古称读书论世，今观清世先儒遗学，必当心知其意，若全绍衣痛诋李光地佻淫不孝，实未足以为大过。台湾之役，光地主谋，使汉绪由兹而斩，欲明加罪状则不能，故托他过以讥之也。江子屏《宋学渊源记》，不录高位者一人，自汤斌、二魏、熊赐履、张伯行之徒，下至陆陇其辈，靡不见黜。而顾、黄二子为明代人物，又别为论叙以见端，诚谓媚于胡族，得登膴仕者，不足与于理学之林也。其他微言难了者，尚复众多，而侈谈封建、井田者为甚。是议起于宋儒，而明末遗民陈之，其言乃绝相反（原注：除王而农别有所感，王崐绳辈意见，则纯同宋儒，其他皆有别旨）。宁人之主张封建，后世不明其故，戴子高犹肆口评之，甚无谓也。宋儒欲以封建、井田致治，明遗民乃欲以封建、井田致乱。盖目睹胡人难去，惟方镇独立以分其权，社会均财以滋其扰，然后天下土崩，而孤愤易除也。当时无独立及社会主义诸名，有之亦不可明示。托于儒家迁论，乃可引致其途耳。自宁人以下者，斯类多矣。而清雍正、乾隆二朝，亦能窥其微旨。故有言封建、井田者，多以生今反古蒙戮，又数为诏令以驳斥之。若以为沿袭宋儒迂论者，又何必忌之至是耶？然终无可奈何，及同治、光绪以还，行省拥兵于上，会党横行于下，武昌倡义，上下同谋，而清之亡忽焉。则先正之谋果效，而腐朽化为神奇之说亦不虚也。呜呼！前哲苦心若斯者岂独一端已？后之学者其识之哉！

(《自述学术次第》)

又说中国学术，在野则盛，在朝则衰。故提倡自由研究之风，曰：

> 中国学术，自下倡之则益善，自上建之则日衰。凡朝廷所闳置，足以干禄，学之则皮傅而止，不研精穷根本者，人之情也。会有贤良乐胥之士，则直去不顾，自穷其学。故科举行千年，中间典章盛于唐，理学起于宋，天元四元兴宋、元间，小学经训昉于清世①。此皆轶出科举，能自名家，宁有官吏奖督之哉？恶朝廷所建益深，故其自为益进也。

(《文录》卷二《与王鹤鸣书》)

又说日本学术，采自西方，而中国犹有所自得，常以此谕青年学子，并作《原学》篇以申此义：

> 世之言学，有仪刑他国者，有因仍旧贯得之者，其细征乎一人，其巨征乎邦域。荷兰人善行水，日本人善侯地震，因也。山东多平原大坛，故邹、鲁善颂礼。关中四塞便骑射，故秦、陇多兵家。海上蜃

---

① 此句许寿裳引作"放于清世"，今从《文录》改"放"为"昉"。

气，象城阙楼橹，怳苶变眩，故九州、五胜怪迁之变在齐稷下。因也，地齐使然。周室坏，郑国乱，死人多而生人少。故列子一推分命，归于厌世，御风而行，以近神仙。族姓定，阶位成，贵人之子，以武建陵其下。故释迦令桑门去氏，此于四水入海，而咸淡无别。希腊之末，甘食好乐，而俗淫湎，故史多揭家务为艰苦，作自裁论，冀脱离尘垢，死而宴乐其魂魄。此其政俗致之矣。虽一人亦有旧贯。传曰："良弓之子，必学为箕；良冶之子，必学为裘。"故浮屠之论人也，锻者鼓橐以吹炉炭，则教之调气。浣衣者刮垢摩萝，而谕之观腐骨。各从其习，使易就成，犹引茧以为丝也。

然其材性发舒，亦往往有长短。短者执旧，不能发牙角。长者以向之一，得今之十。是故九流皆出王官，及其发舒，王官所不能与。官人守要，而九流究宣其义，是以滋长，短者即循循无所进取。通达之国，中国、印度、希腊，皆能自恢弣者也。其余因旧而益短拙，故走他国以求仪刑。仪刑之与之为进，罗甸、日耳曼是矣。仪刑之不能与之为进，大食、日本是矣。仪刑之犹半不成，吐蕃、东胡是矣。

夫为学者，非徒博识成法，挟前人所故有也。有所自得，古先正之所觏斠，贤圣所以发愤忘食。员舆之上，诸老先生所不能理，往释其惑，若端拜而议，是之谓学。亡自得者，足以为师保，不与之显学之名。视中国、印度、日本则可知矣。日本者，故无文字，杂取晋世隶书章草为之，又稍省为假名。言与文缪。无文而言学，已恧矣。今庶艺皆刻画远西，什得三四。然博士终身为写官，更五六岁，其方尽，复往转贩。一事一义，无胸中之造，徒习口说而传师业者。王充拟之，犹'邮人之过书，门者之传教'（《论衡·定贤篇》）。古今书教工拙诚有异，邮与阍，皆不与也。中国、印度，自理其业，今虽衰，犹自恢弣，其高下可识矣。贷金尊于市，不如己之有苍璧小玑。况自有九曲珠，足以照夜。厥夸毗者，惟强大是信。苟言方略可也，何与于学。

夫仪刑他国者，惟不能自恢犷，故老死不出译胥抄撮。能自恢犷，其不函于仪刑，性也。然世所以侮易宗国者，诸子之书，不陈器数。非校官之业，有司之守，不可按条牒而知。徒思犹无补益，要以身所涉历中失利害之端，回顾则是矣。诸少年既不更世变，长老又浮夸少虑。方策虽具，不能与人事比合。夫言兵莫如《孙子》，经国莫如《齐物论》，皆五六千言耳。事未至，固无以为候，虽至，非素练其情，涉历要害者，其效犹未易知也。是以文久而灭，节奏久而绝（原注：案《孙子》十三篇，今日本治戎者，皆叹为至精，由其习于兵也）。庄子《齐物论》，则未有知为人事之枢者。由其理趣华深，未易比切。而横议之士，夸者之流，又心忌其害己，是以卒无知者。余向者诵其文辞，理其训诂，求其义旨，亦且二十余岁矣。卒如浮海，不得祈向。涉历世变，乃始剀然理解，知其剀切物情。《老子》五千言，亦与是类，文义差明。不知者多以清谈忽之，或以权术摈之。有严复者，立说差异，而多附以功利之说，此徒以斯宾塞辈论议相校耳，亦非由涉历人事而得之也。即有陈器数者，今则愈古（原注谓历史、典章、训诂、音韵之属）。今之良书，无谱录平议，不足以察。而游食交会者又邕之。游食交会，学术之帷盖也，外足以饰，内足以蔽人，使后生伫无所择，以是旁求显学，期于四裔。"

四裔诚可效，然不足一切颖画，以自轻鄙。何者，饴豉酒酪，其味不同，而皆可于口。今中国之不可委心远西，犹远西之不可委心中国也。校术诚有诎，要之短长足以相复。今是天籁之论，远西执理之学弗能为也。遗世之行，远西务外之德弗能为也。十二律之管吹之，捣衣、舂米皆效情，远西履弦之技弗能为也。神输之针，灼艾之治，于足治头，于背治胸，远西刲割之医弗能为也。氏族之谱，纪年之书，世无失名，岁无失事，远西阔略之史弗能为也。不定一尊，故笑上帝。不迩封建，故轻贵族。不奖兼并，故弃代议。不诬烝民，故重灭国。不恣兽行，故别男女。政教之言愈于彼又远。下及百工将作，筑桥者垒石以为空阅旁无支柱，而千年不坏。织绮者应声以出章采，奇文异变，因感而作，犹自然之成形，阴阳之无穷（傅子说马钧作绫机，其巧如此，然今织师往往能之）。割烹者斟酌百物以为和味，坚者使毳，淖者使清，洇者使腜，令菜茹之甘，美于刍豢。次有围棋、柔道，其巧疑神。孰与木杠之窳，织成之拙，牛戠之咮，象戏之鄙，角抵之钝。又有言文歌诗，彼是不能相贸者矣。

夫赡于己者，无轻效人。若有文木，不以青赤雕镂，惟散木为施镂。以是知仪刑者"散"，因任者"文"也。然世人大共标弁①，以不类远西为耻。余以不类方更为荣，非耻之分也。老子曰："天下皆谓我道大，似不肖。夫惟大，故似不肖。若肖，久矣其细也夫。"此中国、日本之校已。

（《国故论衡》下卷）

学贵自得，勿轻易效人，类于神贩。此是青年学子必读之文，故录其全首如上。

---

① 标弁，《国故论衡》作"儦弃"。

第十五节　语言文字学上的贡献

三十九　《文始》

章先生对于语言文字学上的贡献，洵可谓集一代的大成。少年时即精治小学，遍览清世大师的著作，以为诸家虽各有所长，然犹有未至者。久乃专读大徐《说文原本》至十余遍，以说解正文比较，于是疑义冰释。尝谓"小学者，国故之本，王教之端，上以推校先典，下以宜民便俗。岂专引笔画篆，缴绕文字而已"。居东讲学时，不废著述，悼古义之沦丧，愍民言之未理，故作《文始》，以明语言之根；次《小学答问》，以见文字之本；述《新方语》，以通古今之邮。又著《国故论衡》上卷十一篇，皆言小学要义。自谓"阴阳对转，区其夅侈（按：指成均图），半齿弹舌，归之舌头（按：指古音娘日二纽归泥的证明）；明一字之有重音，辨转注之系造字。比之故老，盖有讨论修饰之功。"兹就上述三书。各加说明，并举数例于下：

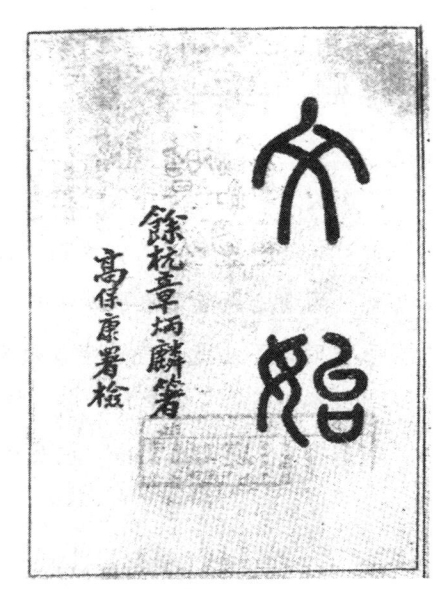

《文始》书影

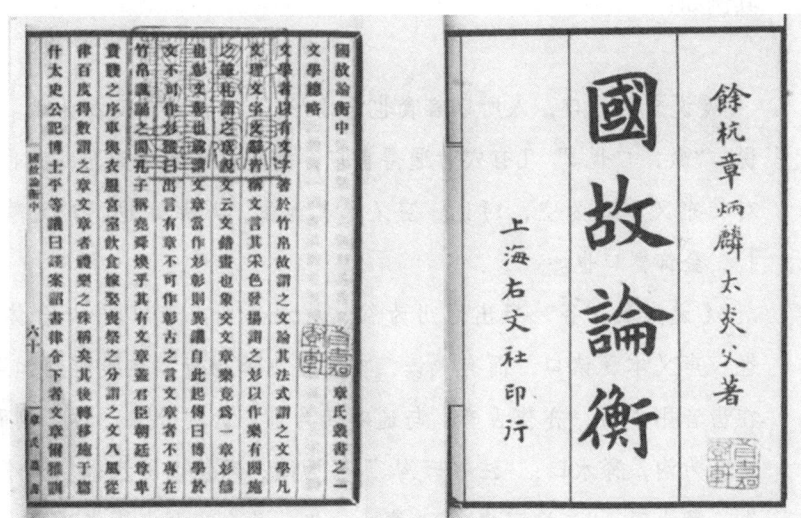

《国故论衡》分小学、文学、诸子学三卷，系统论述文字音韵学、文学、文献学、周秦诸子学、经学及佛道之学等，在中国现代学术史上有着极其重要的影响

《文始》这部书是中国文字学上一大发明，探名言的渊源，极形声的妙用。先生自述其创作经过：

以为学问之道，不当但求文字。文字用表语言，当进而求之语言。语言有所起，人仁天颠，义率有缘。由此寻索，觉语言统系秩然。因谓仓颉依类象形以作书，今独体象形见说文者，止三四百数，意当时语不止此，盖一字包数义，故三四百数已足，后则声意相迤者，孳乳别生，文字乃广也。于是以声为部次，造《文始》九卷。归国后，叶奂彬见而善之，问如何想得出来？答："日读说文，比较会合，遂竟体完成耳。"

（同门诸祖耿：《记本师章公自述治学之功夫及志向》）

其例如：

《说文》："口，人所以言食也。象形。"旁转宵，变易为噭。师古说："噭，口也。"凡有穴者通得言口，故转宵又孳乳为窍，空也。口对转东又孳乳为空，窍也。空又孳乳为銎，斤斧穿也。口又孳乳为扣，金饰器口也。

《说文》："谷，泉出通川为谷。从水半见出于口。"此合体象形也。声义本受诸口，而有数读，在深喉则如今音，在浅喉则如浴欲，在齿音则如俗，亦作舌音，与通对转为训，大要分喉、舌二例而已。孳乳为沟，释水曰："注谷曰沟。"又为陵，通沟以防水也。为渎，沟也。释水曰："注浍曰渎。"为窦，空也。凡今言洞者皆借为窦，东侯对转也。谷亦对转东，孳乳为㖾，大长谷也。窦旁转幽，孳乳为岫，山穴也。

诸有孔穴可容受者通言谷。对转东，孳乳为容，盛也。在本部孳乳为俞，空中木为舟也……其于衣为袾，绔踦也，或作陵。为辅，射臂决也。为枢，编枲衣，一曰头枢，一曰次裹衣也。为屦，履也。其于兵为革卖，弓矢鞬也。为韣弓衣也。于器为椟为匵，皆匼也。为瓿，受钱器也。为瓯，小盆也。为甌，瓯也。为瓮为坸，皆罂也。于车为毂，辐所凑也。为釭，车毂中铁也。于乐为筩，通箫也。为箭，断竹也（原注：箭转东，则筼为大竹筼，籉为大竹）。于门为枢，户枢也。于草为藕，扶渠根也。藕对转东，舒作舌音为菫，杜林说："藕根也。"此皆有孔穴可容受者也。

泉出通川为谷，故谷对转东，孳乳为通，达也。又孳乳为蹴，迭也（原注：迭借为达）。此二同字。又孳乳为洞，疾流也。洞又为洞渫之义。还侯作来纽为蹴，屋穿水入也。……又孳乳为蹴，去阴之刑也，犹去耳言刵矣。

人有九窍，各有所嗜，而男女为大欲，自洞以衍，既为涿字。谷本一切通孔之大名。对转东，亦孳乳为孔，通也。乙至而得子，嘉美之也。此谓人道之通。孔次对转幽，变易为好，美也。释器言"肉倍好"，"好倍肉"，"肉好若一"，好即孔矣。其引伸则诗传好训说。还鱼，孳乳为欲，贪欲也。欲又变易为馤，欲也。易之窒欲，孟氏作谷。《乐记》"性之欲也"，《乐书》作"性之颂也"。《庄子天下篇》宋钘"语心之容"，即荀子所引宋子言"人之情欲寡，而皆以己之情欲多"。然则欲字之义，又系于谷与容矣……凡谷字有深喉、浅喉、舌、齿四音，故所孳乳之字，亦备四音。

（《文始》卷六侯东类）

《说文》："工，巧饰也。象人有规榘。"古文作㠭，从彡。工者初文，者准初文。小篆用工，遂出㠭字为古文矣。对转侯，变易为竘，一曰匠也。方言，吴越饰貌为竘，或谓之巧。次对转幽，变易为巧，技也。巧旁转宵，变易为娱，巧也。在本部孳乳又为颂，貌也。貌与颂皆有图画义。工又孳乳为攻，击也。《考工记》攻木、攻金、攻皮、设色、刮摩、搏埴皆称工，治之皆曰攻。又孳乳为功，释诂功，成也，释名功，攻也。攻又孳乳为巩，以韦束也。诗传攻训坚。释诂巩坚皆训固。

工有规榘之义。规榘皆与工双声。凡圆者为鞠，隅者为角，锐者为圭，直者为径，磬折者为磬为球，从横折榘者为勾股，虽各有初文本字及佗字所孳乳者，然皆与工双声相系……

攻训击，对转侯则变易为敂，击也。次对转幽，则变易为考，敂也。其所孳乳，在侯为殴，捶击物也……其本部碧为水边石，亦与确相转。

（同门诸祖耿：《记本师章公自述治学之功夫及志向》）

四十　《小学答问》

《小学答问》这部书系答弟子之问，以明本字，借字流变之迹，其声义相禅，别为数文者，亦稍示略例，观其会通。其例如：

问曰："《说文》：'天，颠也。'易曰：'其人天且劓。'马融曰：'黥凿其额曰天。'不解凿　何以称天？'答曰："天即颠尔。颠为顶，亦为额。释畜：'駂颡白颠。'周南：'麟之定。'传曰：'定，题也。'一本题作颠（原注：颠顶定题，古皆双声。陆以颠为误，非也）。明题颡得称颠矣。去耳曰聅，去鼻曰劓，去而曰耏，去涿曰耏，皆从其声类造文。去髌直曰髌，凿颠直曰颠，不造它文，直由本义引而申之。又《刑法志》说秦刑有凿颠，《山海经》说兽名有'刑天'。刑天无首，盖被凿颠之刑。彼颠即指顶尔。"

问曰:"《说文》:'艾,乂台也。'《春秋传》言'艾豭','国君好艾'。孟子、《楚辞》言'少艾'、'幼艾',不解少年何以称艾?"答曰:"老亦为艾。五十发苍,始服官政,以艾为称;少亦为艾,犹言苍生,亦如今言青年矣。艾转为牙,崔骃言'童牙',亦转为吾,管子言'吾子',皆幼少之名也。"

问曰:"《说文》:'爽,明也。'雅训为差为忒,其义何取?"答曰:"阳鱼对转,爽借为疏。夏小正'爽死。'传曰:'爽也者,犹疏也。'是其例。周疏相对。周为密,亦为忠信;不密则差,亦为食言矣。"

问曰:"说文:'雗,鹯也。'相承训和者何字也?"答曰:"东侯对转,字借为愉。祭义曰:'有和气者亦有愉色。'《论语·乡党》:'愉愉如也。'郑君曰:'愉愉颜色和。'愉亦作妁。《汉书·韩信传》:'言语妁妁。'师古曰:'妁妁,和好貌也。'《史记》作呕呕。雗重言为雗容。鬼臾区为鬼容区,亦东侯对转矣。或曰:雗鹯飞则鸣,行则摇,故声音赴节者谓之雗。《乐府》有《精列篇》,象其节奏,故音和谓之雗。"

四十一 《新方言》

《新方言》,真是洽见的奇书,不刊的硕记。其《自序》有云:"……中更忧患,悲文献之衰微,诸夏昆族之不宁一,略搰殊语,征之古音,稍稍得其鰓理。盖有诵读占毕之声,既用唐韵,俗语犹不违古音者;有通语既用今音,一乡一州犹不违唐韵者;有数字同从一声,唐韵以来,一字转变,余字则犹在本部,而俗语或从之俱变者。远陌纷错,不可究理。方举其言,不能征其何字,曷足怪乎?……"。又云:"读吾书者,虽身在陇亩与夫市井贩夫,当知今之殊言,不违姬汉,既陟升于皇之赫戏,案以临瞻故国,其恻怆可知也。"例如今言"甚么",即"舍"之切音;今言"光蜇"，即"矜"之切音，元寒戈对转，故今言蘩菜，声如波菜；舌无轻唇音，故"蜚蠡"本读毕蠡。

《说文》："曾，词之舒也。""余，语之舒也。从入，舍省声。"曾余同义，故余亦训何，通借作舍。孟子《滕文公》篇："舍皆取诸其宫中而用之。"犹言何物皆取诸其宫中而用之也。《晋书·元帝纪》："帝既至河阳，为津吏所止，从者宋典后来，以策鞭帝马而笑曰：'舍，长官禁贵人，汝亦被拘耶？'"舍字断句，犹言何事也。亦有直作余者。《春秋左氏传》曰："小白余，敢贪天子之命无下拜！"犹言小白何物也。今通言曰"甚么"，舍之切音也。川、楚之间曰舍子，江南曰舍，俗作啥，本余字也。（原注：歌戈鱼模麻相转，甚舍齿音，旁纽相通，故甚么为舍之切音）

《方言》："矜谓之杖。"寻古音矜如鳏，故老而无妻者或书作矜，或书作鳏。今人谓杖为棍，即矜字之变矣。又谓凶人为光棍。寻《说文》："梼杌（原注：亦作杭），断本也。"古谓凶人曰梼杌，今谓凶人曰光棍，其义同也。《左传》梼杌，杜解以为即鲧。古人即名表德，尧、舜、桀、纣皆是。然则鲧之言棍，即古矜字矣。《楚辞》云："鲧婞直以亡身。"婞直亦与矜同义。婞为直立之物，故古人谓直为矜。《论语》："古之矜也廉，今之矜也忿戾。"又云："君子矜而不争。"廉直为矜，所谓婞也；忿戾为矜，所谓梼杌、光棍也。古今语正自不异。又今人亦谓无室家者为光棍，则正无妻为矜之义。训诂声音皆同。（原注：《说文》鲧鳏二文相接，并训鱼，疑本重文）

《尔雅》："矜，蟠蒿。"元寒歌戈对转，今言蘩菜，声如波菜。
《说文》："蜚，臭虫负蛮蠡也。"今淮南谓之蛮，山西谓之蜚虫。蜚读如此，古音无轻唇，蜚本读比。江南转入如毕，通言曰臭虫。

四十二　注音符号的来源

还有，现今常用的注音符号，亦系发源于章先生。先生曾说切音之用，只在笺识字端，令本音画然可晓。故曾定纽文为三十六，韵文为二十二，皆取古文篆籀径省之形，以代旧谱。至民国二年，教育部召集'读音统一会'。开会的时候，有些人主张用国际音标，有些人主张用清末简字，各持一偏，争执甚烈。而会员中，章门弟子如胡以鲁、周树人、朱希祖、马裕藻及寿裳等，联合提议用先生之所规定，正大合理，遂得全会赞同。其后实地应用时，稍加增减，遂成今之注音符号。

第十六节　文学上的贡献

四十三　论文学

宋衡先生论文，颇右汉、魏，于并世则独推重章先生，尝谓："枚叔文章，天下第一。"因为章先生的文章，上规秦、汉，下凌魏、晋，实与宋先生有同嗜。《国故论衡》中卷七篇，皆言文史。其关于韵语，以周、汉为宗，有云：

> 论辩之辞，综持名理，久而愈出，不专以情文贵，后生或有陵轹古人者矣。韵语代益陵迟，今遂涂地，由其发扬意气，故感慨之士擅焉。聪明思慧，去之则弥远。记称诗之失愚，以为不愚固不能诗。夫致命遂志，与金鼓之节相依。是故史传所记，文辞凌厉，精爽不沬者，若荆轲、项羽、李陵、魏武、刘琨之伦，非奇材剑客，则命世之将帅也。由商、周以讫六代，其民自贵，感物以形于声，余怒未渫，

虽文儒弱妇，皆能自致。至于哀窈窕，思贤材，言辞温厚，而蹈厉之气存焉。及武节既衰，驰骋者至于绝膑，犹弗能企。故中国废兴之际，枢于中唐，诗赋亦由是不竞。五季以降，虽四言之铭，且拱手谢不敏，岂独采诗可以观政云尔。太史公曰："兵者，圣人所以讨强暴，平乱世，夷险阻，救危殆。自含血戴角之兽，见犯则校，而况于人，怀好恶喜怒之气，喜则爱心生，怒则毒螫加，情性之理也。故六律为万事根本，其于兵械尤所重。"自中唐以降者，死声多矣。"长子帅师，弟子舆尸"，相继也。今或欲为国驱，竟弗能就。抗而不坠，则暴慢之气从之矣；尨而无守，则鄙吝之辞就之矣。余以为古者礼乐未兴，则因袭前代。汉《郊祀歌》有《日出入》一章，其声熙熙，悲而不伤，词若游仙，乃足以作将师之气，虽云门大卷弗过也。以是为国歌者，贤于自作远矣。

（《国故论衡》中卷《辨诗》）

所云采诗岂独观政，便是国势的盛衰，民气的刚柔，亦可以从此处看出。《菿汉敬言》中曾有一段话说："观世盛衰者，读其文章辞赋，而足以知一代之性情。西京强盛，其文应之，故雄丽而刚劲。东京国力少衰，而文辞亦视昔为弱，然朴茂之气尚存，所谓壮美也。三国既分，国力乍挫，讫江左而益弱，其文安雅清妍，所谓优美也。唐世国威复振，兵力远届，其文应之。始自燕、许，终有韩、吕、刘、柳之伦，其语瑰玮，其气驵骙，则与两京相依，逮宋积弱，而欧、曾之文应之，其意气实与江左相似，不在文章奇耦之间也。明世外强中干，弱不至如江左两宋，强亦不能如汉、唐，七子应之，欲法秦、汉，而终有绝膑之患。元清以外夷入主，兵力亦盛，而客、主异势，故夏人所谓文，犹优美而非壮美……。是故文辞刚柔，因世盛衰，虽才美之士，亡以自外。古者陈诗以观民风，诗亡然后《春秋》作。次《春秋》而有《史记》。《史记》者，通史也，晁错、仲舒之对策，贾太傅之陈奏，太史皆删剟不录，而于屈、贾、相如诸传，独存辞赋，诚以诸奏对者，被时持世之言，而辞赋本于性情，其芳臭气泽之所被，足以观世质文，见人心风俗得失，则弃彼取此矣。此即孔子删诗之志，又非有远识者不能为之。"这里所说，虽不专指辞赋，而足与上引韵语之言相发。至于《日出入》一章，其声恢绰，可被金石，在国歌尚未制定以前，宜于暂用，先生亦曾为寿裳言之。

关于持论，则以魏、晋为法，有云：

当魏之末世，晋之盛德，钟会、袁准、傅玄皆有家言，时时见他书援引，视荀悦、徐干则胜。此其故何也？老、庄、刑名之学，逮魏复作。故其言不牵章句，单篇持论，亦优汉世。然则王弼《易例》，鲁胜《墨序》，裴𫖮《崇有》，性与天道，布在文章。贾、董卑卑，于是谢不敏焉。经术已不行于王路，丧祭尚在，冠昏朝觐，犹弗能替旧常，故议礼之文亦独至。陈寿、贺循、孙毓、范宣、范汪、蔡谟、徐野人、雷次宗者，盖二戴间人所不能上。施于政事，张斐"晋律之序"，裴秀"地域之图"，其辞往往陵轹二汉。由其法守，朝信道矣，工信度矣……

魏、晋之文，大体皆埤于汉，独持论仿佛晚周，气体虽异，要其守已有度，伐人有序，和理在中，孚尹旁达，可以为百姓师矣……

效唐、宋之持论者，利其齿牙；效汉之持论者，多其记诵，斯已给矣。效魏、晋之持论者，上不徒守文，下不可御人以口，必先豫之以学。

（三段皆见《国故论衡》中卷《论式》）

"必先豫之以学"这句话，最为切要。世人但知道魏、晋崇玄学，尚清谈，而不知道玄学常和礼乐的本原、律令的精义，彼此相扶。玄学者其言虽系抽象，其艺则切于实际，所以是难能可贵。

四十四　文之自述

关于自言其文之所至，引二段如下：

余少已好文辞，本治小学，故慕退之造词之则，为文奥衍不驯，非为慕古，亦欲使雅言故训，复用于常文耳。犹凌次仲之填词，志在协和声律，非求燕语之工也。时乡先生有谭君者（按指谭献，仁和人，著有《复堂类稿》），颇从问业。谭君为文，宗法容甫、申耆，虽体势有殊，论则大同矣。三十四岁以后，欲以清和流美自化。读三国、两晋文辞，以为至美，由是体裁初变，然于汪、李两公，犹嫌其能作常文，至议礼、论政则踬焉。仲长统、崔实之流，诚不可企。吴、魏之文，仪容穆若，气自卷舒，未有辞不逮意，窘于步伐之内者也。而汪、李局促相斯，此与宋世欧阳、王、苏诸家务为曼衍者，适成两极，要皆非中道矣。匪独汪、李、秦、汉之高文典册，至玄理则不能言。余既宗师法相，亦兼事魏、晋玄文，观夫王弼、阮籍、嵇康、裴颀之辞，必非汪、李所能窥也……由此数事，中岁所作，既异少年之体，而清远本之吴、魏，风骨兼存周、汉，不欲纯与汪、李同流。然平生于文学一端，虽有所不为，未尝极意菲薄。下至归、方、姚、张诸子，但于文格无点，波澜意度，非有猖狂犯规者，则以为学识随其所至，辞气从其所好而已。今世文学已衰，妄者皆务为骫骳，亦何暇訾议桐城义法乎？

（《自述学术次第》）

文生于名，名生于形，形之所限者分，名之所稽者理。分理明察，谓之知文。小学既废，则单篇撅落；玄言日微，故俪语华丽[①]。不蒋其本，以之肇末，人自以为杨、刘，家相誉以潘、陆，何品藻之容易乎？仆以下姿，智小谋大，谓文学之业，穷于天监，简文变古，志在桑中。徐庾承其流化，平典之风，于兹沫矣。燕、许有作，方欲上攀秦、汉，逮及韩、吕、柳权、独孤、皇甫诸家，劣能自振，议事确质，不能如两京，辩智宣朗，不能如魏、晋。晚唐变以谲诡，两宋济以浮夸，斯皆不足邵也。将取千年朽蠹之余，反之正则，虽容甫、申耆，犹曰采浮华、弃忠信尔。皋文、涤生，尚有谀言，虑非修辞立诚之道。夫忽略名实，则不足以说典礼；浮辞未剪，则不足以穷远致。言能经国，诎于笾豆有司之守；德音孔胶，不达形骸智虑之表。故篇章无计簿之用，文辩非穷理之器。彼二短者，仆自以为绝焉。

（《国故论衡·论式》）

所言绝无夸饰。因为典礼之文，所短每在繁碎，性道之文，所短每在缴绕。先生的文章确乎没有这两种短处，宜乎宋先生所以特别推重啊！

四十五　诗之自述

章先生的诗，不加修饰，弥见性真。其自述有云：

余作诗独为五言。五言者，挚仲治《文章流别》，本谓俳谐倡乐所施。然四言自风雅以后，菁华既竭，惟五言犹可仿为。余亦专写性情，略本钟嵘之论，不能为时俗所为也。

（《自述学术次第》）

[①]《国故论衡》作"华靡"。

任举一首,如民国十六年,先生六十岁,其《生日自述》诗是:

> 蹉跎今六十,斯世孰为徒?
> 学佛无乾慧,储书不愈愚。
> 握中余玉虎,楼上对香炉。
> 见说兴亡事,拿舟望五湖。

此诗即物言情,气韵深远,烈士暮年,壮心不已。虽身在江湖,面对于手造的民国,忧勤之心,未能一日去于怀!

第十七节　史学上的贡献

四十六　中国历史的特长

葆重中国的历史，和上两节的葆重语文，同为章先生的本志。尝谓提倡民族主义，发扬孔氏教育，皆当以历史为先务，有云：

> 孔氏旧章，其当考者，惟在历史，戎狄豺狼之说，管子业已明言。上自虞、夏，下讫南朝，守此者未尝逾越，特春秋明文，益当葆重耳。虽然，徒知斯义，而历史传记，一切不观，思古幽情，何由发越？故仆以为民族主义，如稼穑然，要以史籍所载人物、制度、地理、风俗之类，为之灌溉，则蔚然以兴矣。不然，徒知主义之可贵，而不知民族之可爱，吾恐其渐就萎黄也。孔氏之教，本以历史为宗。宗孔氏者，当沙汰其干禄致用之术，惟取前王成迹，可以感怀者，流连弗替。春秋而上，则有六经，固孔氏历史之学也；《春秋》而下，

则有《史记》《汉书》，以至历代书志纪传，亦孔氏历史之学也。若局于公羊取义之说，徒以三世三统，大言相扇，而视一切历史为刍狗，则违于孔氏远矣。

（《文录·别录》二卷《答铁铮》）

《国故论衡》中，亦有发挥此旨之文，如云：

……春秋所以独贵者，自仲尼以上，《尚书》则阔略无年次。百国春秋之志，复散乱不循凡例，又亦藏之故府，不下庶人。国亡则人与事偕绝。太史公云："《史记》独藏周室，以故灭。"此其效也。是故本之吉甫史籀，纪岁时月日，以更《尚书》，传之其人，令与诗书礼乐等治，以异百国春秋，然后东周之事，粲然著明。令仲尼不次《春秋》，今虽欲观定哀之世，求五伯之迹，尚荒忽如草昧。夫发金匮之藏，被之萌庶，令人人不忘前王，自仲尼、左丘明始……今中国史传连甍，百姓与知，以为记事不足重轻，为是没丘明之劳，谓仲尼不专记录。借令生印度、波斯之原，自知建国长久，文教浸淫，而故记不传，无以褒大前哲，然后发愤于宝书，哀思于国命矣。（原注：余数见印度人言其旧无国史，今欲搜集为书，求杂史短书以为之质，亦不可得。语辄扼腕。彼今文家特未见此尔）

国之有史久远，则亡灭之难。自秦氏以讫今兹，四夷交侵，王道中绝者数矣。然撢者不敢毁弃旧章，反正又易。借不获济，而愤心时时见于行事，足以待后。故令国性不堕①，民自知贵于戎狄，非春秋孰纲维是？春秋之绩，其什伯于禹耶，禹不治洚水，民则溺。民尽溺，即无苗裔，亦无与俱溺者。孔子不布春秋，前人往，不能语后人，后

---

①《国故论衡》作"国姓"。

人亦无以识前。乍被侵掠,则相安于舆台之分。诗云:"宛其死兮,他人是偷。"此可为流涕长潸者也。然则继魏而后,民且世世左衽,而为羯胡鞭挞,其憯甚于一朝之溺。春秋之况烝民,比之天地亡不帱持,岂虚誉哉?

四十七　论人物之例

史传所载的人物和制度,可以使人周知古昔,以兴感慕。章先生描写人物,只用简要之笔,便能将其个性和特绩,活跃于纸上。例如述大禹之功,有云:

> 唯后生于汶山,故知山川之首;学于西王国,故识流沙之外;眇达勾股,故能理水地高下之宜;以身为度,故辨诸侯万人之体。于是鬵河以道九牧,凿江以流九派,刊旅以通九山。天地得一,画为中区,五服弼成,民得字养。自百王之功,未有如后者也。
>
> （《文录续篇》卷五上《禹庙碑》）

又如述孔子之当尊,在上述制历史之外,还有布文籍、振学术、平阶级诸功。其文曰:

> 孔子所以为中国斗杓者,在制历史、布文籍、振学术、平阶级而已。往者《尚书》百篇,年月阔略,无过因事记录之书,其始末无以猝睹。自孔子作《春秋》,然后纪年有次,事尽首尾。丘明衍传,迁、固承流,史书始灿然大备。繄则相承,仍世似续,令晚世得以识古,后人因以知前。故虽戎羯荐臻,国步倾覆,其人民知怀旧常,得以幡然反正,此其有造于华夏者,功为第一。《周官》所定乡学,事尽六

艺，然大礼犹不下庶人。当时政典，掌在天府，其事迹略具于《诗》、《书》，师氏以教国子，而齐民不与焉。是故细户小氓[①]，欲观旧事，则固闭而无所从受。故《传》称"宦学事师"，"宦于大夫"，明不为贵臣仆隶，则无由识其绪余。自孔子观书柱下，述而不作，删定六学[②]，布之民间，然后人知典常，家识图史，其功二也，九流之学，靡不出于王官；守其一术，而不遍览文籍，则学术无以大就。自孔子布文籍，又自赞《周易》，吐《论语》，以寄深湛之思。于是大师接踵，宏儒郁兴，虽所见殊途，而提振之功则一，其功三也。春秋以往，官多世卿，其自渔钓饭牛而兴者，乃适遇王伯之君，乘时间起，平世绝矣[③]。斯岂草野之无贤才，由其不习政书，致远恐泥，不足与世卿竞爽。其一二登用者，率不过技艺之官，皂隶之事也。自孔子布文籍，又养徒三千，与之驰骋七十二国，辨其人民，知其土训，识其政宜。门人余裔，起而干摩，与执政争明[④]。哲人既萎，曾未有年[⑤]，六国兴而世卿废。民苟怀术，皆有卿相之资。由是阶级荡平，寒素上遂，至于今不废，其功四也。总是四者，孔子于中国为保民开化之宗，不为教主。世无孔子，宪章不传，学术不振，则国沦戎狄而不复，民陷卑贱而不升，欲以名号加于宇内通达之国，难矣。今之不坏，繄先圣是赖，是乃其所以高于尧、舜、文、武而无算者也。

（《文录》卷二《驳建立孔教议》）

至于异族之人如伯夷、叔齐者，积仁诘行，廉顽立懦，感化力可谓伟

[①]《文录》作"编户小民"。
[②]《六学》作"六书"。
[③]《章太炎政论选集》作"逮乎平世绝矣"。
[④]《章太炎政论选集》在此句后有"夫膏粱之性习常，……故自"一段。
[⑤]《章太炎政论选集》作"未阅百年"。

大。章先生考其种族，谓以齐桓公伐山戎、斩孤竹观之，则夷、齐为山戎种，所谓鲜卑大人者是。其性墨胎，亦是虏姓而非汉姓。其后所隐首阳山，则从《史记正义》引说文在辽西，本为孤竹所辖。所谓采薇而食者，薇的茎叶皆似小豆，可以生食，即今之野豌豆苗。其不食周粟者，谓不食周室养老之饩。以东胡无米，独饶产豆，故就所有者为食，并非偏取豌豆而弃大豆。末段有云：

……其称饿者，夷、齐就周养老，常得肉食。鲜卑戎人又素以饮酪、食肉为主。比其归时，年老不任弋猎。胡俗贱老（原注：《三国志》注引《魏书》，乌丸俗贱老。鲜卑习俗与乌丸同），亦无以肉相饷者。乍食植物，则歉然如馁耳。借令今人得豆类为常食，首夏食豌豆，长夏食䜴，秋食大豆，大豆坚实，又可熏暴以备冬春之需。其味丰腴甘美，视稻麦或不逮，视黍稷乃远胜之，何饿之有焉？其言饿且死者，大以为官柱，名为蒿宫。诡诞之言，不可为典要矣。虽然，明堂在郊，亦只就三代言也。其在上古，则圜丘正为王官之地。故附于郊丘者，有王官祭日之典（祭法）。祭日之坛，而命之曰王官，明王官与日坛同处①，朝觐于是，祭京于是，治事于是，授学于是。后世既不能继故，犹放物其意而建明堂、辟雍、三灵于郊野。灵台者，其所以拟群帝之台耶？

又寻山字之声类考之，则《说文》云："山，宣也。"以声为训，明古音山宣不殊。而宣为天子正居。周有宣谢，汉有宣室，此皆因仍古语。彼天子正居所以名宣者，正以其在山耳。周之宣谢，《汉书·五行志》以为讲武之坐屋，此固未备。据顾命路寝所设，大训、天球、河图皆在焉。而鼖鼓赤刀，兑之戈，和之弓，垂之竹矢，则

---

①《文录》作"同号"。

讲武之具也。蔡邕云："古言天者三家：一曰盖天；二曰宣夜；三曰浑天。"寻谢字古但作射，而射与夜相通（原注：左氏六年经，狐射姑，穀梁作狐夜姑。又左氏昭二十五年传，申夜姑，释文云：夜本或作射）。是宣夜即宣射。天子正室有观天之器。其在后世，始分观天之处于灵台。然太古灵台、宣室，未始有异，皆在山颠而已。复观祭法："夜明为祭月之坛。"与日坛称王官者密迩。至于汉世，而宣夜、夜明之语，转为掖庭。掖也，夜也，射也，谢也，榭也，豫也，序也此七字皆同音而义相联者也。

又寻《尚书》有"纳于大麓"之文。古文家太史公说曰："尧使舜入山林川泽。"此读麓为本字，所谓林属于山为麓也。今文家欧阳夏侯说曰："昔尧试于大麓者，领录天子事，如今尚书官矣。"（原注：刘昭注《续汉书·百官志》引《新论》如此）又曰："入于大麓，言大麓，三公之位也。居一公之位，大①总录二公之事。"（原注：《论衡·正说篇》）古文于字义为得，顾于官制失之；今文得其官制，其字义又不合。即实言之，则天子居山，三公居麓，麓在山外，所以卫山也。尧时君相已居栋宇，而犹当纳于大麓者，洪水方滔，去古未远，其故事尚在礼官。初拜三公，当准则典礼而为之，则必入大麓以为赴官践事之明征。《左传》曰："山林之木，衡鹿守之。"鹿即麓也。衡麓在后世只为虞衡之官，而古代正为宰相。如伊尹官阿衡，亦名曰保衡，犹是衡麓之故名也（原注：说者以为阿倚衡平，则望文生训也）。至汉时有光禄勋，为天子门卫。勋者，阍也。（原注：胡广已言之）独光禄之义，至今未有确解。其实光禄即是衡麓。衡、横古通。又《尚书》今文"横被四表"，古文作"光被四表"。是衡、横、光三字为一也。（原注：古音同在阳部）……然证之以郎官，郎者光

---

① "大"疑为衍文。

禄勋之属，亦天子守门之官也。《汉书·杨恽传》云："郎官故事，令郎出钱市财用，给文书，乃得出，名曰山郎。"张宴曰："山，财之所出，故取名焉。"此未必得其本义也。大抵古天子端居冈阜，而从官以射猎为事，多得其饶。故汉世因之，犹名财之所出为山郎。斯语虽见于汉，然自殷、周时已有此意。周语曰："夫周，高山广川大薮也。而幽王荡以为魁陵粪土沟渎，其有悛乎？"又曰："夫旱麓之榛楛殖，故君子得以易乐干禄焉。若夫山林匮竭，林麓散亡，薮泽肆既，民力凋尽，田畴荒芜，资用乏匮，君子将险哀之不暇，而何易乐之有焉。"是则天子在山，取其饶用，从官得以干禄。至殷、周，虽已居城郭，犹必宅于高山旱麓之地。汉代因之，遂有山郎之名，其所从来远矣。

综考古之帝都，则颛顼所居曰帝丘，虞舜所居曰蒲阪，夏禹所居曰嵩山（原注：夏都阳城。阳城即嵩山所在。古无嵩字，但以崇字为之。故周语称鲧为崇伯鲧。《逸周书》称禹为崇禹）。商之先，相土居商丘。其后又有适山之文（原注：盘庚曰：古我先王将多于前功，适于山）。周之先，公刘后京，其后又处旱麓之地。夫曰山，曰丘，曰阪，曰京，皆实地而非虚号。上古橧巢，后王宫室。其质文虽世异，而据山立邑则同。左氏言"三坟"、"九丘"。贾侍中云："三坟，三王之书；九丘，九州亡国之戒。"言坟言丘，并以都山为义。及其亡灭，宫室邑里已泯绝，惟丘陵之形独存，甚者或夷为汙泽。故伍员哀吴之亡，则言"吴其为沼"。而屠灭者至于潴其宫室。盖以为高丘者，君上之所居，通于神明；洿泽者，亡虏之所处，沦于幽谷也。然则天子居山，其意在尊严神秘，而设险守固之义，特其后起者也。

（《文录》卷一《官制索隐》）

至于《专制时代宰相用奴说》，亦摘引如下：

伊尹尝为阿衡（《商颂》），亦为保衡（《书·君奭》）。衡之义，前已发之。所谓衡鹿，即光禄也。而阿保为女师之称（《后汉书·崔实传》：或因常侍阿保，别自通达。注：阿保为傅母）。阿之为名，见于《礼记》，称为可者。说文阿字作娿。然则《吕览·本味篇》称"有姺氏以伊尹媵女，斯不诬矣。"孰谓其躬耕乐道耶？汤既引伊尹为腹心，而阿保之名无改。其后相袭，遂以阿保为三公。周有太保，王莽置太阿、少阿，皆自此出。而说者以为阿倚衡平，则不寻其本柢矣。又《本味篇》云："伊尹说汤以至味。"然则割烹要汤之说，亦不诬也。《曲礼》述夏、商之制，太宰尚卑，是其职本在治膳。然自伊尹任政，而冢宰之望始隆。孔子言高宗以前，君薨则百官总己以听冢宰。明冢宰之贵，商时已然。至《周礼》，天官太宰遂正位为五官长。然其所属冗官，犹是官中治膳之职……又伊尹能治汤液。故《周礼》沿之，医师、食医、疾医、疡医、兽医等官，亦隶太宰。伊尹本为女师，故《周礼》沿之，使小宰治王宫之政令，而官正、官伯、官人、内小臣、阍人、寺人、内竖皆属之；以至九嫔、世妇、女御之属，皆以太宰为其长官。后儒不审沿革，谓特使官掖冗官，隶于冢宰，使不得阻挠外政，所谓官中、府中皆为一体者。不知周制实由沿袭而成，非别有深意也。宰夫之官，于《周礼》为左右太宰者，掌治朝之法，群吏之治，百官府之征令，以治法考百官府郡都县鄙之治，乘其财用之出入，其职崇矣。然见于《春秋·传》者，则列国之宰夫，犹是庖人。而汉世奉常，属官有痈太宰，专主熟食。由夏、商本是一官，其后分之，或从本职，则为庖人；或从差遣，则为执政。

相沿有宰相之名，其原委至暧昧也。相之为名，本瞽师之扶掖者耳。稍进而赞揖让桀辟之礼者示名为相，其本皆至贱矣。然自尧时举十六相，已渐崇贵。仲虺为汤左相，召公为固伯相，遂以其名被之执政。即观孔子之在夹谷，本赞正服位之相耳，而《史记》言由大司寇行摄相事，则以执政归之。盖昵近之臣，易得君旨，故二者往往相兼，此又相国、丞相之名所由起矣。

御之为名，诗言"瞽御"是也。周之御史，本居柱下，乃亦出巡邦国，至秦世遂以御史监郡。盖其始本以天子近臣，刺探邦国密事，犹后世以中贵人衔名也。秦之御史，已较周时为贵。其长官御史大夫，则遂在三公之列。按《大雅·崧高篇》"王命傅御①，迁其私人。"郑云："傅御者，贰王治事，谓冢宰也。"是周世宰相，既以御名，而秦特沿袭其制耳。

仆射者，亦贱官之名也。《礼记·檀弓》言君疾："仆人师扶右，射人师扶左。"此近臣最微末者。自春秋时，以仆人通书札，《左传》言魏绛授仆人书，此犹近世投刺者，必由阍人传入耳。秦时谒者，掌宾赞受事，尚书属少府博士通古今，与侍中皆天子近臣，而皆有仆射以领之。由是仆人、射人之名，始合为一，其被名非无故也（原注：《汉书·百官公卿表》言古者重武，有主射以督课之。其说不合。近孙仲容始以仆人、射人之说正之）。汉时有尚书令一人，承秦所置。武帝初，用宦者，其后更为中书，司马迁尝为之。后汉有尚书令、尚书仆射、中书令，皆为真宰相。奄竖之称，施于执政，而世不以为耻者，由其习惯然矣。

侍中者，又贱官之名也。汉初侍中，非奉唾壶，即执虎子。至东汉，则侍中比二千石②。元魏以降，渐益显著，唐时亦以侍中为真宰相。然其所居，犹曰门下，斯与阍涿之徒何异③，形迹之不可掩如此。

综此数者，则知古之宰相，皆以仆从小臣，得人主之信任。其始权藉虽崇，阶位犹下，最后乃直取其名以号公辅。然至于正位之后，

---

① 《文录》作"传御"。
② 原为"比二千名"，从《文录》改。
③ 《文录》"涿"作"椓"。

而人主所信任者，又在彼不在此。汉之丞相、御史，权位皆至重也，东汉谓之司徒、司空，而国政已移于尚书矣。唐之尚书令、仆射、中书令、侍中，权位皆至重也。其后只为虚衔，而谋议国事者曰平章矣。明初亦置中书省，左右丞相，自胡惟庸谋反以后，禁不得设，而天子所与论道者，归之内阁矣。明之大学士，秩不过正五品，至满洲乃以此为公辅之正名，而政权复移于军机处矣。是知正位居体之臣，为人君所特恶，必以近幸参之，或以差委易之，然后始得其欢心，知其要领。彼与奄人柄政，固未有以大殊也……

　　观于寺字、官字、臣字之得名，而知古代？所贵，唯天子与封君。其非有土子民之臣僚，则皆等于奴隶陪属。观于太阿、太保、冢宰、丞相、御史、仆射、侍中之得名，而知侍帷幄、参密议者，名为帝师，或曰□□，其实乃佞幸之尤。世之乘时窃权而以致君尧、舜自伐者，可无愧耶。

（同上并参阅《检论》卷七《官统》）

四十八　论风俗之例

　　章先生之论风俗，亦独具慧眼，□出常流，溯风气之来源，穷社会的深奥。如说俗士以为魏、晋风俗，不及汉，殊不知其敝俗无一不造端于汉代。汉代的纯德，在下吏诸生之间，魏、晋亦尽够与之相匹；魏、晋的侈德，下在都市，上即王侯贵人，虽汉世何尝没有！详见《五朝学》（《文集》卷一）。又如说晚世俗尚浮伪，滥称师生，其塾师在穷闾者，则弃之未尝一顾；而曲事座主，如对上皇，甚至执贽子弟，丑态百出。推究其始祸，实惟唐之韩愈！详见《箴新党论》。又如说唐风俗淫佚，学者习为夸诞，不务质诚，都由于受了王勃之化。他的祖父王通的讲学著书，都出于他的假造。兹摘录首段于下：

隋、唐以科目更世胄，故鱼盐之士、管库之吏兴。匹夫有善，无勿举也。虽衰世犹有俊杰，此其贤于前世。及乎风俗淫佚，耻尚失所，学者狃为夸肆，而忘礼让，言谈高于贾、晁，比其制行，不逮楼护、陈遵。

章炳麟曰：尽唐一代学士，皆承王勃之化也。昔王应麟称《世说》清浮，《中说》闵实，天下治乱系之。此古所谓皮相者。凡论学术，当辨其诚、伪而已。《世说》虽玄虚，犹近形名，其言间杂调戏，要之中诚之所发舒。《中说》时有善言，其长夸诈则甚矣。案其言长安见李德林援琴鼓荡，及杜淹所为《世家》，称通问礼关朗，其年齿皆不逮（原注：晁公武《读书志》，叶大庆《考古质疑》，皆辨之），而房玄龄、杜淹、陈叔达，年皆长通，不得为其弟子（原注：近世黄式三辨之）。《旧唐书》称通仕至蜀郡司户书佐，疑其言献策者亦妄也。诸此诈欺之文，世或以为福郊、福畤增之。案通弟绩既以通比仲尼（原注：如汾亭操比龟山，白牛溪比尼丘泗涘之类)，子姓袭其唐虚宜然。然其年世尚近，不可颠倒，而勃玄通稍远矣。生既不识李、房、杜、陈之畴，比长，故老渐凋，得以妄述其事。《唐书》称通尝起汉、魏尽晋，作书百二十篇，续古《尚书》，有录无书者十篇。勃补完缺遗，定著二十五篇。由今验之，《中说》与《文中子世家》，皆勃所谰诬也。

夫其淫为文辞，过自高贤，而又没于势利，妄援隋、唐群贵以自光宠。浮泽盛，故虑宪衰；矜夸行，故廉让废。其败俗与科目相依，而加劲轶焉。终唐之世，文士如韩愈、吕温、柳宗元、刘禹锡、李翱、皇甫湜之伦，皆勃之徒也，其辞章觕耦不与焉。犹言魏、晋浮华，古道湮替，唐世振而复之，不悟魏、晋老庄、刑名之学，覃思自得亦多矣。然其沐浴礼化，进退不越，政事堕于上，而民德厚于下（原注：魏、晋两代，惟西晋三四十年中，风俗大弊，然犹不及吴、蜀故虚，东晋则风俗已复矣），固不以玄言废也……

(《检论》卷四《案唐》)

所云房玄龄、杜淹、陈叔达不得为其弟子及种种诈欺之文，《菿汉昌言》卷六中亦有证明，云："王绩《游北山赋》，自注称其兄门人百数，有董恒、程元、贾琼、薛收、姚义、温彦博、杜淹，而不及房、杜、魏征、陈叔达等。由今追观，玄龄少时已知隋祚不长，而仲淹方献太平策；以隋文之猜刻，太子广之奸狡，杨素之邪佞，乃欲其追比成康，其识不及玄龄远甚，知房必不事王也。魏征于隋末为道士，诡托方外，亦无执挚儒门之理。陈叔达答绩书，称'贤兄文中子'，是叔达亦非仲淹门人。又云：'叔达亡国之余，幸赖前烈，有隋之末，滥尸贵郡，因霖善诱，颇识大方。'则是尝以郡守下问部民，非著籍门下者也。绩书但举亡兄芮城，不及文中，果尝抗颜为师，安有不举为表旗者哉？唐初卿佐，薛收最少，其为仲淹门人，斯无可疑。然《中说》称'内史薛公令子收往事，尚亦不谛；使道衡重仲淹如此，不令作蜀郡司户书佐矣'。又《五朝学》自注云：'世人谓清谈废事，必忘大节。此实不然。乐广、卫玠，清言之令。然愍怀之废，故臣冒禁拜辞，为司隶所收缚，广即解遣之。'卫玠于永嘉四年，南至江夏，与兄别于梁里涧，语曰：'在三之义，人之所重。今日忠臣致身之道，可不勉乎？'不得谓忘大节也。又世谓南朝人专务声色，然求之史传，竟无其征，就有一二，又非历朝所无也。唐人荒淫，累代独绝，播在记载，文不可诬。又其浮竞慕势，尤南朝所未有。南朝疵点，专在帝室，唐乃延及士民……"此亦足与上引东晋风俗已复之言相发。

四十九　论修史

章先生对于修史的意见发表甚多，例如《近史商略》一文，于元、明史既有评论，于清史体裁的纰缪，尤多匡正。《国语志》，如《儒学》、《畴人》二传，如《叛臣传》，如《卓行传》，如《不列佞幸传》，所评均极确当。兹仅录其最末《论艺文儒学》一节如下：

艺文经籍诸志，所以见古今书籍存亡之概，非为一代扬其华采也。自昔之为志者，大抵集合古今，归之部署。宋史虽多舛缪，旧籍存亡之数，犹可概知。独明志局于当代，观其序述，诚非好为更张。盖焦竑所为《经籍志》，多由臆造，若欧阳，大、小夏侯三家《尚书》，齐、鲁、韩三家《诗》，贾逵、郑众之《春秋》，马融之《周礼》，卢植之《礼记》，李登之《声类》，谢承、华峤、司马彪、袁山松之《后汉书》，王隐、虞预、谢灵运、何法盛、藏荣绪之《晋书》，贾充、杜预之《晋律》，南宋以降，斩焉无存。而焦竑录之《志目》，其篇卷悉与汉、隋二志不异。此之荒诞，谁能信之？自是而外，文渊书目又不周详。是以明史专存一代，则慎言阙疑之旨也。而俗士昧其意趣，谓艺文当以断代为正，吾不谓断代非也①。当代现有其书，则取而录之于志，如四柱清册者②有旧管、新收、开除、现存之条。所谓现存，即以旧管、新收合计。作册者不专以新收为现存，作志者安得以一代作为断代耶？清时《四库书目》，外及私家储藏，虽非详尽，终异于虚张空簿者。不据斯以入录，而欲追踪明志，非所谓貌同心异者欤！且清世经师，多由博观自得，非有师法授受之统也。今为儒学传者，必推其原始，致之晚周，称商瞿受易孔子，曾申受诗子夏，师

---

① 《检论》作"吾亦不谓断代非也"。
② 《检论》作"如作四柱册者"。

传阔绝,而以旦暮视之,何异亢萧氏于鄫侯,追王家于齐建,施诸碑颂则可,行于方策则否矣。儒学当断限而反通,艺文宜广收而反局,何其瞀乱一至于斯也!或言古今具录,其目过繁。不悟唐志有书八万余卷,宋志有书十二万卷,清时新旧著录之书,宁能过是。若不知体要,而苟以虚伪鄙琐者相充,是虽清时一代之作,亦犹繁而难理矣。碑版传状所称著书如千卷者,其数可胜计耶?

(《检论》卷八《哀清史附录》)

五十　论治史

章先生对于今人治史的缺点,慨乎言之。例如《救学弊论》一文,于现代学校课程的失当,多所指摘,以为欲省功易进,多识而发志者,要算是历史罢!其书虽广,而文易知;其事虽烦,而贤人君子之事与夫得失之故悉有之。其所从入之途,则须务于眼学,不务耳学。末段有云:

> ……今之文科,未尝无历史,以他务分之,以耳学圊之,故其弊有五:一曰尚文辞而忽事实。盖太史兰台之书,其文信美,其用则归于实录。此以文发其事,非以事发其文。继二公为之者,文或不逮,其事固粲然。今尚其辞而忽其事,是犹买珠者好其椟也。二曰因疏陋而疑伪造。盖以一人贯串数百年事,或以群材辑治,不能相顾,其舛漏宜然。及故为回隐者,则多于革除之际见之,非全书悉然也。《史通》曲笔之篇,《通鉴》考异之作,已往往有所别裁。近代为诸史考异者又复多端,其略亦可见矣。今以一端小过,悉疑其伪。然则耳目所不接者,孰有可信者乎?百年以上之人,三里以外之事,吾皆可疑为伪也。三曰详远古而略近代。夫羲、农以上,事不可知;若言燧人治火,有巢居桧,存而不论可也。《尚书》上起唐、虞,下讫周世,

然言其世次疏阔，年月较略，或不可以质言。是故孔子序甘誓以为启事，墨子说甘誓以为禹事。伏生、太史公说金縢风雷之变为周公薨后事，郑康成说此为周公居东事。如此之类，虽闭门思之十年，犹不能决也。降及春秋，世次年月，始克彰著，而迁、固以下因之，虽有异说，必不容绝经如此矣。好其多异说者，而恶其少异说者，是所请好画鬼魅①，恶图犬马也。不法后王而盛道久远之事，又非所以致用也。四曰审边塞而遗内治。盖中国之史自为中国作，非泛为大地作。域外诸国与吾有和战之事则详记之，偶通朝贡则略记之，其他固不记也。今言汉史者喜说条支、安息，言元史者喜详俄罗斯、印度，此皆往日所通，而今日所不能致。且观其政治风教，虽往日亦隔绝焉。以余暇考此固无害，苦徒审其踪迹所至，而不察其内政军谋何以致此，此外国之人之读中国史，非中国人之自读其史也。五曰重文学而轻政事。夫文章与风俗相系，固也。然寻其根株，是皆政事隆污所致。怀王不信谗则《离骚》不作，汉武不求仙则《大人赋》不献。彼重文而轻政者，所谓不揣其本求之于末已。且清谈盛时，犹多礼法之士；诗歌盛时，犹有经术之儒。其人虽不自禄于世，而当世必取则焉，故能持其风教，调之适中。今徒标揭三数文士，以为一时士俗，皆由此数人持之，又举一而废百也。扬榷五弊，则知昔人治史，寻其根株；今之治史，撅其枝叶。撅其所以致此者，以学校务于耳学；为师者不可直说事状以告人，是以遁而为此。能除耳学之制，则五弊可息，而史可兴也……

（《文录续编》卷一）

---

① 此句中的"所请"疑为"所谓"之误。

第十八节　经子及佛学上的贡献

五十一　说　经

自章学诚发六经皆史之说,龚自珍引申之曰:"六经者,周史之宗子也。《易》也者,卜筮之史也;《书》也者,记言之史也;《春秋》也者,记动之史也;《风》也者,史所采于民而编之竹帛,付之司乐者也;《雅颂》也者,史所采于士大夫也;《礼》也者,一代之律令,史职藏之故府,而时以诏王者也;《小学》也者,外史达之四方,瞽史谕之宾客之所为也。今夫宗伯虽掌礼,礼不可以口舌存;儒者得之史,非得之宗伯。乐虽司乐掌之,乐不可以口耳存;儒者得之史,非得之司乐。故曰:六经者,周史之大宗也。"章先生常谓学诚之言为有见,谓《春秋》即后世史家之本纪;《列传》、《礼经》、《乐书》,仿佛史家之志;《尚书》、《春秋》,本为同类;《诗》多纪事,合称诗史;《易》乃哲学史之精华,即今所称社会学(参阅诸祖耿:《记本师章公自述治学之工夫及志向》)。因为经史分部,魏以前无此说。经为官书，史官掌之，故谓之史。

章先生治经典，专崇古文，有云："六经皆史之方，治之则明其行事，识其时制，通其故言，是以贵古文。"（《国故论衡·明解故》下）因之先生治经，以周官、左氏为本。其法依据明文，不纯以汉世师说为正，以为不如是则怪说不绝。虽尚汉学，而亦不黜魏、晋。有云：

> 余谓清儒所失，在牵于汉学名义，而忘魏、晋干蛊之功。夫汉时十四博士，皆今文俗儒。诸古文大师虽桀然树质的，犹往往俯而汲之，如贾景伯、郑康成皆是也。先郑、许、马濡俗说为少，然其书半亡佚，后人欲窥其微，难矣。黄初以来始立毛氏《诗》，左氏《春秋》，《尚书》亦取马、郑，而尽废今文不用。逮《三体石经》之立，《书》、《春秋》古文一时发露，然后学有一尊，受经者无所恇惑。故其时有不学者，未有学焉而岐于今文者；以是校汉世之学，则魏、晋有卓然者矣。郑冲无俚，盗《石经》之字以造古文《逸书》，为世诟病，今所谓伪孔尚书是也。然今人知伪孔之非，为训说以更之者数家，狝然遇章句塞棘，终已不能利解；就解其一二语，首尾相次，竟不知说何事，此有以愈于伪孔乎？无有也。清人说《周易》，多摭李鼎祚集解，推衍其例，则郑、荀、虞之义大备；然其例既为王氏略例所破，纵如三家之说，有以愈于王氏乎？无有也。《春秋》言公羊者不足道。清世说左氏，必以贾服为极。贾服于传义诚审，及贾氏治春秋经，例本刘子骏，既为杜氏释例所破，质之丘明传例，贾氏之不合者亦多矣。《易》义广大，不可以身质，王氏与郑、荀、虞或皆有圣人之道焉，不敢知也。若《春秋》者，语确而事易见，凡例有定，不容支离，杜氏所得盖什匕，而贾氏才一二耳……
>
> （《文录续编》卷一《汉学论》下）

五十二　说易之例

　　章先生于《易》，虽无专著，然迭遭忧患，深有会心。《检论》中之《易论》而外，复有自述中所条记。使人读了，足以明《易》道之大。兹仅录其首二条如下：

　　上经以"乾"、"坤"列首，而序卦偏说"屯"、"蒙"。"屯"者草昧，"蒙"者幼稚，此历史以前事状也。"屯"称"即鹿无虞"，斯非狩猎之世乎？其时人如鸟兽，妃匹皆以劫夺得之，故云"匪寇婚媾"也。然女子尚有贞而不字，君子尚有舍不从禽。廉耻、智慧，人之天性，故可导以礼而厚其生。"蒙"始渐有人道，故言"纳妇"。婚姻聘币，初与买鬻等耳，故云"见金夫不有躬"也。"需"为饮食宴乐，始有酒食，乃人农耕之世。"观"说"神道设教"，"易"明宗教之事唯此耳。而"观我生观其生"者，展转追求，以至无尽，则知造物本无。此超出宗教以上者也。

　　观之所受曰"噬嗑"，"先王以明罚敕法"。大凡肉刑皆起宗教、蚩尤泯棼，九黎乱德，人为巫史，五虐之刑亦作焉。参及域外，则有以违教而受炮烙之刑者矣。"噬嗑"有灭鼻、灭趾之象，斯所以继"观"也。受"噬嗑"者为"贲"。"贲"者文饰，今所谓文明也。而君子以明庶政①，无敢折狱，故称"贲其趾，舍车而徒"。是为废刖足而代以髡钳役作也。又称"贲其须"，则并除髡刑也。其卦亦及妃匹之事，言"白马翰如，匪寇婚媾"者，文明之世，婚礼大定，立辂骈马于是行矣。然亲迎御轮，亦仿古者劫掠而为之，如系赤违韨以仿蔽前耳，故亦称"匪寇婚媾"（原注：睽亦称匪寇婚媾，王辅嗣说此爻，

---

① 章太炎先生纪念专号《自述学术次第》作"而君子以庶明政。"

即以文明至秽为说，所谓君子以同而异也)。足知开物成务，其大体在兹矣。

（《自述学术次第》）

五十三　说书之例

章先生于《书》，有《古文尚书拾遗定本》，是一部最后的著作，千载丛疑，一旦冰释。兹录其三则如下：

《尧典》："黎民俎（原注：从敦煌所得释文本）饥。"《五帝本纪》作"黎民始饥"。此同马本，俎作祖，故马亦云始也。《周颂正义》引《书》黎民俎饥。注云：俎读曰阻。阻，厄也（原注：十行本如此）。段氏《撰异》云："盖壁中故书作俎，故郑云俎读曰阻。古且与俎，音同义同。孔壁与伏壁当是皆本作且，伏读且为祖，训始。孔安国本则或通以今字作俎。"按段氏此说，所见甚卓。且祖古今字也。故安国、史迁、马氏皆以古今字通之，而读曰祖，且俎古亦一字也。故郑氏作俎，而改读为阻。究之始饥之义，不甚妥帖，读阻亦非经旨。寻说文，且，荐也。荐正当作荐。且饥、俎饥，正即《春秋传》所谓"荐饥"。《诗》所谓"饥馑荐臻"耳。在穀曰饥，在民曰饥，其实无异也。（原注：汉《食货志》黎民祖饥，正作饥。俞先生平议已知祖即且字，训当为荐。然未录作俎之本，今为补正，义始明确）

《盘庚》下："用宏兹贲。"释鱼："龟三足，贲。"此以贲为龟之大名，犹后世言蓍蔡，以蔡为龟之大名矣。宏，《说文》云："屋深响也。"又云："宖，屋响也。""谾，谷中响也。"皆一义所孳乳，是宏有响应之义。《系辞》云："君子将有为也，将有行也，问焉而以言，其受命也如响。"（原注：即响字）虞翻曰："同声相应，故如响也。"

此言用应兹龟，义正如此，与"各非敢违卜"意相足。

《无逸》："文王卑服，即康功田功。"释文："卑，马作俾，始也。"案《三体石经》，此字古文篆隶皆作卑，不从马读。服，古文作𦨶，借𦨶为服也。功，古文作𢒉。康，释官云："五达谓之康。"字亦作庚。《诗》有由庚，《春秋传》有夷庚，以为道路大名。康功者，谓平易道路之事；田功者，谓服田力穑之事。前者职在司空，后者职在农官，文王皆亲莅之，故曰卑服。尝疑《周颂·执竞》云："不显成康，上帝是皇；自彼成康，奄有四方。"成康即谓成道。《诗》言"跂跂周道"，"周道如砥"，明周家自有道路之制，与夏、商异，匠人管之，合方氏达之，所以车同轨也。

五十四　说诗之例

章先生于毛诗微言，所得尤众，藏之胸中未及著录。其散见于《检论》及《文录》者，例如"关雎故言"（《检论》卷二），谓所陈系文王与纣之事。后妃淑女，乃指鬼侯之女。"案鲁连书及太史殷本纪，皆说鬼侯一曰九侯，声相似。鬼侯有女而好，献之纣。鬼侯女不喜淫，纣以为恶，醢鬼侯。鄂候争之强，辨之疾，故脯鄂候。文王闻之而窃叹，故拘之羑里库。"关雎辞在称美，而义有讽刺。

又如《小疋太疋说》（《文录》卷一）。谓依《说文》："疋，足也。"古文以为诗大疋字。或曰：胥字。一曰：疋，记也。仓颉见鸟兽蹄远之迹而初造书契，所以记录胥疋，取义于足迹。"大小疋者，《诗序》曰：'言天下之事，形天下之风谓之雅。颂者，美盛德之形容，以其成功，告于神明。'颂本颂貌字。褒美则曰形颂，纪事则曰足迹。是故雅颂相待为名。孟子曰：'王者之迹息而《诗》亡，诗亡然后《春秋》作。'范宁述之曰：'孔子就大师而正雅颂，因鲁史而修《春秋》，列《黍离》于《国风》，齐王德于邦君,所以明其不能复雅,政化不足以被群后也。'此则王者之迹,谓之小疋大疋,古训皦如也。"又谓"疋之为足迹,声近雅,故为乌乌,声近夏故为夏声,一言而函数义可也"。

又如说公刘"其三军单,……彻田为粮",掸喷索隐,于制度及文字,无不迎刃而解。有云:

> 殷制,公侯不过百里,然自后稷封邰,公刘迁豳,大王迁岐,周地绵亘已数百里,不以殷法宰制。《周语》曰:"先王不窋窜于戎狄之间;及文王受命,建号称王,不僭于吴、楚之僭。"此则岐山以西,殷亦夷镇视之,势不能臣畜也。观《诗》有"彻田为粮","其军三单",赋役车甲,悉能自为法令。
>
> (《文录》卷一《封建考》)

此言当时周国的情形,了如指掌。至于"单"字,《毛传》训袭,本甚明了,而许君不能用,郑君亦在疑眩之间;王肃以下,更无论已。其实三单者,言更番征调,以后至者充前人之缺,犹今时常备、后备、预备之制。有云:

> 其军三单。传曰:"三单相袭也。"单训为袭,是其本义。古文作丫,象其系联也。小篆为单,象古文变其形。《释文》:"太岁在卯曰单阏。"孙炎作蝉焉。《方言》:"蝉,联也。"《扬雄传》曰:"有周氏之蝉嫣。"蝉嫣训连,连续即相袭义,此借蝉为单也。孟子曰:"唐虞禅。"《汉书文帝纪》曰:"嬗天下。"禅本封禅,嬗本训谞,今以此为继位之义,亦借为单。禅位犹言袭位也。明此,则毛公训单为袭,斯为本义。其军三单者,更番征调,犹卒更、践更、过更之制,其事易明。说丫为辰,经始多事矣。丫如三辰,凭臆说为辰字,何不曰丫象弹

丸，本弹之古文耶？凡钩摭钟鼎、诡更正文者，其无征多此也。说文训大，乃戰之假借也。

（《文录》卷一《与尤莹问答记》，并参阅同卷《毛公说字述》）

五十五　说《左传》之例

章先生于《左传》，早岁即著《春秋左传读》，未刊行。其《叙论》一篇，系专驳刘逢禄，晚年自饬为《春秋左传疑义答问》。（见《章氏丛书续编》）先生又谓"《说苑》、《新序》、《列女传》中所举左氏事义六七十条，其间一字偶易，正可见古文《左传》，不同今本，而子政古文，代以训诂，亦皆可睹"，乃著《刘子政左氏说》。兹录数条如下：

僖十九年传："盍姑内省德乎。"《说苑》述此作"胡不退修德"。案《说文》："㣤，却也。从彳夕。一曰行迟。㣤，㣤或从内。䢔古文从辵。"案从内者，内声也。此内字乃㣤之古文省借。子政识古文，退释内。《墨子·亲士》曰："君子进不败其志，内究其情。"俞先生曰："内乃㣤坏字，与进对文。"今观此文，则内㣤固以声通矣。《释文》："省，察也。"省德谓自察其德何如。作修德者，便文易之，非训诂也。寻上说文王云，退修教而复伐之，则此当以遐劝宋公，崔然无疑义（原注：上作遐，此作内者，古文不定一体，故彝器每有一字而前后异议者）。今人溺于内省不疚之文，皆以内为本字，由不知六书假借也。

《昭二十九年传》："实有豕心。"《列女传》实作宕。按梁端以宕为买之误，未必然也。《说文》："宕，过也。从宀砀省声。"此宕即砀。《淮南·本经训》："玄玄至砀而运照。"注：砀，大也。然则宕有豕心者，大有豕心也。古文正尔，子政所见未讹，不得反以今本改之。

五十六　说诸子及佛学

章先生于诸子，初治韩非、荀卿之书，以为精到，次及墨翟、庄周，益饶妙悟。惟不屑子宋学，亦尚无意于释氏。观其自述，有云：

>……三十岁顷，与宋平子交。平子劝读佛书，始观《涅槃》、《维摩诘》、《起信论》、《华严》、《法华》诸书，渐近玄门，而未有所专精也。遭祸系狱，始专读《瑜珈师地论》及《因明论》、《唯识论》，乃知瑜珈为不可加。既东游日本，提倡改革，人事繁多，而暇辄读《藏经》。又取魏译《楞伽》及《密严》诵之，参以近代康德。萧宾诃尔之书，益信玄理无过《楞伽》、《瑜珈》者。少虽好周、齐诸子，于老、庄未得统要。最后，终日读《齐物论》，知多与法相相涉，而郭象、成玄英诸家悉含胡虚冗之言也。即为《齐物论释》，使《庄子》五千言，字字可解。日本诸沙门亦多慕之。适会武昌起义，束装欲归，东方沙门诸宗三十余人属讲佛学，一夕演其大义，与世论稍有不同。东方人不信空宗，故于法相颇能讲受。而天台、华严、净土诸巨子，论难不已，悉为疏通滞义，无不厌心。余治法相以为理极不可改更，而应机说法，于今尤适……余既解《齐物》，于老氏亦能推明。佛法虽高，不应用于政治、社会，此则惟待老、庄也。儒家比之，邈焉不相逮矣。然自此亦兼许宋儒，颇以二程为善，惟朱、陆无取焉。二程之于玄学，间隔甚多，要之未尝不下宜民物，参以戴氏，则在夷、惠之间矣。至并世治佛典者，多以文饰诸膏粱，助长傲诞，上交则谄，下交则骄，余亦不欲与语……

（《自述学术次第》）

《齐物论释》"书，引证释、老，破除名相，是一部谈玄的奇作。"其

序文有云:

……（庄生）以为隐居不可以利物，故托抱关之贱；南面不可以止盗，故辞楚相之禄；止足不可以无待，故泯死生之分；兼爱不可以宜众，故建自取之辩；常道不可以致远，故存造征之谈。维纲所寄，其惟《逍遥》、《齐物》二篇，则非世俗所云自在、平等也。体非形器，故自在而无对；理绝名言，故平等而咸适。齐物文旨，华妙难知。魏、晋以下，解者亦众。既少综核之用，乃多似象之辞……执此大象，遂以胪言，儒、墨诸流，既有商榷，大、小二乘，犹多取携，夫然义有相征，非傅会而然也……

庞俊撰《章先生学术述略》，对于先生之言玄哲，有云:

……于是欧陆哲理，梵方绝业，并得餍而饫之，盖至是而新知旧学，融合无间，左右逢源，灼然见文化之根本，知圣哲之忧患①。返观九流，而闳意眇旨，觌于一旦，先后作《原道》、《原名》、《明见》、《辨性》、《道本》、《道微》、《原墨》诸篇，精辟创获，清儒不能道其片言。其说始出，闻者震惊，而卒莫之能易。其《齐物论释》一篇，以佛解庄，名理渊渊，高蹈太虚，足为二千年来儒、墨九流解其封执。若其说狙公赋芋之文，然后知天钧两行之言，不同于圆滑也；明尧伐三子之问，然后知天演进化之论，实多隐慝也。胜义稠垒，员舆之上，诸老先生未有先言之者。

寥寥数言，于叙述先生玄学的深邃，上涉圣涯，下宜民物，可谓得其大概了。

---

① 庞俊《章先生学术述略》作"知圣智之忧患"。

第十九节　对于中印文化沟通的期望

五十七　古来中印两国文化的关系

章先生对于中、印两国联合，期望甚殷，尝谓"东方文明之国，荦荦大者独吾与印度耳。言其亲也则如肺腑，察其势也则若辅车，不相互抱持而起，终无以屏蔽亚洲"（《印度中兴之望》）。旨哉斯言！返观历史，两国文化的交流，远起于汉代，海陆并进。由中国方面看来，实在是输入远过于输出。输入中最主要的，当然是佛教。大法东来，发展得异常伟大，我国士大夫及平民无不感受深刻。当初还不是直接的由印度译来，而是间接的得于西域。即如后汉的安世高，是译经的第一人，是中国佛教开山之祖，而其籍则为安息；西晋的佛图澄是中国北地佛教的开拓者，而其籍则为龟兹。这两个都是西域人。自是以后，我国的贤哲，渐渐不满于西域的间接输入，要直接求于印度，于是有西行求法之举。五百年间，高僧辈出，冒万险，历百艰，所产生的结果，能够大有造于文化界，法显和玄奘是其代表，译经既富。显师所著的《佛国记》，奘师所著的《西域记》，以及慧立所著的《慈恩三藏法师传》，不但佛学者奉为鸿宝，就是研究世界史者亦视为珍藏，欧洲诸国，均有译本。

我们对于印度文化，不但输入了教理，而且建设了诸宗。除此以外，还有科学、艺术、工业等很多。因之中、印两国，就国际的关系说，就文化先后的关系说，实在是难兄难弟。我们做弟弟的，究竟有什么礼物回敬老哥呢？有是有的，不过微薄点罢了。我们试读《续高僧传》，有云："奘奉敕翻《老子》五千文为梵言，以遗西域。"又云："又以《起信》一论，文出马鸣，彼土诸僧，思承其本，奘乃译唐为梵，通布五天。"可见玄奘的伟大，不仅阐扬大乘，建立新宗，而且是翻译中国名著的第一人，回译印度失传了的名论的第一人，这就是我们对于印度的贡献。

总之，我们吸收印度文化，绝不是生吞活剥，而是融会贯通。由印度佛教而创造出"中国的佛教"，由印度艺术而创造出"中国的艺术"，由印度的像印，而发明出"中国的印刷术"（敦煌发见的古物中有千佛像，就是用像印印成的。这种像印原于印度）。输入虽多，大有受用，不是模仿，而是创造，实在够得上称难弟！

五十八　先生居东时的努力

中、印两国文化的关系，密切如此！可惜明代以后，两国隔绝，历数百年，固由明代不竞，而语言文字的障碍亦其枢纽。为今之计，亟宜相互讲习，以恢复旧时的睦谊。章先生居东京时，一面亲从印度学士研究梵文，又咨问彼土诸宗学说；一面撰著鸿文，以祝印度的中兴，如《记印度西婆耆王纪念会事》、《印度中兴之望》、《印度独立方法》等（见《文录·别录》卷二）。其《送印度钵逻罕保什二君序》，缠绵悲壮，异常动人，摘录如下：

印度法学士钵逻罕自美利坚来，与其友保什走访余于东京。余固笃志于薄伽梵教，而甚亲印度人者也。平生未尝与其志士得衔杯酒之欢，亦末由知其名号。既见二君，欢相得也，已而悲至陨涕。二君道印度衰微之状，与其志士所经者，益凄怆不自胜。复问余支那近状。嗟呼！吾支那为异族陵轹，民失所庇，岂足为友邦君子道！顾念二国，旧肺腑也，当斟酌其长短，以相补苴。支那士人，喜言政治，而性嗜利，又怯懦畏死，于宗教偶然无所归宿，虽善应机，无坚确之操；印度重宗教，不苟求金钱储藏，亦轻生死，足以有为，独短于经国之术。二者相济，庶几其能国乎！昔我皇汉刘氏之衰，儒术堕废，民德日薄，赖佛教入而持世，民复挚醇，以启有唐之盛。讫宋世，佛教转微，人心亦日苟偷，为外族并兼，勿能脱。如印度所以顾复我诸夏者，其德岂有量耶？臭味相同，虽异族，有兄弟之好。迩来二国皆失其序，余辈虽苦心，不能成就一二，视我亲昵之国，沦陷失守，而力不足以相扶持，其何以报旧德！今兹通请谒，复不得在故国，空借日本为瓯脱地，得造膝抒其衷情，相见握手，只益悲耳。

……昔德意志哲学者索宾霍尔（按亦译作萧宾诃尔）有言，恻怛爱人之德，莫印度若。欧罗巴之伦理，则旃陀罗（原注：印度语，译言屠者）与蔑戾车（原注：印度语，译言多须之野人）之伦理耳。吾视印度诸圣哲，释迦固上仁，摩拿法典与商羯罗之吠檀多教，亦哀隐人伦若赤子。回教素剽悍，既入印度，被其风，有宽容之德，与往世憎恶他教者异；载其清净，足以使民宁一。

近世欧人言支那即复振，其社会裁制，当为世界型范，夫体国经野之术，支那视印度，则昔人所谓礼先一饭者；至与万物相人偶，视若一体，卒勿能逮也。他日吾二国扶将而起，在使百姓得职，无以蹂躏他国相杀毁伤为事，使帝国主义之群盗，厚自惭悔，亦宽假其属地，赤黑诸族一切以等夷相视，是吾二国先觉之责已。斯事固久远，不可刻限；然世人多短算，谓支那衰敝，难复振起，印度则且终于沦替，何其局戚无远见耶？昔希腊、罗马，皆西方先进国，罗马亡且千四百年，希腊亡几二千年，近世额里什与意大利犹得光复。印度自被蒙古侵略，至今才六百岁，其亡国不如希腊、罗马之阔远，振其旧德，辅以近世政治、社会之法，谁谓印度不再兴者？余闻梵教有塞音氏，始建印度改革协会，穆卒昆娄继之，至于今未艾，而锡兰有须曼迦逻之徒，昭宣大乘，以统一佛教国民为臬，国之兴，当题芽于是。愿二君以此自状，余虽屑然若虮鲕蛾子哉，亦从而后也。

钵逻罕君之来，期薄，将西度支那，而保什君亦且诣美利坚。美利坚人之遇保什君，余不敢亿；抑吾支那之群有司，为满洲人台隶，惟强是从，岂念畴昔兄弟之好？钵逻罕君虽多学，且倜傥有大志。彼其相遇，或不能如君望。独自吴淞溯江而上，至于巴汉，北出宛平，以窥榆关之险，观其山渎之瑰奇、人物之蕃殖，而俯焉制于异族，以与师度相校，悲世之情，宜若波涛而起矣。

（《文录·别录》卷二）

五十九　西游之志

章先生以居士之身，承奘师之学，夙愿西游，冀以宣扬我文化，使中、印两国，重申旧好，相互扶持。民国五年三月，厄于北平，曾赐书寿裳，命为设法。因即就商于教育总长张一麟，托其进言，竟未有成，至今耿耿。其书录在下方：

季茀足下：数旬不觌，人事变幻，闻伯唐辈亦已蛊遁。今之政局，固非去秋所可喻。羁滞幽都，我生靡乐，而栋折榱崩，咎不在我；经纶草昧，特有异人：于此两端，无劳深论。若云师法段干，偃息藩魏，虽有其术，固无其时也。今兹一去，想当事又有遮碍，晓以实情，当能解其忧疑耶！梵土旧多同志，自在江户，已有西游之约，于时从事光复，未及践言。纪元以来，尚以中土可得振起，未欲远离也。迩者时会倾移，势在不救，旧时讲学，亦为当事所嫉。至于老、庄玄理，虽有纂述，而实未与学子深谈，以此土无可与语耳。必索解人，非远在大秦，则当近在印度，兼寻释迦、六师遗绪，则于印度尤宜。以维摩居士之身，效慈恩法师之事，质之当事，应无所疑。彼土旧游，如钵逻罕、鲍什诸君，今尚无恙，士气腾上，愈于昔时远甚，此则仆所乐游也，兹事即难直陈当事，足下于彼，为求一纳牖者，容或有效，若以他事为疑，棋已终局，同归于尽可知矣，又安用疑人为，此间起居康健！

章炳麟白　二十三日

同年，先生归自北平，遍游新加坡、南洋诸岛，为华侨讲宗国安危的情势，以坚其内向之忱。岁晚始归。而先生西游之志，终未得达。

第四章

先生晚年的志行

第二十节　对于甲骨文的始疑终信

六十　早年作《理惑论》

甲骨文（或称殷契，亦称卜辞）的出土，是孔壁、汲冢以后最大的发现之一。距今不到五十年，研究者日多，已经蔚为一种新学问。章先生初甚怀疑，著《理惑论》（见《国故论衡》）以非难之。大意是说周礼有衅龟之典，未闻铭勒，其余见于龟策列传者亦刻画无传。骸骨入土，未有千年不坏，积岁稍久，故当化为灰尘。龟甲蜃珧，其质同耳，朽骨何灵，而能长久若是？开首有这样几句：

> 近有掊得龟甲者，文如鸟虫，又与彝器小异。其人盖欺世豫贾之徒，国土可鬻，何有文字？而一二贤儒，信以为质，斯亦通人之蔽。

先生作此论时，大约因为龟甲文初出，未暇细读，又因为素不信罗振玉（后来果然背叛民国，作了汉奸）的为人，遂牵连于其所研究的古文，这是甲骨文一时的不幸。

六十一　晚年议论的改变

甲骨文是商朝王室命龟之辞，太卜所典守的。我们现今能够在实物上考见文字，要以此为最古而最多。此文出土后，首先来研究考释之人要推孙诒让（已见第十三节）。孙氏得了刘鹗所印的《铁云藏龟》，因为没有释文，苦难畅读，靠他平生四十多年攻治古文的心得和研究彝器款识的经验，参互解释，才得略略通晓。他的著书有二种：

（一）《契文举例》，其自序有云："四十年所见彝器款识逾二千种。大抵皆出周后[1]，未获见真商文字为憾。顷得此册，不意衰年睹此奇迹，爱玩不已，辄穷两月力校读之，以前后复缂者，互相采绎，乃略通其文字[2]。远古契刻遗文[3]，更三四千年竟未漫灭，为足宝耳。今就所通者，略事甄述，用补有商一代书名之佚，兼以寻究仓后、籀前文字流变之迹。"

（二）《名原》，也是根据甲骨文以探求文字沿革之迹。这两种书的成就，不但开了文字学的新途径，简直使中国学术上和全部古代文化史上增了新的认识。

继之者有王国维，著《殷卜辞所见先公先王考》及《续考》、《戬寿堂所藏殷虚文字考释》、《殷周制度论》、《古史新证》等书，义据的精深，方法的缜密，可谓极考证家的能事。换句话说：能以旧史料释新史料，复以新史料释旧史料，多所发明，正经典的误字，溯制度的渊源，从来说古书奥义，未有如此之贯串者。

---

[1] 此处引用均有省略。
[2] 此处引用均有省略。
[3] 此处引用均有省略。

孙、王两氏之间，还有一个人须提明的，便是罗振玉，著有《殷虚贞卜文字考》、《殷虚书契考释》等。王国维称之为"三代以后言古文字者未尝有"。其他研究此学者尚众，不详举。

章先生晚年看见了这些创获，亦改变前说，认为甲骨文是可靠的。对于罗振玉的著作，说亦有可采处，真所谓"君子不以人废言"。惜乎此意未及写出，遽归道山，连腹稿亦埋藏地下，是多么不幸的事！时至今日，还有不明底细，援引先生早年《理惑论》之句以疑契文者信口胡说，未免太可笑了。

第二十一节　对于全面抗日的遗志

六十二　万恶的日本军阀

日本之有文化，初则传自中国和印度，近时则传自欧、美诸国，但是日本军阀负恩忘义，穷凶极恶，不但要侵占中国，简直要独霸全球，种种阴谋，竟想干"逢蒙杀羿"的勾当，使我们忍无可忍。蒋介石说："……惟有日本帝国主义者，则在中国政治的统一愈有成功，其侵华的阴谋，即愈见积极。继'五三'事件之后，又有'万宝山'事件，'中村'事件，以为'九·一八'事变的导火线。'九·一八'以后，又有'一·二八'之役，'榆关'之役，'热河'之役，'长城'之役，'藏本'事件，'成都'事件，'北海'事件，及至'卢沟桥'事变，乃激起我们中国全面的抗战。"（《中国之命运》第四章第三节）

我们抗战四年以后，始对日本宣战，兹录《国民政府对日本宣战布告》的第一段如下：

日本军阀夙以征服亚洲并独霸太平洋为其国策，数年以来，中国不顾一切牺牲，继续抗战，其目的不仅所以保卫中国之独立生存，实欲打破日本之侵略野心，维护国际公法正义及人类福利与世界和平，此中国政府屡经声明者……

六十三　先生与抗日战争

因为严夷夏之防，是章先生一生志节的所在，所以对于抗日战争，提倡最力。当十九路军血战于上海，宋哲元军血战于长城，先生都发电嘉勉，以振士气。我们读《书十九路军御日本事》，知道抗战制胜之道，军民合作的如何重要。其文如下：

民国二十年九月，日本军陷沈阳，旋攻吉林，下之，未几又破黑龙江，关东三省皆陷。明年一月，复以海军陆战队窥上海，枢府犹豫，未有以应也。二十八日夕敌突犯闸北，我第十九军总指挥蒋光鼐、军长蔡廷锴令旅长翁照垣直前要之，敌大溃，杀伤过当。其后敌复以军舰环攻吴淞要塞，既击毁其三矣，徐又以陆军来。是时敌船械精利数倍于我，发炮射击十余里，我军无与相当者。要塞司令邓振铨惧不敌，遽脱走，乃令副师长谭启秀代之。照垣时往来闸北、吴淞间，令军士皆堑而处，出即散布，炮不能中，俟其近，乃以机关枪扫射之，弹无虚发。军人又多善跳荡，时超出敌军后，或在左右；敌不意我军四面至，不尽歼即缴械，脱走者才什一，卒不能逾我军尺寸。始，日本海军陆战队近万人，便衣队亦三千人，后增陆军万余人，数几三万，我军亦略三万。自一月二十八日至二月十六日，大战三回，小战不可纪，敌死伤八千余人，而我死伤不逾千。自清光绪以来，与日本三遇，未有大捷如今者也。

原其制胜之道，诚由将帅果断，东向死敌，发于至诚；亦以士卒奋厉，进退无不如节度；上下辑睦，能均劳逸，战剧时至五昼夜不卧，未尝有怨言；故能以弱胜强，若从灶上扫除焉。初，敌军至上海，居民二百余万，惴恐无与为计，闻捷，馈饷持橐累累而至；军不病民，而粮秣自足。诸伤病赴医院者，路人皆乐为扶舆，至则医师裹创施药，自朝至夜半未尝倦，其得人心如此。

章炳麟曰：自民国初元至今，将帅勇于内争，怯于御外，民间兵至，如避寇仇。今十九路军赫然与强敌争命，民之爱之，固其所也。余闻冯玉祥所部，长技与十九路军多相似；使其应敌，亦足以制胜。惜乎以内争散亡矣。统军者慎之哉！

民国二十一年二月十七日，章炳麟书。

（《文录续编》卷六）

我们又读"十九路军死难将士公墓表"，知道先生期望全面抗战是何等的殷切，其文如下：

民国二十一年一月，倭寇上海。十九路军总指挥蒋光鼐、军长蔡廷锴不及俟命，率所部二万人迎击。倭大创，增援者再，战几四十日，寇死五六千人，我军死伤亦称是。功虽未就，自中国与海外诸国战斗以来，未有杀敌致果如是役者也。

十九路军所部多广东子弟，死即槁葬上海，不得返其故。二十二年九月，度地广州黄华冈之南①，以为公墓，迁而堋之。黄华冈者，清末志士倡义死葬其地者也；以二十一年上海之役相比，功足相副。

昔明遗臣张煌言死难，遗言立墓岳、于二公间，盖生以毅烈相

---

① 黄华冈，即黄花冈。华、花通用。下同。

附，死以茔兆相连，其义固然。今之迁葬，非徒饰美观，侈功伐，亦欲推其事类以兴来者。自黄华冈事讫，仅半载武昌倡义，卒以仆清，固其气足以震荡之。后之继十九路军而成大业者，其必如武昌倡义故事，以加于倭，然后前者为不徒死尔。盖功大者不赏，业盛者不能以笔札称扬，故略举死者之事，以俟后之终之者。

中华民国二十二年十月，余杭章炳麟撰并书。

（《文录续编》卷五）

先生这些文字的感召力极强，所以殁后只一年，伟大神圣的全面抗战果然开始了。假使先生还健在的话，该是多么兴奋呢！该还有许多篇雄文，写我民族怒吼之声，永垂不朽呢！

第二十二节　先生的日常生活

六十四　饮食起居

同门王基乾,于章先生的晚年生活,知之甚稔。寿裳因请其写一文,俾实本节,兹录之如下:

章先生是怎样一个人,世所共知,本文只就先生的日常生活略为介绍:先生是一个赋性恢弘而有远略的人。他论政,论学,固然头头是道,但对于一些细微末节,甚至自己的饮食起居,却又毫不经意。他晚年寓居上海,后因事到苏州。有人劝他就在苏州住家,并且介绍他买一所房子。那所房子在侍其巷,只有前面一重是楼房,院子里栽了几棵树。他走去一看,就很满意说:"还有楼。"看见树又说:"还有树。"后面也不再看,就和人家议价。人家看他这样满意,向他索一万五千元。这在当时已是超过时价很多,本有还价的余地。不料先生非但不还价，竟付出一万七千元成交。等到章夫人晓得赶来看时，一切手续业已办妥，房子竟不能住！要卖，原价已经很高，绝对卖不出，租也租不上价，结果只有空着，雇人看守，另在锦帆路筑一新屋。

先生生平除嗜吸纸烟外，对于饮食别无专好。章夫人是信佛茹素的，禁食一切肉类。因为要维持先生的健康，案上也常常设鸡，但先生却从不下箸，只食面前菜蔬。后来有人建议，把鸡肉放在先生面前，从此即见先生专以鸡肉佐餐了。这件事说来很奇怪，但也不是绝无仅有。宋朱弁《曲洧旧闻》说："荆公又为执政，或言其喜食獐脯者，其夫人闻而疑之曰：'公平日未尝有择于饮食，何忽独嗜此？'因令问左右执事者：'何以知公之嗜獐脯耶？'曰：'每食不顾他物，而獐脯独尽，是以知之。'复问：'食时置獐脯何所？'曰：'在近匕筯处。'夫人曰：'明日姑易他物近匕筯处。'既而果食他物尽，而獐脯固在。而后人知特以其近故食之，而初非有所嗜也……"此即可看出一代伟人用功之深，精神有所专注，因此无暇据顾及饮食。人家骂王安石虚伪，不近人情。以先生之事例之，可见也并不尽然。

前段曾经说过，先生对于饮食别无专好，独嗜吸纸烟。他并不讲究好牌子，是纸烟就行。不过一经吸著，决不止一支。尤其是当讲学或和人谈天，总是一支接着一支，未尝去手。这时只见室中烟雾纷披，而先生神采方旺，谈锋更健。因为谈天也是先生乐事之一，只要有人触其机锋，话头便源源而出了。

先生素知医，于《伤寒论》尤有研究，间为人开方治病，也都能奏效。但关于自己的卫生，却又异常忽略。有时夫人劝他注意营养，多进补品如鸡蛋之类。先生听了，每每把夫人的话重述一遍，好像是闻所未闻。

先生更不从事运动，因此连走路似乎都很吃力。但如跟随他的人上前去搀扶，先生必极力挣脱，拂袖而去。由这一点，也可看出先生独立自由的精神。

先生对于金钱，简直可以说是视若无物，如前段所提的买房子就是一例。在别人看起来，他是受了欺，上了当。其实先生自己何尝有丝毫容心。不过先生的性情是叫人摸不着的，有时家里零用他都要管，甚至买一刀草纸，也得直接向他领钱。

六十五　精神生活

先生读破万卷，著述等身。但藏书并不多，更不讲究版本。一部《十三经注疏》，只是普通的石印本。因为翻阅次数太多的缘故，已变成活叶。有一次为学生讲《尚书》，稍一不小心，书竟作蝴蝶飞，散落满地，引得哄堂大笑，而先生仍言谈自若，绝不在意。

先生的书名也不小，求书的人自然很多。他的书法自成一家，篆和行草都有一种面目。人家只要得到他的片纸只字，都视若拱壁，什袭珍藏，倒是先生本人，反不怎样满意自己的作品。往往一幅写成，看了一下，即放在废纸之列。这可给了他侍役一个赚钱的机会，竟串通一家装裱店，专窃这种字，印上先生的图章，装裱后价卖与人，得钱两人朋分，先生初不在意，一直经过很长的时间才发觉，因此他想出一个防弊的方法，就是把写来不要的字一律撦破，塞在字纸篓里，图章也从侍役手中收回，以为这样总是一个稳妥的办法了。但是他却忘了，作弊是我国人的特性。有一种人会防弊，也就有一种人会舞弊。在这以后，完整的纸固不易得，撦破的字装裱起来，还不是一样？至于图章，在先生用了多次以后，反正是要交给侍役一洗的，这可又给了侍役一个盖章的机会。

先生晚年除著书讲学外，也常常做点应酬文字，大概不外是书文题跋和碑铭之类。一篇墓志铭或墓表，人家通常送他一千元到二千元。但他做文章,并不就以金钱为准。据说有一个纱厂的主人,想请他做一篇表扬祖上的文字,送他万元作为润笔。他却极力拒绝,一字也不肯写。他替黎黄陂做了一篇洋洋的巨文,又一钱不受。因为先生是最重感情的,他于当代人物,除孙公外,惟于黄陂有知遇之感。所以替黄陂做文章,认为是应尽的义务。

因为先生享有当代大名,所以常常接到一些不相干的信。或是同他讨论某种问题,或只是恭维他。那班替先生办笔札的人,对于这些信,往往置之不理。但先生以为人家既有信来,总得回答,免使人家失望。因为这些被弃置的信,反是先生亲笔答复。

(以上是录王基乾的《章先生逸事》)

黎元洪(1864—1928),字宋卿,湖北黄陂人,故称"黎黄陂",曾任中华民国副总统、大总统。1912年7月章太炎与黎元洪在武昌首次晤面,之后二人过从甚密。在章太炎被软禁的三年中,他多方予以照拂。袁世凯死后,下令释放章氏

第二十三节 "学而不厌·诲人不倦"

六十六　苏州讲学

　　章先生光复中华，振兴学术，功业虽成而精力弥瘁。民国七年以后，知植党无益，一切泊然。晚年见当世更无可为，乃退而讲学于苏州。王基乾《忆余杭先生》文中，言其扶病讲学，直至弥留时的情形甚详。兹摘录如下：

　　……先生虽衰老，然于讲学则未忽稍苟。初，先生患鼻衄，中央以先生功在国家，特赠予万元，以为医药资。先生初不欲，既受之，则以此款为人民血汗所出，不欲用诸个人，因复成立国学讲习会于苏州寓庐，冠章氏二字，距初在东京讲学时，盖已二十有八年矣。先生讲学，周凡三次，连堂二小时，不少止，复听人质疑，以资启发；不足，则按日约同人数辈至其私室，恣意谈论，即细至书法之微，亦无不倾诚以告，初不计问题之洪纤也。二十五年夏，先生授尚书既蒇事，距暑期已近，先生仍以余时为足惜，复加授说文部首，以为假前可毕也。顾是时先生病续发，益以连堂之故，辄气喘。夫人因属基乾辈，于前一时之末，鸣铃为号，相率出室外。先生见无人倾听，可略止。然余时未满，诸人复陆续就座。先生见室中有人，则更肆其悬河之口矣。以此先生病弥甚。忆最后一次讲论，其日已未能进食，距其卒尚不及十日。而遗著《古文尚书拾遗定本》，亦临危前所手定。先生教学如此，晚近真罕有其匹也。

先生病发逾月，卒前数日，虽喘甚不食，犹执卷临坛，勉为讲论。夫人止之，则谓"饭可不食，书仍要讲"。呜呼！其言若此，其心至悲。凡我同游，能无泪下？

六十七　"哲人其萎"·国葬

国丧典刑，"哲人其萎"，民国二十五年六月十四日，先生逝世。寿裳在北平，闻"梦奠"之耗，不胜哀痛！曾于北平追悼会中，致开会辞，大意思说章先生之殁，举国同悲。但是我们今天在北平开会追悼，特别地加倍地来得悲哀！因为现在北平成为前线了！回念先生绸缪国是，每每不幸而言中。自民国元年，先生力主北都，以为辽东靠近强邻，易被凯觎。如果都城在南，控制必有所不及。到了国民革命军底定全国，奠都南京，东北虽改树国旗，仍旧自为风气，而先生昔日之言，渐不为人所称道。哪知道民国二十年九月十八之变，一朝而失三省，热河继陷，北平成为前线了。寿裳并集遗著，撰挽联云：

内之颉籀儒墨之文，外之玄奘义净之术，专志精微，穷研训故；
上无政党猥贱之操，下作懦夫奋矜之气，首正大义，截断众流。

上联首二句，出于《瑞安孙先生伤辞》，次句《菿汉微言》；下联首二句《答铁铮》，次二句《与王揖唐书》。上联是国学大师，下联是革命元勋。以先生之德业巍巍，文章炳炳，原非数十个字所能形容，不过轮廓依稀在是而已。

国民政府闻丧震悼，崇礼宿儒，明令褒扬，特予国葬。令文是：

国民政府令，二十五年七月九日，宿儒章炳麟，性行耿介，学问淹通。早岁以文字提倡民族革命，身遭幽系，义无屈挠。嗣后抗拒帝制，奔走护法，备尝艰险，弥著坚贞。居恒研精经术，抉奥钩玄；究其诣极，有逾往哲。所至以讲学为事，岿然儒宗，士林推重。兹闻溘逝，轸惜实深！应即依照国葬法，特于国葬。生平事迹存备宣付史馆。用示国家崇礼耆宿之至意。此令！

附录一 《訄书》选

原学第一（訄书一）

视天之郁苍苍，立学术者无所因。各因地齐、政俗、材性发舒，而名一家。希腊言：海中有都城曰韦盖，海大神泡斯顿常驰白马水上而为波涛（《宗教学概论》）。中国亦云。此非宾海者弗能虑造是也。伯禹得龟文，谓之九畴。惟印度亦曰：鸿水作，韦斯挐化鱼。视摩挐以历史，实曰"鱼富兰那"。二谶之迹，国有大川，而馈饷其诬。寒冰之地言齐箫，暑湿之地言舒绰，瀛坞之地言恢诡，感也。故正名隆礼兴于赵，并耕自楚，九州五胜怪迂之变在齐稷下。地齐然也。七雄构争，故宋钘、尹文，始言别宥，"以聏合欢，以调海内"。雅典共和之政衰，贵族执政，而道益败，故柏拉图欲辨三阶：以哲学者操主权，德在智；其次军士，德在勇；其次农工商，德在节制（柏拉图生于贵族，素贱平民主义，至是又惩贵族主义，故构此理想政体）。周室坏，郑国乱，死人多而生人少，故列子一推分命，归于厌世，"御风而行"，以近神仙。希腊之末，甘食好乐，而俗淫湎。故斯多葛家务为艰苦，作"自裁论"，冀脱离尘垢，死而宴乐其魂魄。此其政俗致之矣。培根性贪墨，为法官，以贿败。以是深观，得其精和，故能光大冥而倡利已。路索穿窬脱纵，百物无所约制，以是深观，得其精和，故能光大冥而极自由。庄周曰：封侯与治竖者，其方同也，惟其材性也。夫地齐阻于不通之世，一术足以杙量其国民。九隅既达，民得以游观会同，斯地齐微矣。材性者，率特异不过一二人，其神智苟上窥青天，违其时则舆人不宜。故古者有三因，而今之为术者，多观省社会、因其政俗，而明一指。

订孔第二（訄书二）

远藤隆吉曰："孔子之出于支那，实支那之祸本也。夫差第《韶》、《武》，制为邦者四代，非守旧也。处于人表，至岩高，后生自以瞻望弗及，神葆其言，革一义，若有刑戮，则守旧自此始。故更八十世而无进取者，咎在于孔氏。祸本成，其胙尽矣。"（远藤氏《支那哲学史》）章炳麟曰：凡说人事，固不当以禄胙应塞。惟孔氏闻望之过情有故。曰：六艺者，道、墨所周闻。故墨子称《诗》、《书》、《春秋》，多太史中秘书。女商事魏君也，衡说之以《诗》、《书》、《礼》、《乐》，从说之以《金版》、《六弢》（《金版》、《六弢》，道家大公书也，故知女商为道家）。异时老、墨诸公，不降志于删定六艺，而孔氏擅其威。遭焚散复出，则关轴自持于孔氏，诸子却走，职矣。《论语》者晻昧，《三朝记》与诸告饬、通论，多自触击也。下比孟轲，博习故事则贤，而知德少歉矣。荀卿以积伪俟化治身，以隆礼合群治天下。不过三代，以绝殊瑰；不贰后王，以綦文理。百物以礼穿毂，故科条皆务进取而无自戾。（《荀子·王制》上言："道不过三代，法不贰后王。"下言："声，则凡非雅声者举废；色，则凡非旧文者举息；械用，则凡非旧器者举毁；夫是之谓复古。"二义亦非自反。雅声、旧文、旧器，三代所用，人间习识。若有用五帝之音乐、服器于今，以为新异者，则必毁废。故倞注曰："复三代故事，则是复古不必远举也。"）其正名也，世方诸仞识论之名学，而以为在琐格拉底、亚历斯大德间（桑木严翼说）。由斯道也，虽百里而民献比肩可也。其视孔氏，长幼断可识矣。夫孟、荀道术皆踊绝孔氏，惟才美弗能与等比，故终身无鲁相之政，三千之化。才与道术，本各异出，而流俗多视是崇堕之。近世王守仁之名其学，亦席功伐已。曾国藩至微末，以横行为戎首，故士大夫信任其言，贵于符节章玺。况于孔氏尚有踊者！孟轲则踬矣，虽荀卿却走，亦职也（荀卿学过孔子，尚称颂以为本师。此则如释迦初教本近灰灭，及马鸣、龙树特弘大乘之风，而犹以释迦为本师也）。夫自东周之季，以至禹，《连山》息，《汨作》废，《九共》绝，墨子支之，衹以自陨。老聃丧其征藏，而法守亡，五曹无施。惟荀卿奄于先师，不用。名辩坏，故言殽；进取失，故业堕；则其虚誉夺实以至是也，虽然，孔氏，古良史也。辅以丘明而次《春秋》，料比百家，若旋机玉斗矣。谈、迁嗣之，后有《七略》。孔子死，名实足以伉者，汉之刘歆。

  白河次郎曰："从横家持君主政体，所谓压制主义也。老庄派持民主政体，所谓自由主义也。孔氏旁皇二者间，以合意干系为名，以权力干系为实，此儒术所以能为奸雄利器。使百姓日用而不知，则又不如纵横家明言压制也。"按：所谓旁皇二者间者，本老氏之术，儒者效之，犹不若范蠡、张良为甚。庄周则于《马蹄》、《胠箧》诸论，特发老氏之覆。老、庄之为一家，亦犹输、墨皆为艺士，其攻守则正相反，二子亦不可并论也。故今不以利器之说归曲孔氏。余见《儒道》篇。

儒墨第三（訄书三）

《春秋》、《孝经》，皆变周之文，从夏之忠，而墨子亦曰"法禹"。不法其意而法其度，虽知三统，不足以为政。戾于王度者，非乐为大。彼苦身劳形以忧天下，以苦自繴，终以自堕者，亦非乐为大。何者？喜怒生杀之气，作之者声也。故溰然击鼓，士忾怒矣。铿然撞镈于，继以吹箫，而人人知惨悼。儒者之颂舞，熊经猿攫，以廉制其筋骨，使行不愆步，战不愆伐，惟以乐倡之，故人乐习也。无乐则无舞。无舞则柔弱多疾疫，不能处憔悴。将使苦身劳形以忧天下，是何以异于腾驾蹇驴，而责其登大行之阪矣？嗟乎！巨子之传，至秦汉间而斩。非其道之不逮申、韩、商、慎，惟不自为计，故距之百年而堕。夫文始五行之舞，遭秦未灭。今五经粗可见，《乐书》独亡，其亦昉于六国之季，墨者昌言号呼以非乐，虽儒者亦鲜诵习焉。故灰烬之余，虽有窦公、制氏，而不能记其尺札也。乌乎！佚、翟之祸，至自毙以毙人，斯亦酷矣。诋其"兼爱"而谓之"无父"，则末流之噩言，有以取讥于君子，顾非其本也。张载之言曰："凡天下疲癃残疾鳏寡惸独，皆吾兄弟之颠连而无告者。"或曰："其理一，其分殊。"庸渠知墨氏兼爱之旨，将不一理而殊分乎？夫墨家宗祀严父，以孝视天下，孰曰无父？（详见《孝经本夏法说》，此不具疏）至于陵谷之葬，三月之服，制始于禹。禹之世，奔命世也。墨翟亦奔命世也。伯禽三年而报政，曰：革其故俗，丧三年乃除。大公反之，五月而报政。然则短丧之制，前倡于禹，后继踵于尚父。惟晏婴镵之，庐杖衰麻，皆过其职。墨子以短丧法禹，于晏婴则师其孅嗇，而不能师其居丧，斯已左矣。虽然，以短丧言，则禹与大公皆有咎，奚独墨翟？以蔽罪于兼爱，谓之无父，君子重言之。（又按：《水经·淇水注》；《论语比考谶》曰："邑名朝歌，颜渊不舍，七十弟子掩目，宰予独顾，由蘷堕车。"宋均曰："子路患宰予顾视凶地，故以足蘷之，使堕车也。"寻朝歌回车，本墨子事，而《论语谶》

以为颜渊。此六国儒者从墨非乐之证也。至于古乐，亦多怪迂，诚有宜简汰者。然乐则必无可废之义）

儒道第四（訄书四）

　　学者谓黄老足以治天下，庄氏足以乱天下。夫庄周愤世湛浊，已不胜其怨，而托卮言以自解，因以弥论万物之聚散，出于治乱，莫得其耦矣。其于兴废也何庸？老氏之清静，效用于汉。然其言曰："将欲取之，必固与之。"其所以制人者，虽范蠡、文种，不阴鸷于此矣。故吾谓儒与道辨，当先其阴鸷，而后其清静。韩婴有言："行一不义，杀一不辜，虽得国可耻。"儒道之辨，其扬搉在此耳。然自伊尹、大公，有拨乱之才，未尝不以道家言为急（《汉·艺文志》，道家有《伊尹》五十一篇，《大公》二百三十七篇）。迹其行事，与汤、文王异术，而钩距之用为多。今可睹者，犹在《逸周书》。老聃为柱下史，多识故事，约《金版》、《六弢》之旨，箸五千言，以为后世阴谋者法，其治天下同，其术甚异于儒者矣。故周公觝齐国之政，而仲尼不称伊、吕，抑有由也。且夫儒家之术，盗之不过为新莽；而盗道家之术者，则不失为田常、汉高祖。得本不求赢，财帛妇女不私取，其始与之而终以取之，比于诱人以《诗》礼者，其庙算已多。夫不幸污下以至于盗，而道犹胜于儒。然则愤鸣之夫，有讼言"伪儒"，无讼言"伪道"，固其所也。虽然，是亦可谓防窃钩而逸大盗者也。

儒法第五（訄书五）

　　自管子以形名整齐国，箸书八十六篇，而《七略》题之曰"道家"。然则商鞅贵宪令，不害主权术（见《韩非·定法篇》），自此始也。道其本已，法其末已！今之儒者，闻管仲、申、商之术，则震栗色变，曰：

"而言杂伯,恶足与语治?"尝试告以国侨、诸葛亮,而诵祝冀为其后世。噫!未知侨、亮之所以司牧万民者,其术亦无以异于管仲、申、商也。然则儒者之道,其不能摈法家,亦明已。今夫法家亦得一于《周官》,而董仲舒之《决事此》,引儒附法,则吾不知也。夫法家不厌酷于刑,而厌歧于律。汉文帝时,三族法犹在,刑亦酷矣。然断狱四百,几于兴刑措之治者,其律壹也。律之歧者,不欲妄杀人,一窃箸数令,一伤人箸数令,大辟之狱差以米,则令诛。自以为矜慎用刑,民不妄受戮矣。不知上歧于律,则下遁于情,而州县疲于簿书之事,日避吏议,娖娖不暇给。故每蔽一囚,不千金不足以成狱,则宁过而贳之。其极,上下相蒙,以究于废弛。是故德意虽深,奸宄瘍因以暴恣,今日是也。仲舒之《决事比》,援附经谶,有事则有例,比于酂侯《九章》。其文已冗,而其例已枝。已用之,斯焚之可也!著之简牍,拭之木觚,以教张汤,使一事而进退于二律。后之廷尉,利其生死异比,得以因缘为市,然后弃表埻之明,而从缪游之荡。悲夫!儒之戾也,法之毙也。吾观古为法者,商鞅无科条,管仲无五曹令。其上如流水。其次不从则大刑随之。律不亟见,奚有于歧者?子弓曰:"居敬而行简,以临其民。"呜呼!此可谓儒法之君矣。

儒侠第六(訄书六)

漆雕氏之儒废,而闾里有游侠(《韩非·显学》:漆雕氏之儒,"不色挠,不目逃,行曲则违于臧获,行直则怒于诸侯"。是漆雕氏最与游侠相近也)。侠者无书,不得附九流,岂惟儒家摈之,八家亦并摈之。然天下有亟事,非侠士无足属。侯生之完赵也,北郭子之白晏婴也(见《吕氏·士节篇》),自决一朝,其利及朝野。其视聂政,则击刺之萌而已矣。且儒者之义,有过于"杀身成仁"者乎?儒者之用,有过于"除国之大害,捍国之大患"者乎?夫平原君,僭上者也,荀卿以为"辅";信陵君,矫节者也，荀卿以为"拂"（见《荀子·臣道篇》）。世有大儒，固举侠士而并包之。而特其感慨奋厉，矜一节以自雄者，其称名有异于儒焉耳。大侠不世出，而击刺之萌兴。虽然，古之学者，读书击剑，业成而武节立，是以司马相如能论荆轲。（《艺文志》杂家："《荆轲论》五篇，轲为燕刺秦王不成而死，司马相如等论之。"）天下乱也，义士则狙击人主，其他藉交报仇，为国民发愤，有为鸱枭于百姓者，则利剑刺之，可以得志。当世之平，刺客则可绝乎？文明之国，刑轻而奸谀恒不蔽其辜，非手杀人，未有考竟者也。康回滔天之在位，贼元元无算，其事阴沈，法律不得行其罚，议官者麋而去之。虽去，其侪党众，谨于井里，犹桑疑沮事。当是时，非刺客而巨奸不息，明矣。故击刺者，当乱世则辅民，当治世则辅法。治世知其辅法，而法严诛于刺客，何也？训曰：大臣能厚蓄积者，必浚民以得之，如子孙之善守，是天富不道之家也。故不若恣其不道以归于人（本《唐书·卢坦传》载坦语）。彼攻盗亦捊取于不道矣，法则无赦，何者？盗与刺客冒法抵禁者众，则辅法者不得独贳以生。哲王者知其裨补于政令，而阴作其气，道之以义方已矣。今之世，资于孔氏之言者寡也，资之莫若十五儒，"虽危起居，竟信其志"；"引重鼎不程其力，鸷虫攫搏不程勇"者。（凡言儒者，多近仁柔。独《儒行》记十五儒，皆刚毅特立者。窃以孔书氾博，难得要领。今之教者宜专取《儒行》一篇，亦犹古人专授《孝经》也）

附：上武论征张良事

《楚汉春秋》曰：淮阴武王反，上自击之（淮阴武王，韩信也。汉世诸王，诛死者亦有谥。燕刺王是其比矣。言上自击之者，即伪游云梦事，古史文不甚明了耳），张良居守。上体不安，卧辒车中，行三四里，留侯走东追上，簪堕被发，敢辒车排户，曰（按《说文》："敢，使也，从攴，耳省声。"此非其字，当是捊之或字。《说文》：

"撎，推捣也，从手，耴声。"此则从攴，耴省声。撎辒车者，推启其窗)："陛下即弃天下，欲以王葬乎？以布衣葬乎？"上骂曰："若翁天子也，何故以王及布衣葬乎？"良曰："淮南反于东，淮阴害于西。"（按：反、害，字当互讹。时淮南未反也。淮阴王楚，亦在长安东南，视淮南则在西矣），恐陛下倚沟壑而终也（引见《御览》三百九十四）。世读《太史公书》，言留侯如妇人好女，皆念以为运谋深婉，不兆于声色间。观其簪堕被发，一何厉也？秦汉间游侠之风未堕，良又素习于椎击者。下邳受书而后，优游道术以自持，忍也。而轻侠蹈厉之气，遇亟则亦显暴，固与诸葛亮、谢安之徒异矣。武德衰，学士慕良，乐闻其阔缓宁靖，其材性则莫之崇法也。是故登为大帅，而不任举一佩刀，谋于轩较之下，目可瞻马。

儒兵第七（訄书七）

甚矣！《阴符经》之缪也。其言曰："天发杀机，龙蛇起陆；人发杀机，天地反覆。"以为杀机之蛰，必至是而后起也。夫机之在心也，疾视作色，无往而非杀，无杀而非兵。兵也者，威也；威也者，力也。民之有威力，性也，武者不能革，而工者不能移，岂必至于折天柱、绝地维哉！儒者曰："我善御寇，'不禽二毛，不鼓不成列'。虽文王之用师，莫我胜也。"君子曰：田儃！其一曰："我善御敌，仰屋以思，为兵法百言。虽以不教民战可也。"君子曰："黠而愚！隅差智，故而呆。夫治兵之道，莫径治气。以白挺遇刃，十不当二；以刃遇火器，十不当一；以火器遇火器，气不治，百不当一。治气者，虽孟、荀与穰苴，犹是术也。有本有末而已矣！末而末者，可以撎其本。故蹴鞠列于技巧（《汉·艺文志》兵家有《蹴鞠》二十五篇），棋势、皇博列于术艺（《隋·经籍志》兵家有《棋势》四卷，《皇博法》一卷。按：今德意志教陆军有兵棋，其来远矣），不知者以为嬉戏也。其知者，以为民性有兵，不能旦旦而用于寇，故小作其杀机，以鼓其气。与儒者之乡射，其练民气则同。虽孟、荀与穰苴，犹是术也。此兵之本也。若夫临敌之道则有矣。方机动时，其疾若括镞；非先治气，则机不可赴；赴机以先人，而人失其长技矣。故曰：智者善度，巧者善豫，羿死桃棓不给射，庆忌死剑不给搏。王守仁知气，此所以成胜。

学变第八（訄书八）

汉晋间，学术则五变。

董仲舒以阴阳定法令，垂则博士，教皇也。使学者人人碎义逃难，苟得利禄，而不识远略。故扬雄变之以《法言》。《法言》持论至剀易，在诸生间，陵矣。王逸因之为《正部论》，以《法言》杂错无主，然已亦无高论（《正部论》元书已亡，诸书援引犹见大略，下论亡书准此）。顾猥曰：颜渊之箪瓢，则胜庆封之玉杯（《艺文类聚》七十三，《御览》七百五十九引）。欲以何明，而比儗违其伦类？盖忿狷之亢辞也。华言积而不足以昭事理，故王充始变其术，曰："夫笔箸者，欲其易晓而难为，不贵难知而易造；口论，务解分而可听，不务深迂而难睹也。"作为《论衡》，趣以正虚妄，审乡背。怀疑之论，分析百端。有所发擿，不避孔氏。汉得一人焉，足以振耻。至于今，亦未有能逮者也。然善为蜂芒摧陷，而无枢要足以持守，斯所谓烦琐哲学者。惟内心之不充颎，故言辩而无继。充称桓君山素丞相之迹，存于《新论》（《定贤篇》）。《新论》今亡，则桓、王之学亦绝。或曰：今之汉学，论在名物，不充其文辩，其正虚妄，审乡背，近之矣。东京之衰，刑赏无章也。儒不可任，而发愤者变之以法家。王符之为《潜夫论》也，仲长统之造《昌言》也，崔寔之述《政论》也，皆辨章功实，而深嫉浮淫靡靡，比于"五蠹"；又恶夫以宽缓之政，治衰敝之俗。《昌言》最恢广。上视扬雄诸家，牵制儒术，奢阔无施，而三子闳达矣。法家之教，任贤考功，期于九列皆得其人，人有其第，官有其伍，故姚信《士纬》作焉。乱国学者，盛容服而饰辩说，以贰人主之心，"修誉不诛，害在词主"（二语即《阮子正论》之言，见《意林》四引）。故阮武《正论》作焉。自汉季以至吴、魏，法家大行，而钟繇、陈群、诸葛亮之伦，皆以其道见诸行事，治法为章。然阔疏者苟务修古，亦欲以是快其佚荡。故魏衰而说变。当魏武任法时，孔融已不平于酒几，又箸论驳肉刑。及魏，杜恕倜傥任意，盖孟轲之徒也。凡法家，以为人性忮骍，难与为善，非制之以礼，威之以刑，不肃。故魏世议者言："凡人天性多不善，不当待以善意，更堕其调中。"惟杜恕慧闻之，而云：已得此辈，当乘桴蹈仓海，"不能自谐在其间也"（《魏书·杜恕传》注引《杜恕新书》）。恕为《兴性论》，其书不传。推校之，则为主性善者。其作《体论》，自谓疏惰饱食，"父忧行丧，在礼多愆，孝声不闻。（引见《意林》五）"荀卿所谓顺情性而不事礼义积伪者也。盖自魏武审正名法，钟陈辅之，操下至严。文、明以降，中州士大夫厌检括苛碎久矣。势激而迁，终以循天性、简小节相上，固其道也。会在易代兴废之间，高朗而不降志者，皆阳狂远人。礼法浸微，则持论又变其始。嵇康、阮籍之论，极于非尧、舜，薄汤、武，载其厌世，至导引求神仙，而皆崇法老庄，玄言自此作矣。（魏晋间言神仙者，皆出于厌世观念，故多藉老庄抒其愤激。独葛洪笃信丹药，而深疾老庄，恶放弃礼法者如仇雠。观《抱朴》外篇《疾谬》、《诘鲍》，其大旨在是矣。盖吴士未遭禅让，无所忿恚，故论多守文。及其惑于仙道，根诸天性，亦视愤世长往者为甚也）

凡此五变，各从其世。云起海水，一东一西，一南一北，触高冈，象林木而化。初世雄逸，化成于草昧，而最下矣。然箸书莫易以杂说援比诸家。故季汉而降，其流不绝。汉时周生烈已为《要论》。其后蒋济作《万机论》，谯周作《法训》，顾谭作《新语》，陆景作《典语》，杜夷作《幽求新书》，杨泉作《物理论》。秦菁、唐滂之徒，皆有论箸，或称杂家，或缘儒老。上者稍见行事兴坏，其次乃以华言相耀。惟荀悦、徐榦为愈。《申鉴》温温，怀宝自珍。《中论》朴质理达矣。殷基曰："质胜文，石建；文胜质，蔡邕；文质彬彬，徐榦庶几也。"

学蛊第九（訄书九）

宋之余烈，蛊民之学者，程、朱亡咎焉，欧阳修、苏轼其孟也。修不通六艺，正义不习，而瞂以说经，持之无故，戋戋以御人，辞人也。不辨于名理，比合训言，反覆其文，自以为闻道，遭大人木强，而已得尸其名，以色取仁，居之不疑矣。轼之器，尽于发策决科，上便辞以耀听者；义之正负，朝莫之间，不皇计也。又飞钳而善刺也，审语默以自卫也，不知者一，宁墨藏其九；知不合一也，九合者不言。导人于感忽之间、疑玄之地以取之，故终身言谈无衅。且听辩之道，甲乙是非，本以筹策校计少多而断优绌。斯道少衰，惟后胜以为倞。故轼之诘人，专以后起伏击，无问其得失盈于算数未也。夫程朱虽未竟殉眇，犹审己求是；夸不若修，无寻常丈墨检式不若轼。修之烈，令专己者不学而自高贤，自谓以文辞承统，正体于上，玄圣素王。轼也使人跌跂而无主，设两可之辩，杖无穷之辞，遁情以笑，谓道可见端而不睹其尾，谓求学皆若解闭者，以不解解之也。孔子曰：亡而为有，虚而为盈，难乎有恒矣！巫医尚不可作，况朴学百艺邪？幸有顾炎武、戴震以形名求是之道约之，然犹几不能胜。何者？淫文破典，耴靡者众。今即诮士人以程、朱，辄勃然，以为侏儒鄙生我矣；诮以修、轼，什犹七八欢舞。校其乡背之数，学之不讲，谁之咎也？《易说》曰："阴羽之鸣，其子和之，不如翰音，丧其中孚；中孚之丧，不如大风，噫气落山；风之噫而山材落也，款言所以为蛊也。"嗟乎！赫赫皇汉，博士黯之。自宋以降，弥又晦蚀。来者虽贤，众寡有数矣。不知新圣哲人，持名实以遍诏国民者，将何道也？又不知齐州之学，终已不得齿比于西邻邪？

世言尊君卑臣，小忠为教，至程、朱始甚。此则未是。唐末说《春秋》者日众，要以明其事君尽谄之义。盛均作《仲尼不历聘解》，孙郃作《春秋无贤臣论》，皆持此旨。宋人张之，亦其势也。然程、朱犹有是非然否之辨。程于妇人有"饿死事小，失节事大"之说，盖一言以为不智尔。欧阳则壹任名分，无复枉直可辨；其于孙复，颂美不尽，正以所见翕合故也。朱元晦亦言明复《春秋尊王发微》，推言治道，瘰瘰可畏。此则欧阳之余烈，已流及朱学矣。吾不谓程、朱绝无瑕疵，然即小忠为教一言，其祸首亦非程、朱也。

王学第十（訄书十）

王守仁南昌、桶冈之功，职其才气过人，而不本于学术。其学术在方策矣，数传而后，用者徒以济诈，其言则祇益缦简觕觕。何也？王守仁之立义，至单也。性情之极，意识之微。虽空虚若不可以卷握，其觚理纷纭，人髽鱼网，犹将不足方物。是故古之为道术者，"以法为分，以名为表，以参为验，以稽为决，其数一二三四是也。"（《庄子·天下篇》语）《周官》、《周书》既然，管夷吾、韩非犹因其度而章明之。其后废绝，言无分域，则中夏之科学衰。况于言性命者，抱蜀一趣，务为截削省要，卒不得省，而几曼衍，则数又亡以施。故校以浮屠诸论、泰西惟心合理之学说，各为条牒，参伍以变者，蛰之与昭、跛之与完也。夫浮屠不以单说成义，其末流禅宗者为之。儒者习于禅宗，虽经论亦不欲睹，其卒与禅宗偕为人鄙。义窭乏而尚辞，固饉质也。尝试最观守仁诸说，独"致良知"为自得，其他皆采自旧闻，工为集合，而无组织经纬。夫其曰"人性无善无恶"，此本诸胡宏（胡宏曰："凡人之生，粹然天地之心，道义完具，无适无莫，不可以善恶辨，不可以是非分。"又曰："性者，善不足以言之，况恶邪？"）而类者也，陆克所谓"人之精神如白纸"者也。其曰："知行合一"，此本诸程颐（程颐曰："人必真心了知，始发于行。如人尝噬于虎，闻虎即神色乍变。其未噬者，虽亦知虎之可畏，闻之则神色自若也。又人人皆知脍炙为美味，然贵人闻其名而有好之之色，野人则否。学者真知亦然。若强合于道，虽行之必不能持久。人性本善，以循理而行为顺，故烛理明，则自乐行。"按：此即知行合一之说所始）则素者也，徒宋钘所谓"语心之容，命之曰心之行"者也（按：以色变为行，是即以心之容为心之行也。此祇直觉之知，本能之行耳。自此以上，则非可以征色发声，遽谓之行也。然程说知行，犹有先后。希腊琐格拉底倡知德合一说，亦谓了解善为何物，自不得不行之。并有先后可序。王氏则竟以知行为一物矣。辛之二者各有兆域，但云不知者必不能行，可也；云知行合流同起，不可也。虽直觉之知，本能之行，亦必知在行先，徒以事至密切，忘其距离，犹叩钟而声发，几若声与叩同起。然烛而暗除，不见暗为烛所消，其实声浪、光浪，亦非不行而至，其间固尚有忽微也。要之程说已滞于一隅，王氏衍之，其缪滋甚）。其于旧书雅记邪，即言"尧舜如黄金万镒，孔子如黄金九千镒"，则变形于孔融者。融为《圣人优劣论》曰："金之优者，名曰紫磨，犹人之有圣也。"（《御览》八百十一引）即言人心亡时而不求乐，虽丧亲者，蓄悲则不快，哭泣擗踊，所以发舒其哀，且自宁也，则变形于阮籍者。籍为《乐论》曰："汉顺帝上恭陵，过樊濯，闻鸟鸣而悲，泣下横流，曰：'善哉鸟鸣！使左右吟声若是，岂不佳乎？'此谓以悲为乐也。"（《御览》三百九十二引）夫其缀辑故言如此其众，而世人多震慑之，以为自得。诚自得邪？冥心孜思以成于眇合者，其条支必贯，其觗理必可以比伍。今读其书，顾若是无组织经纬邪？守仁疾首以攻朱学。且朱学者，恒言谓之支离矣。泛滥记志而支离，亦职也。今立义至单，其支离犹自若。悲夫！一二三四之数绝，而中夏之科学衰。故持一说者，傀卓于当年，其弟子无由缘循榦条以胜其师，即稍久而浸朽败。自古皇汉先民以然，非独守仁一人也（丘震曰王氏自得之义，独"致良知"一说。此固不可推究以极其辞，何者？良知不可言"致"，受"致"则非良知，当言"致可能性"尔。王氏胶于《大学》致知之文，以是傅会，说既违于论理，推究之则愈难通。宜其弟子无由恢扩也）。抑吾闻之，守仁以良知自贵，不务诵习，乃者观其因袭孔、阮，其文籍已秘逸矣。将钩沉揖啧以得若说，而自讳其读书邪？夫不读书以为学，学不可久，为是阴务诵习，而阳匿藏之。自尔渐染其学者，若黄宗羲、李绂，皆博览侈观，旁及短书。然宗羲尚往往以良知自文。章言不饰，李绂始为之。

颜学第十一（訄书十一）

明之衰，为程、朱者痿驰而不用，为陆、王者奇觚而不恒。诵数冥坐与致良知者既不可任，故颜元返道于地官。以乡三物者，德、行、艺也，斯之谓格物（按：以习行三物为学，无为傅会格物。傅会则"格"字训诂，终不可通）。保氏教六艺者，自吉礼以逮旁要三十六凡目也。更事久，用物多，而魂魄强，兵农、水火、钱谷、工虞，无不闲习。辅世则小大可用，不用而气志亦日以獒驵，安用冥求哉？观其折竹为刀，以胜剑客，磬控驰射，中六的也；当明室颠覆，东胡入帝，而不仕宦，盖不忘乎光复者。藉在挽近，则骑驷而动膽也。故曰："勇，达德也。"又数数疢心于宋氏之亡，儒生耆老痛摧折才士，而不用其尚武，则义之所激已。然外敕九容、九思，持之一跬步而不敢堕《曲礼》；自记言行，不欺晦冥；持志微眇若是，斯所以异于陈亮也。苦形为艺，以纾民难；其至孝恻怆，至奔走保塞，求亡父丘墓以归；讲室列弦觳弓矢，肄乐而不与众为戠；斯所以异于墨子也。形性内刚，孚尹旁达，体骏驵而志齐肃，三代之英，罗马之彦，不远矣！独恨其学在物，物物习之，而概念抽象之用少。其讥朱熹曰："道犹琴也（本作"《诗》、《书》犹琴也"，与前后文义皆不合，今以意更正），明于均调节奏之谱，可谓学琴乎？故曰以讲读为求道，其距千里也。即又有妄人指谱而曰：'是即琴也，辨音律，协声均，理性情，通神明。'无越于是谱，果可以为琴乎？故曰以书为道，其距万里也。千里万里，何言之远也！亦譬之学琴然：歌得其调，抚娴其指，弦求中音，徽求中节，声求协律，是之谓学琴矣，未为习琴也；指从志，音从指，清浊疾徐有常节，鼓有常度，奏有常乐，是之谓习琴矣，未为能琴也。弦器可手制也，音律可耳审也，诗歌惟其所欲也，志与指忘，指与弦忘，私欲不作，而大和在室，感应阴阳，化物达天，于是乎命之曰能琴。今指不弹，志不会，徒以习谱为学琴，是渡河而望江也，故曰千里也。今目不睹，耳不闻，徒以谱为琴，是指蓟丘而谈滇池也，故曰万里也（录颜说）。"

夫不见其物器而习符号，符号不可用。然算术之横从者，数也。数具矣，而物器未形，物器之差率，亦即无以跳匿。何者？物器丛繁，而数抽象也。今夫舍谱以学琴，乃冀其中协音律，亦离于抽象，欲纤息简而数之也。算者，谱者，书者，皆符号也。中国自六经百家以逮官书，既不能昭晰如谱，故胶于讲读者，咇缪于古人而道益远。非书者不可用，无良书则不可用。今不课其良不良，而课其讲读不讲读，即有良书，当一切废置邪？良书废，而务水火工虞，十世以后将各持一端以为教。昔管子明水地，以为集于天地，藏于万物，产于金石，集于诸生，故曰水神，惟他流士（希腊人）亦谓宙合皆生于水。海克德斯（希腊人），明神火播于百昌，则为转化，藏于匈中，干暵者为贤人，润湿者为愚人。此皆鬼琐于百物之杪枝，又举其杪枝以为大素，则道术自此裂矣，故曰滞于有形，而概念抽象之用少也。颜氏讥李颙不能以三事三物使人习行，顾终身沦于讲说。其学者李塨、王源，亦皆惩创空言，以有用为枭极。周之故言，仕学为一训（《说文》：仕，学也），何者？礼不下庶人，非宦于大夫，无所师。故学者犹从掾佐而为小史（秦法以使为师，此革战国之俗，而返之三代也）。九流所萌蘖，皆畴人之法，王官之契也。然更岁月久，而儒、道、形名，侵寻张大，以为空言者，社会生生之具至爻错。古者更世促浅，不烦为通论。渐渍二三千岁，不推其终始，审其流衍，则维纲不举，故学有无已而凑于虚。且御者必辨于骏良玄黄，远知马性，而近人性之不知；射者必谨于往镞拟的，外知物埻，而内识埻之不知；此其业不火驰乎？其学术不已憔悴乎？观今西方之哲学，不赍万物为当年效用，和以天倪，上酌其言，而民亦沐浴膏泽。虽玄言理学，至于浮屠，未其无云补也。用其不能实事求是，而鼅理紾紾者多，又人人习为是言，方什伯于三物，是故文实颠偾，国以削弱。今即有百人从事于三物，其一二则以爱智为空言，言必求是，人之齐量，学之同律，既得矣！虽无用者，方以冥冥膏泽人事，何滞迹之有？颜氏徒见中国久淹于文敝，故一切以地官为事守，而使人无窃窕旷间之地。非有他也，亦不知概念抽象则然也。虽然，自荀卿而后，颜氏则可谓大儒矣。（按：《荀子·解蔽》云："空石之中有人焉，其名曰觙。其为人也，善射以好思。耳目之欲接，则败其思；蚊虻之声闻，则挫其精；是以辟耳目之欲，而远蚊虻之声，闲居静思则通。思仁若是，可谓微乎？孟子恶败而出妻，可谓能自强矣！有子恶卧而焠掌，可谓能自忍矣，未及好也。辟耳目之欲，可谓能自强矣，未及思也。蚊虻之声闻则挫其精，可谓危矣，未可谓微也。夫微者，至人也。至人也，何强？何忍？何危？故浊明外景，清明内景，圣人纵其欲，兼其情，而制焉者理矣。夫何强？何忍？何危？故仁者之行道也，无为也。圣人之行道也，无强也。仁者之思也恭，圣人之思也乐，此治心之道也。"据是，则至人无危，其次犹有闲居静思、辟欲远声者。以此思仁，是非李侗所谓默坐澄心、体认天理者邪？故知此事无与禅宗。特以藏息自治，任人自为，不容载诸学官律令，故师保诸职，未有一言及此。颜氏谓非，全屏此功，亦视思仁之道大轻矣，斯其不逮荀子者也）

清儒第十二（訄书十二）

古之言虚，以为两栌之间，当其无栌（本《墨子·经上》。栌即栌，柱上小方木也）。六艺者（凡言六艺，在周为礼、乐、射、御、书、数，在汉为六经。此自古今异语，各不相因，言者各就便宜，无为甘辛互忌），古《诗》积三千余篇，其他益繁，臚觸无协；仲尼剟其什九，而弗能贯之以栌间。故曰：达于九流，非儒家擅之也。六艺，史也。上古以史为天官，其记录有近于神话（《宗教学概论》曰："古者祭司皆僧侣。其祭祀率有定时，故因岁时之计算，而兴天文之观测；至于法律组织，亦因测定岁时，以施命令。是在僧侣，则为历算之根本教权；因掌历数，于是掌纪年、历史记录之属。如犹太《列王纪略》、《民数纪略》并列入圣书中。日本忌部氏亦掌古记录。印度之《富兰那》，即纪年书也。且僧侣兼司教育，故学术多出其口，或称神造，则以研究天然为天然科学所自始；或因神祇以立传记，或说宇宙始终以定教旨。斯其流浸繁矣。"按：此则古史多出神官，中外一也。人言六经皆史，未知古史皆经也），学说则驳。《易》之为道：披他告拉斯家（希腊学派）以为，凡百事物，皆模效敷理，其性质有相为正乏者十种：一曰有限无限，二曰奇耦，三曰一多，四曰左右，五曰牝牡，六曰静动，七曰直线曲线，八曰昏明，九曰善恶，十曰平方直角。天地不率其秩序，不能以成万物，尽之矣（按：是说所谓十性，其八皆《周易》中恒义。惟直线曲线、平方直角二性，《易》无明文。庄忠棫《周易通义》曰：曲成万物，在《周髀》为句股弦，引伸之为和为较，言得一角则诸角可以推也。《易》不言句股弦，而言曲成，何也？句股弦不能尽万物，故一言"曲成万物"，又言"不遗"也。天之运行十二辰，曲成也。地之山川谿涧，曲成也；人物之筋脉转动，曲成也。故言"曲成"可以该《周髀》，言《周髀》不可以该"曲成"也）。《诗》若《薄伽梵歌》，《书》若《富兰那》神话，下取民义，而上与九天出王。惟《乐》，犹《傞马》（吠陀歌诗）、《黑邪柔》（吠陀赞诵祝词及诸密语，有黑白二邪柔）矣，鸟兽将将，天翟率舞，观其征召，而怪迂侏大可知也。《礼》、《春秋》者，其言雅训近人世，故荀子为之隆礼义，杀《诗》、《书》。礼义隆，则《士礼》、《周官》与夫公冠、奔丧之典，杂沓并出而偕列于经。《诗》、《书》杀，则伏生删百篇而为二十九（《尚书大传》明言"六誓"、"五诰"，其篇具在伏书。伏书所无，如《汤诰》者，虽序在百篇，而"五诰"不与焉。以是知二十九篇伏生自定，其目乃就百篇杀之，特托其辞于孔子耳。谓授读未卒遽死者，非也。知杀《诗》、《书》之说，则近儒谓孔子本无百篇，壁中之书，皆歆、莽驾言伪撰者，亦非也）。《齐诗》之说五际、六情，废《颂》与《国风》，而举二《雅》（迮鹤寿曰：十五《国风》，诸侯之风也；三《颂》，宗庙之乐也；唯二《雅》述王者政教，故四始、五际专用二《雅》，不用《风》、《颂》。按：刘子骏《移太常博士》曰："一人不能独尽其经，或为《雅》，或为《颂》，相合而成。"盖过矣。三家《诗》皆杀本经，而专取其一帙；今可见者，独《齐诗》。《齐诗》怪诞，诚不可为典要，以证荀说行于汉儒尔）。虽然，治经恒以诵法讨论为剂。诵法者，以其义束身，而有隆杀；讨论者，以其事观世，有其隆之，无或杀也。西京之儒，其诵法既狭隘，事不周浃而比次之，是故龋差失实，犹以师说效用于王官，制法决事，兹益害也。杜、贾、马、郑之伦作，即知"拊国不在敦古"，博其别记，稽其法度，核其名实，论其社会以观世，而"六艺"复返于史。神话之病，不溃于今，其源流清浊之所处，风化芳臭气泽之所及，则昭然察矣。乱于魏晋，及宋明益荡。继汉有作，而次清儒。

清世理学之言，竭而无余华；多忌，故歌诗文史梏；愚民，故经世先王之志衰（三事皆有作者，然其弗逮宋明远甚）。家有智慧，大凑于说经，亦以纾死，而其术近工眇踔善矣。始故明职方郎昆山顾炎武，为《唐韵正》、《易诗本音》，古韵始明，其后言声音训诂者禀焉。太原阎若璩撰

《古文尚书疏证》，定东晋晚书为作伪，学者宗之；济阳张尔岐始明《仪礼》；而德清胡渭审察地望，系之《禹贡》；皆为硕儒。然草创未精博，时糅杂宋明谰言，其成学箸系统者，自乾隆朝始。一自吴，一自皖南。吴始惠栋，其学好博而尊闻。皖南始戴震，综形名，任裁断。此其所异也。先栋时有何焯、陈景云、沈德潜，皆尚洽通，杂治经史文辞。至栋，承其父士奇学，揖志经术，撰《九经古义》、《周易述》、《明堂大道录》、《古文尚书考》、《左传补注》，始精眇，不惑于謏闻；然亦泛滥百家，尝注《后汉书》及王士祯诗，其余笔语尤众。栋弟子有江声，余萧客。声为《尚书集注音疏》，萧客为《古经解钩沉》，大共笃于尊信，缀次古义，鲜下己见。而王鸣盛、钱大昕亦被其风，稍益发舒。教于扬州，则汪中、刘台拱、李惇、贾田祖，以次兴起。萧客弟子甘泉江藩，复缵续《周易述》。皆陈义尔雅，渊乎古训是则者也。震生休宁，受学婺源江永。治水学、礼经、算术、舆地，皆深通。其乡里同学，有金榜、程瑶田，后有凌廷堪、三胡。三胡者，匡衷、承珙、培翚也，皆善治《礼》。而瑶田兼通水地、声律、工艺、谷食之学。震又教于京师。任大椿、卢文弨、孔广森，皆从问业。弟子最知名者，金坛段玉裁，高邮王念孙。玉裁为《六书音韵表》以解《说文》，《说文》明。念孙疏《广雅》，以经传诸子转相证明，诸古书文义诘诎者皆理解。授子引之，为《经传释词》，明三古辞气，汉儒所不能理绎。其小学训诂，自魏以来，未尝有也（王引之尝被诏修《字典》，今《字典》缪妄如故，岂虚署其名邪？抑朽蠹之质不足刻雕也）。近世德清俞樾、瑞安孙诒让，皆承念孙之学。樾为《古书疑义举例》，辨古人称名牴牾者，各从条列，使人无所疑眩，尤微至。世多以段、王、俞、孙为经儒，卒最精者乃在小学，往往近名家者流，非汉世《凡将》、《急就》之俦也。凡戴学数家，分析条理，皆密严瑮，上溯古义，而断以己之律令，与苏州诸学殊矣。然自明末有浙东之学，万斯大、斯同兄弟，皆鄞人，师事余姚黄宗羲，称说《礼经》，杂陈汉、宋，而斯同独尊史法。

其后余姚邵晋涵、鄞全祖望继之，尤善言明末遗事。会稽章学诚为《文史》、《校雠》诸通义，以复歆、固之学，其卓约过《史通》。而说《礼》者羁縻不绝。定海黄式三传浙东学，始与皖南交通。其子以周作《礼书通故》，三代度制大定。唯浙江上下诸学说，亦至是完集云。初，太湖之滨，苏、常、松江、太仓诸邑，其民佚丽。自晚明以来，喜为文辞比兴，饮食会同，以博依相问难，故好浏览而无纪纲，其流风遍江之南北。惠栋兴，犹尚该洽百氏，乐文采者相与依违。及戴震起休宁，休宁于江南为高原，其民勤苦善治生，故求学深邃，言直核而无温藉，不便文士。震始入四库馆，诸儒皆震竦之，愿敛衽为弟子。天下视文士渐轻，文士与经儒始交恶。而江淮间治文辞者，故有方苞、姚范、刘大櫆，皆产桐城，以效法曾巩、归有光相高，亦愿尸程朱为后世，谓之桐城义法。震为《孟子字义疏证》，以明材性，学者自是薄程朱。桐城诸家，本未得程朱要领，徒援引肤末，大言自壮（按：方苞出自寒素，虽未识程朱深旨，其孝友严整躬行足多矣。诸姚生于纨绔绮襦之间，特稍恬惔自持，席富厚者自易为之，其他躬行，未有闻者。既非诚求宋学，委蛇宁靖，亦不足称实践，斯愈瘳也）。故尤被轻蔑。范从子姚鼐，欲从震学；震谢之，犹亟以微言匡饬。鼐不平，数持论诋朴学残碎。其后方东树为《汉学商兑》，徽章益分。阳湖恽敬、陆继辂，亦阴自桐城受义法。其余为俪辞者众，或阳奉戴氏，实不与其学相容（俪辞诸家，独汪中称颂戴氏，学已不类。其他率多辞人，或略近惠氏，戴则绝远）。夫经说尚朴质，而文辞贵优衍；其分涂自然也。文士既已婴荡自喜，又耻不习经典，于是有常州今文之学，务为瑰意眇辞，以便文士。今文者，《春秋》，公羊；《诗》，齐；《尚书》，伏生；而排斥《周官》,《左氏春秋》,《毛诗》，马、郑《尚书》。然皆以公羊为宗。始，武进庄存与与戴震同时，独喜治公羊氏，作《春秋正辞》，犹称说《周官》。其徒阳湖刘逢禄，始专主董生、李育，为《公羊释例》，属辞比事，类列彰较，亦不欲苟为恢诡。然其辞义温厚，能使览者说绎。及长洲宋翔凤，最善傅会，牵引饰说，或采翼奉诸家，而杂以纤纬神秘之辞。翔凤尝语人曰："《说文》始一而终亥，即古之《归藏》也。"其义瑰玮，而文特华妙，与治朴学者异术，故文士尤利之。道光末，邵阳魏源，夸诞好言经世，尝以术奸说贵人，不遇；晚官高邮知州，益牢落，乃思治今文为名高；然素不知师法略例，又不识字，作《诗、书古微》。凡《诗》今文有齐、鲁、韩，《书》今文有欧阳、大小夏侯，故不一致。而齐、鲁、大小夏侯，尤相攻击如仇雠。源一切捆合之，所不能通，即归之古文，尤乱越无条理。仁和龚自珍，段玉裁外孙也，稍知书，亦治《公羊》，与魏源相称誉。而仁和邵懿辰为《尚书通义》、《礼经通论》，指《逸书》十六篇、《逸礼》三十九篇为刘歆矫造，顾反信东晋古文，称诵不衰，斯所谓倒植者。要之，三子皆好为姚易卓荦之辞，欲以前汉经术助其文采，不素习绳墨，故所论支离自陷，乃往往如谵语。惟德清戴望述《公羊》以赞《论语》，为有师法。而湘潭王闿运并注五经。闿运弟子，有资州廖平传其学，时有新义，以庄周为儒术，说虽不根，然犹愈魏源辈绝无伦类者。大抵清世经儒，自今文而外，大体与汉儒绝异。不以经术明治乱，故短于风议；不以阴阳断人事，故长于求是。短长虽异，要之皆征其文明。何者？传记通论，阔远难用，固不周于治乱。建议而不雠，夸诬何益？鬼鬼、象纬、五行、占卦之术，以宗教蔽六艺，怪妄！孰与断之人道，夷六艺于古史，徒料简事类，不曰吐言为律，则上世社会污隆之迹，犹大略可知。以此综贯，则可以明进化；以此裂分，则可以审因革。故惟惠栋、张惠言诸家，其治《周易》，不能无拘摭阴阳，其他几于屏阁。虽或琐碎识小，庶将远于巫祝者矣。晚有番禺陈澧，当惠、戴学衰，今文家又守章句，不调洽于他书，始勾合汉、宋，为诸《通义》及《读书记》，以郑玄、朱熹遗说最多，故弃其大体绝异者，独取小小翕盍，以为比类。此犹揣豪于千马，必有其分刌色理同者。澧既善傅会，诸显贵务名者多张之。弟子稍尚记通，以言谈勦说取人。仲长子曰："天下学士有三奸焉。

实不知,详不言,一也;窃他人之说,以成己说,二也;受无名者,移知者,三也。"(见《意林》五引《昌言》)

　　自古今文师法散绝,则唐有《五经》、《周礼》、《仪礼》诸疏,宋人继之,命曰《十三经注疏》。然《易》用王弼,《书》用梅赜,《左氏春秋》用杜预,《孝经》用唐玄宗,皆不厌人望。梅赜伪为古文,仍世以为壁藏于宣父,其当刊正久矣。毛、郑传注无间也,疏人或未通故言,多违其本。至清世为疏者,《易》有惠栋《述》,江藩、李林松《述补》(用荀、虞二家为主,兼采汉儒各家及《乾凿度》诸纬书),张惠言《虞氏义》。《书》有江声《集注音疏》,孙星衍《古今文注疏》(皆削伪古文。其注,孙用《大传》、《史记》,马、郑为主。江间入己说。然皆采自古书,未有以意铩析者)。诗有陈奂《传疏》(用毛《传》,弃郑《笺》)。《周礼》有孙诒让《正义》。《仪礼》有胡培翚《正义》。《春秋左传》有刘文淇《正义》(用贾、服注:不具,则兼采杜解)。《公羊传》有陈立《义疏》。《论语》有刘宝楠《正义》。《孝经》有皮锡瑞《郑注疏》。《尔雅》有邵晋涵《正义》,郝懿行《义疏》。《孟子》有焦循《正义》。《诗》疏稍胶,其他皆过旧释。用物精多,时使之也。惟《礼记》、《穀梁传》独阙。将孔疏翔实,后儒弗能加,而穀梁氏淡泊鲜味,治之者稀,前无所袭,非一人所能就故。他《易》有姚配中(著《周易姚氏学》),《书》有刘逢禄(著《书序述闻》、《尚书今古文集解》),《诗》有马瑞辰(著《毛诗传笺通释》)、胡承珙(著《毛诗后笺》)。探喷达恉,或高出新疏上。若惠士奇、段玉裁之于《周礼》(惠有《礼说》,段有《汉读考》),段玉裁、王鸣盛之于《尚书》(段有《古文尚书撰异》,王有《尚书后案》),张逢禄、凌曙、包慎言之于《公羊》(刘有《公羊何氏释例》及《解诂笺》。凌有《公羊礼疏》。包有《公羊历谱》),惠栋之于左氏(有《补注》),皆新疏所本也。焦循为《易通释》,取诸卦爻中文字声类相比者,从其方部,触类而长,所到冰释。或以"天元一"术通之,虽陈义屈奇,诡更师法,亦足以名其家。黄式三为《论语后案》,时有善言,异于先师,信美而不离其枢者也。《穀梁传》惟侯康为可观(著《穀梁礼证》),其余大抵疏阔。《礼记》在三《礼》间,故无专书训说。陈乔枞、俞樾并为《郑读考》,江永有《训义择言》,皆短促不能具大体。其他《礼经纲目》(江永著),《五礼通考》(秦蕙田著),《礼笺》(金榜著),《礼说》(金鹗著),《礼书通故》(黄以周著)诸书,博综三《礼》,则四十九篇在其中矣。然流俗言《十三经》。《孟子》故儒家,宜出。惟《孝经》、《论语》、《七略》入之六艺,使专为一种,亦以尊圣泰甚,徇其时俗。六艺者,官书,异于口说。礼堂六经之策,皆长二尺四寸(《盐铁论·诏圣篇》,二尺四寸之律,古今一也。《后汉书·曹褒传》:《新礼》写以二尺四寸简。是官书之长,周、汉不异)。《孝经》谦半之。《论语》八寸策者,三分居一,又谦焉(本《钩命决》及郑《论语序》)。以是知二书故不为经,宜隶《论语》儒家,出《孝经》使傅《礼记通论》(凡名经者,不皆正经,贾子《容经》,亦《礼》之传记也)。即十三经者当财减也。至于古之六艺,唐宋注疏所不存者,《逸周书》则校释于朱右曾;《尚书》欧阳、夏侯遗说,则考于陈乔枞;三家《诗》遗说,考于陈乔枞;《齐诗》翼氏学。疏证于陈乔枞;《大戴礼记》,补注于孔广森;《国语》,疏于龚丽正、董增龄。其扶微辅弱,亦足多云。及夫单篇通论,醇美塙固者,不可胜数。一言一事,必求其征,虽时有穿凿,弗能越其绳尺,宁若计簿善承展视而不惟其道,以俟后之咨于故实而考迹上世社会者,举而措之,则质文蕃变,较然如丹墨可别也。然故明故训者,多说诸子,惟古史亦以度制事状征验。其务观世知化,不欲以经术致用,灼然矣。若康熙、雍正、乾隆三世,纂修七经,辞义往往鄙倍,虽蔡沈、陈澔为之臣仆而不敢辞;时援古义,又椎钝弗能理解,譬如薰粪杂糅,徒睹其污点耳。而徇俗贱儒,如朱彝尊、顾栋高、任启运之徒,瞀学冥行,奋笔无怍,所谓乡曲之学,深可忿疾,譬之斗筲,何足选也!

学隐第十三（訄书十三）

魏源默深为《李申耆传》，称乾隆中叶，惠定宇、戴东原、程易畴、江叔沄、段若膺、王怀祖、钱晓徵、孙渊如及臧在东兄弟，争治汉学，锢天下智惠为无用。包世臣慎伯则言东原终身任馆职，然揣其必能从政。二者交岐。繇今验之，魏源则信矣。吾特未知其言用者，为何主用也？处无望之世，衔其术略，出则足以佐寇。反是，欲与寇竞，即罗网周密，虞候迦互，执羽籥除暴，终不可得。进退跋疐，能事无所写，非施之训诂，且安施邪？古者经师如伏生、郑康成、陆元朗，穷老笺注，岂实泊然不为生民哀乐？亦遭世则然也。今观世儒，如李光地、汤斌、张廷玉者，朝读书百篇，夕见行事，其用则贤矣。若夫袁宏之颂荀或者曰："始救生人，终明风概。"数子其能瞻望乎哉！故曰："大儒胪传，小儒压颊"，《诗》、《礼》之用则然。比度于无用者，孰贤不肖？则较然察矣，定宇殁，汉学数公，皆拥树东原为大师。其识度深浅，诚人人殊异。若东原者，观其遗书，规摹闳远，执志故可知。当是时，知中夏黮黯不可为，为之无鱼子虮虱之势足以藉手；士皆思偷竭禄仕久矣，则惧夫谐媚为疏附，窃仁义于侯之门者，故教之汉学，绝其恢诡异谋，使废则中权，出则朝隐。如是足也！借使中用如魏源，能反其所述《圣武记》以为一书，才士悉然，东原方承流奔命不给，何至槁项自縈，缚汉学之拙哉？或曰：弁冕之制，绅易之度，今世为最微；而诸儒流沫讨论，以存其概略，是亦当务之用也。（任幼植著《弁服释例》。幼植之学，出自东原。张皋文著《仪礼图》。皋文学出金辅之，辅之与东原亦最相善）

订实知第十四（訄书十四）

号钟，乐之至和也，弹以穆羽，惟钟期能辨其律者，非号钟为钟期调，为他人流嘶也。千岁之青睅，三代宝之，非格人则不兆，是孰为神灵哉？夫孔子吹律而知其姓，占鼎折足而知鲁人之胜越也，亦若此矣。王充曰："圣人不前知，藉于物也。"尝试截解谷之管，使充以中声吹之，能知己姓所出乎？夫不藉物而知，谓之鬼神（如童谣鸟鸣之属，皆通言鬼神，非谓天神人鬼）；藉于物而知，谓之圣人（《周礼》大司徒："知仁圣，义忠和。"圣本一德，《毛诗·凯风》传："圣，睿也。"《说文》："圣，通也。"故昭朗万形、不滞一隅者，谓之圣人，亦犹今言通人而已。春秋时称臧武仲为圣人，非为过情之誉。若后世言神圣者，无所取尔）。若上中仁智以下，虽藉物犹不知也（《古今人表》列上中仁人、上下智人。然非以其德慧材性区分，徒以仁智标目而已。今用其义）。詹何圣于牛，杨翁仲圣于马，樗里子圣于地，其术皆圣也。抟精壹思，不足以旁通。至于圣人则具矣。虽然，其末也。夫三统之复，文质之变，圣人以上知千世、下知千世，则不藉于物矣。尧知稷、契后皆王，周公知齐、鲁强弱，孰与高祖之测吴濞犁五十年？故挈万祀之风教，而射之崇朝者，非圣哲莫能也。既知政教，又以暇游艺，藉物以诇其姓名人地，则《绿图》、《幡薄》自此作。虽然，其枎者在姓名人地，而凿者在政教，则圣人所以作《绿图》、《幡薄》者，其本末可知。《楼炭》也，《万岁历祠》也（《隋·经籍志》五行家，有《万岁历祠》二卷），《皇极经世》也，算人之藉物，亦以知来，其凿在彼不在此，是以非圣人之知也。今夫荧惑之占，填星之课，无益于民物，而巫咸好之，然其昭朗则不在是。知此者，可以知圣人之知矣！

通谶第十五（訄书十五）

"积爱为仁，积仁为灵。"（《说苑·修文篇》语）夫灵，何眩谲奇觚之有？以其隐衷。人偶万物，而视以己之发肤。发肤有触。夫谁不感觉？是故其疴养则知之，其怖怒哀喜则知之，其微声如蚍如蟋蟀则知之，其积算至不可布筹则知之。泰上之谶，运而往矣。其次生于亡国逸民，将冒白刃，湛九族，以赴难而不可集，内恕孔悲，以期来者。惟爱恶之相攻取，而亦诇谍于千年。故史者为藏往，谶者为知来（凡纬书豫言来事，征验实众，前史所书，不可诬也。然其说经往往讹谬。诚以用在知来，而藏往非其所事尔。近世诸谶，文义鄙倍，多出明末遗贤。其言来事。亦信多验，而往者所不言也）。其次假设其事，已不知来，而后卒有应者（如王莽时，道士西门君惠言刘秀当为天子。此非定知为刘秀也。而光武因谶而命名，则应之；刘歆因谶而命名，则不应。佛书言"释迦去后，弥勒出世"。此亦无与中夏革命之事。而凡谋反者，皆喜自称弥勒。及韩山童以是鼓众，其子林儿卒称号十有二年，事虽不集，香军皆奉其正朔。虽明祖亦俟林儿殁后，始建吴元。亦可谓帝王之符矣。良由谶记既布，人心所归在是，而帝者亦就其名以结人望。故始虽假设，卒应于后也）。何者？金木、毒药、械用、接构，皆生于恶，恶生于爱；眴栗愀悲，亦生于爱。爱而几通于芴漠矣！（《宗教学概论》曰：热情憧憬，动生人最大之欲求。是欲求者，或因意识，或因半意识，而以支配写象，印度人所谓佗拍斯者也。以此，则其写象界中所总计之宗教世界观，适应人人程度，各从其理想所至，以构造世界。内由理想，外依神力，期于实见圆满。若犹太诗篇所载豫言，从全国人心之敬畏，以颂美邪和瓦。每饭弗谖，辄曰"何时得见弥塞亚也"。其在支那，是等宗教观念之豫言，亦甚不少。"周虽旧邦，其命惟新"，亦冀望成就之辞也。然则世界观之本于欲求者，无往而或异。下逮琐末鄙事，宁能遁是？勿论何人，勿执何时，有不亲历其境者乎？亦有不以神力天助之憧憬佐其欲求者乎？是皆反省而可知也。世之实验论者，谓此欲求世界观与设定世界观，梦厌妄想，比于空华。然不悟理想虽空，其实力所掀动者，终至实见其事状，而获遂其欲求，如犹太之弥塞亚，毕竟出世。由此而动人信仰者，固不少矣）爱之精者，口耳勿能谕，假于星历五行以为旌旗。算术之有代数，则然也。好方者滞其名象。欲一切以是推究来者，是以其言凶悍而不娄中。章炳麟曰：京房、张衡、谯周、郭璞之伦，僵尸千祀，不再起矣。黄道周哉，于以求之，于林之下！

原人第十六（訄书十六）

赭石赤铜箸乎山，菪藻浮乎江湖，鱼浮乎薮泽，果然獶狙攀援乎大陵之麓，求明昭苏而渐为生人。人之始，皆一尺之鳞也。化有蚤晚而部族殊，性有文犷而戎夏殊。含生之类，不爪牙而能言者，古者有戎狄，不比于人，而挽近讳之。

余以所闻名家者流，斥天下之中央，则燕之北、越之南是已。然则自大瀛海以内外，为浑洲者五。赤黑之民，冒没轻儳，不与论气类，如欧美者，则越海而皆为中国。其与吾华夏黄白之异，而皆为有德慧术知之氓。是故古者称欧洲曰大秦（大秦即罗马。其曰大秦者，明非本称，乃实中国所号，犹彼土以震旦称我也），明其同于中国，异于荤鬻、獯戎之残忍。彼其地非无戎狄也。处冰海者，则有哀斯基穆人。烬瑞西、普鲁士而有之者，则尝有北狄。傲扰希腊及于雅典者，则尝有黑拉古利夷族，夫孰谓大地神皋之无戎狄？而特不得以是杚白人耳。戎狄之生，欧、美、亚一也。在亚细亚者，旧国亡（亚细亚巴比伦、亚述之属）。礼义冠带之族，厥西曰震旦，东曰日本，他不著录。冈本监辅曰："朝鲜者，靺鞨之苗裔。"余以营州之域，自虞氏时箸图籍矣，卒成于箕子、卫满；文教之盛，与上国同风，宜不得与靺鞨为一族。意者，三韩、涉貊之种姓，羼处其壤，则犹俄之有鲜卑（西伯利亚，或作锡伯，即鲜卑），奥之有匈牙利欤（即匈奴）？总之，傅于禹籍者近是。其他大幕之南北蒙古庀鲁特之窟，袤延几万里，犬种曰狄，亦自谓出于狼鹿（凡犬种等名，皆野人自号，及此方以相鄙夷者。然其犷悍蛮贼，不异禽雀，故因其可以非人而非人之说。详《序种姓》上篇）。东北绝辽水，至乎挹娄，豸种曰貊，瓯越以东，滇、交趾以南，内及荆楚之深山，蛇种曰蛮、闽。河湟之间，驱牛羊而食，湩酪而饮，旃罽而处者，羊种曰羌（羯亦从羊，然与羌异义。《日知录》三十三曰：羯本地名，"上党武乡县羯室，晋时匈奴别部入居之，后因号胡戎为羯。"是羯为地名，非种类名。与羌之言羊种人羌者，殊矣）。自回鹘之入，则羌稍陵迟衰微，亦掍殽不得析。是数族者，在亚细亚洲则谓之戎狄。其化皆晚，其性皆犷。虽合九共之辩有口者，而不能予之华夏之名也。惟西南焦侥，从人，长三尺，莫知其谁氏？要之，印度（印度本白种。自吠陀以来，哲学实胜中夏，而丘冈之族，至今尚称蛮民，亦文野半也）、卫藏与西域三十六国，皆犹有顺理之性，则神农、黄帝所不能外。亦其种类相似，与震旦比，犹艾之与蒿，犹橘之与枳。夫西徼以外，自古未尝重得志于中国，而南方三苗之裔，尤犷愚无文理条贯。惟引弓之国，尝盗有冀州，或割其半，而卒有居三鬲六钺以临禹之域者。其遂为人乎？非也。其肖人形也，若禺与为也。其能人言也，若骍麟也。其不敢狂惑大倍于人义也，若骍麟也。骍麟虽驯，天禄辟邪虽神，不列于人。吾珍之字之，不狝杀之而止。其种类不足民，其酋豪不足君。呜呼！民兽之不秩叙也，千有五百岁矣。凡大逆无道者，莫勮篡窃。篡窃三世以后，民皆其民，壤皆其壤，苟无大害于其黔首，则从雅俗而后辟之，亦可矣。异种者，虽传铜瑁至于万亿世，而不得抚有其民。何者？位虫兽于屏庡之前，居虽崇，令虽行，其君之实安在？虎而冠之，猿狙而衣之，虽设醮醴，非士冠礼也。夫龙举于华甫之下，乘云瑕，负凌兢，霶雨注天下，号令非不施也，吾不事之以雨师之神。民兽之辨，亦居可见矣（按：《海内南经》云：枭阳国，"在北朐之西。其为人，人面长唇，黑身有毛，反踵，见人笑亦笑"。寻枭阳即𤠔𤠔，乃亦称人称国。盖人兽之界限程度，本无一定，予之过滥，则枭阳尚以人言，况戎狄邪？若专以文理条贯格之，则戎狄特稍进于枭阳，未云人也）。不以形，不以言，不以地，不以位，不以号令，种性非文，九趋不曰人（惟行进乃自变耳。《旧唐书·突厥传》：

颉利部落来降，温彦博请置于塞下，曰："古先哲王，有教无类。突厥以命归我，教以礼法，尽为农民。"是说以类为种类，谓奉教则种类自化。然虽进于戎狄，而部族与中国固殊云）。种性文，虽以罪辜磔，亦人。若夫华夏而臣胡虏之酋者，宁自处于牧圉，操棰而从之，则谓之臣矣。虽然，德之不建也，民之无援也，以大人岂弟，其忍使七十二王之萌庶，戕虐于诸戎，而不抔其死？不人兮其生也？故假手于臣异类，以全泰氏之民。既臣矣，仁故不代王，义故七十而致政，臣道也，不持以例民。民力耕冥息，珍食美衣，老幼以相字，夫妇以相欢，朋友以相掖，其名与实，未尝听命于戎人。强与之以听命之名，则犹曰"听命于龙"。其何不辨？辨之而不遵，弹之而不设隐括。惟政令之一出一入，曰以是分戎夏。呜呼！民兽之不秩叙也久矣。辨之而不遵，弹之而不设隐括。曰：彼抚有九域，自吾祖祢至今，世以食毛践土（据流俗语）。是则未谛于北山之雅人、楚之芊尹之言也。彼周世也，井田未废，则天子经略，诸侯正封，九畡之土，莫不曰王田，而置农官以督之，则民犹赁而耕者也。其言若是，岂不中哉！自秦汉以后，井田废，约剂在民间（后魏至唐，虽有均田，然无公私之别，又世业在口分外。此终与井田异旨也）。民归德于君，文饰其辞，则亦曰食毛践土，此非事实也。譬则以重华之圣颂其君，铜印以上皆习之为恒言，而心知其夸诬也，亦明矣。当秦汉以后，中国之君而犹若是，况异类乎？彼弃其戈壁，而盗居吾膏腴，则践我土也。彼舍其麋鹿雉兔，而盗食吾菽粟，则食我毛也。彼方践我土食我毛，而曰我践彼土食彼毛，其言之不应其肺肠欤？不然，何其戾也！

希腊之臣服土耳其也，数百岁矣。一昔溃去，而四邻辅之以自立，莫敢加之叛乱之名者，无他，种族殊也。意大利初并于日耳曼，逾年百五十，而米兰与伦巴多人始立民主。斯其为殊类也，间不容翻忽耳，然犹不欲以畀他人。繇是观之，兴复旧物，虽耕夫红女，将有任焉。异国之不忍，安忍异种？异教之不耦俱，奚耦俱无教之狼鹿？君子观于明氏之史，如刘基者，其于为震旦尽矣！难者曰：淳维之祖，犹吴之祖；今兽匈奴而民泰伯，悖。曰：匈奴之犬种，先淳维生矣。已夏王之胤，娶胡牝以为妇，而传胄焉。其胄非人也，岂直淳维？郑瞒在三季矣，苟效吴泰伯，虽被发文身，以奔扬州之域，地故无异种，孰不曰人？若种类非也，蒲石之入帝，蒙古之全制，其犹是封豕巨鱼也（凡虏姓，今虽进化，然犹当辨其部族，无令纷糅）。且夫《春秋》以吴越从狄者，谓其左衽同浴，不自别于异类，故因是以贬损之，不谓其素非人。若赵盾、许止之弑，被之空言而不敢辞，非曰其以刃割也。今蛮闽广东、福建之域，宅五帝之子姓矣。其民有世系，其风俗同九州，其与沙漠之异族，舞干戚而盗帝位者，其可同乎？故曰五者不足言，而种性重也。难者曰：必绌亚洲之戎狄，而褒进欧美；使欧美之人，入而握吾之玺，则震旦将降心厌志以事之乎？曰：是何言也！其贵同，其部族不同。观于《黄书》，知吾民之皆出于轩辕。余以姜姓之氏族上及烈山，与任宿之风自苍牙，则谓之皆出于葛天，可也（说详《序种姓》上篇）。海隅苍生，皆葛天之胄。广轮万里，皆葛天之宅。以葛天之宅，而使他人制之，是则祭寝庙者亡其大宗，而以异姓为主后也。安论其戎狄与贵种哉？其拒之一矣。余秩乎民兽，辨乎部族，故以《云门》之乐听之（《大司乐》注："黄帝曰《云门》、《大卷》。"黄帝能成名万物，以明民共财，言其德如云之所出，民得以有族类），一切以种类为断。是以综核人之形名，则是非昭乎天地。

序种姓上第十七（訄书十七）

凡地球以上，人种五，其色黄、白、黑、赤、流黄。画地州处，风教语言勿能相通。其小别六十有三（西人巴尔科所分）。然自大古生民，近者二十万岁（近世人类学者以石层、槁骨推定生民之始，最近当距今二十万年，其远者距今五十万年。如《旧约》所述，不逾万年，其义非是），亟有杂殽，则民种羯羠不均。古者民知渔猎，其次畜牧，逐水草而无封畛；重以部族战争，更相俘虏，羼处互效，各失其本。燥湿沧热之异而理色变，牝牡接构之异而颅骨变，社会阶级之异而风教变，号令契约之异而语言变。故今世种同者，古或异；种异者，古或同。要以有史为限断，则谓之历史民族，非其本始然也。

言人种学者，一曰：太初有黄、黑二民，或云白、黑；又曰：生民始黄。人各异议，亡定说。方夏之族，自科派利考见石刻，订其出于加尔特亚；东逾葱岭，与九黎、三苗战，始自大皡；至禹然后得其志。征之六艺传记，盖近密合矣。其后人文盛，自为一族，与加尔特亚渐别。其比邻诸部落，有礼俗章服食味异者，文谓之夷，野谓之狄、貉、羌、蛮、闽，拟以虫兽，明其所出非人。自贵其种而鸟兽殊族者，烝人之性所同也。然自皇世，民未知父，独有母系丛部。数姓集合，自本所出，率动植而为女神者，相与葆祠之，其名曰托德模（见葛通古斯《社会学》）。遭侮酿嘲，有以也。何者？野人天性阔诞，其语言又简寡，凡虚墓间穴宅动物，则眩以死者所化。故埃及人信蝙蝠，亚拉伯人信海麻。海麻者，枭一种也。皆因其翔舞墓地，以为祖父神灵所托。其有称号名谥，各从其性行者，若加伦民族，常举鹭、虎、狼、羚自名；达科他妇人，或名白貂，或名鲭鮔足，或名鼬鼠，箸其白皙轻趫；马廓落民族，以师子祝其王，亚细亚、埃及诸国，以金牛祝其王。仍世而后，以语简弗能达意旨，忘其表象，鸟兽其祖，则自是举以为族名矣。故排鸠亚尼民族，有巴加多拉者，猿族民也；有排鸠衣尼者，鳄族民也；有巴多拉西者，鱼族民也。因忒安种，有虎族、师子族、马爵族、鸠亚尼廓（兽名）族。其属科伦克多民族，崇信狼及白项鸟，其传为造种者。是故狼为大族，其下小别，则有熊族、鹭族、海豚族、亚尔加（海鸟名）族。白项鸟为大族，其下小别，则有鹅族、虾蟆族、蛙族、枭族、海师子族。狼、白项鸟为全部神祖，其小别诸近祖次之。植物亦然。加伦民族，常以絮名其妇人；亚拉画科民族，常以淡巴菰名,久亦为祖。剖哀柏落人,有淡巴菰、芦苇二族,谓其自二卉生也。其近而邻中夏者,蒙古、满州推本其祖,一自以为狼、鹿,一自以为朱果,藉其宠神久矣。中国虽文明,古者母系未废,契之子姓自玄鸟名,禹之似姓自薏苡名,知其母吞食而不为祖,亦犹草昧之绪风也。夏后兴,母系始绝,往往以官、字、谥、邑为氏,而因生赐姓者寡。自是女子称姓,男子称氏,氏复远迹其姓以别婚姻。故有《帝系》、《世本》,掌之史官,所以辨章氏族,旁罗爵里,且使椎髻鸟言之族,无敢干纪,以乱大从。及汉魏世守其牒,则时以门资勋伐援傅。要其大体,未尝凌杂也。拓跋氏始变戎姓,以从汉氏。唐世诸归化人,或锡之皇族,以为殊宠。明太祖兴,令北房割裂姓氏,与汉合符,则统系樊然棼乱矣。懿!亦建国大陆之上,广员万里,黔首浩穰,其始故不一族。大皞以降,力政经营,并包殊族,使种姓和齐,以遵率王道者,数矣。文字政教既一,其始异者,其终且醇化。是故淳维、姜戎,出夏后、四岳也,窜而为异,即亦因而异之。冉駹朝蜀,瓯越朝会稽,驯而为同,同则亦同也。然则自有书契,以《世本》、《尧典》为断,庶方驳姓,悉为一宗,所谓历史民族然矣。自尔有归化者,因其类例,并包兼容。魏、周、金、元之民,扶服厥角,以奔明氏,明氏视以携养鬻子,宜不于中夏有点。若其乘时僭盗,比于归化,类例固殊焉,有典常不赦。善夫,王夫之曰:"圣人先号万姓,而示以独贵。保其所贵,匡其终乱,施于孙子,须于后圣:可禅、可继、可革,而不可使异类间之。"不其然乎!方今欧美诸国,或主国民,或主族民。国民者凑政府,族民者凑种姓。其言族民,亦多本历史起自挽近者。中国故重家族,常自尊贤。自《世本》以后,晋有贾弼《姓氏簿状》,梁有王僧孺《百家谱》,在唐《元和姓纂》,宋而《姓氏书辨证》,皆整具有期验。唯《广韵》犹箸录汉房诸姓,其重种族如是。元泰定刻《广韵》,始一切刊去之,亦足以见九能之士,不贵其种而甘为降房者,众也。顾炎武遭东胡乱华,独发愤,欲综理前典,为《姓氏书》,未就。其目曰:姓本第一,封国第二,氏别第三，秦汉以来姓氏合并第四，代北姓第五，辽金元姓第六，杂改姓第七，无征第八。其条贯度齐至明。呜呼！正大夫君子、邦人诸友之知方而治国闻者，户言师顾君，顾弗师其综理姓氏。余于顾君，未能执鞭也，亦欲因其凡目，第次种别。体大，宜专为一书。今以粗愧，就建姓本氏及蕃族乱氏者，为《序种姓篇》，以俟后王之五史。

宗国加尔特亚者，盖古所谓葛天（《吕氏春秋·古乐篇》："昔葛天氏之乐，三人操牛尾，投足以歌八阕。"《古今人表》，大皞氏后十九代，其一曰葛天氏。《御览》七十八引《遁甲开山图》，女娲氏没后有十五代，皆袭庖牺之号，其一曰葛天氏。案自大皞以下诸氏，皆加尔特亚君长东来者，而一代独其得名，上古称号不齐之故。其实葛天为国名，历代所公。加尔特亚者，尔、亚皆余音，中国语简去之，遂曰加特，亦曰葛天），地直小亚细亚南。其人种初为叶开特亚，后与西米特科种合，生加尔特亚人。其《旧纪》曰：先鸿水有十王，凡四十三万二千年；鸿水后八十六王，凡三万三千九十一年；其次有米特亚僭主，八王，二百二十四年；其次十一王；其次为加尔特亚朝，四十九王，四百五十八年；其次为亚拉伯朝，九王，二百四十五年；其次四十五王，五百二十六年（其书为巴比伦人披落沙所纪。披落沙，共和纪元五百八十年人）。然始统一加尔特亚者，为萨尔宫一世，当共和纪元以前二千九百六十年（共和纪元与欧洲耶苏纪元相差八百四十一算）。其后至亚拉伯朝，以巴比伦为京师，当共和纪元前七百四年。其后二百五十年，为小亚细亚灭之。萨尔宫者，神农也（或称萨尔宫为神农，古对音正合），促其音曰石耳（《御览》七十八引《春秋命历序》曰：有神人名石耳，号皇神农）。先萨尔宫有福巴夫者，伏戏也；后萨尔宫有尼科黄特者，黄帝也。其教授文字称苍格者，苍颉也。其他部落，或王于循米尔，故曰循蜚；或王于因梯尔基，故曰因提；或王于丹通，故曰禅通。东来也，横度昆仑。昆仑者，译言华（俗字花）土也，故建国曰华。昆仑直拍米尔高原。拍米尔者，波斯语，译言屋极也。故曰:"天皇被迹于柱州之昆仑(《遁甲开山图》语。极与柱,皆状其山之高)。"其旁行者自卫藏。卫藏昔言图伯特,故曰:"人皇,出刑马山提地之国。"(《遁甲开山图》语。提地与图伯特一音之转。《华阳国志》谓巴、蜀本人皇苗裔,是人皇由卫藏入蜀也。二事皆元和汪荣宝说,义证确凿。特未知天皇、人皇,其时代于大皥前后何如?纬书或以伏戏、女娲、神农为三皇,如《保乾图》言:天皇"斟元陈枢以立易咸",则天皇即大皥。如《命历序》,人皇九头纪以后有五龙纪,始渐及伏戏。则天皇非其人矣。古事芒昧,难尽明也)君长四州,故有四岳。长民十二,故有十二牧。民曰黑头,故称黔首。文字如楔,故作八卦。陶土为文,故植碑表。尊祀木星,故占得岁。异名纪月(如《释天》"正月为陬"以下十二名,巴比伦亦有之)。故贞孟陬。故曰,中国种姓之出加尔特亚者,此其征也。

上古亚衣伦图,有亚柏勒罕法典。其言部酋之富,亡于土地,视牛羊繁殖耳。凡他部罪人,因事脱窜,或以同部争战,人人离散,将入竟,牝牛贵人登高陵而集合之,编其牧竖为一队,介以征伐,略夺他部畜产。被略夺者又贷之牝牛贵人,贵人则定其赁藉贡纳。希腊初世及加尔特亚、罗马、沙逊、佛朗哥、斯拉夫人,皆然。加尔特亚鸿水前第一皇,以牝牛兽带为统治符号,斯其所谓牝牛贵人者哉!上世畜牧善豢者强。《易》曰:"离,丽也。""重明以丽乎正,及化成天下"。其卦言:"畜牝牛,吉。"此谓牝牛贵人集合遁逃以编军队者(《周易》错综前史而书其成事,若帝乙归妹、高宗伐鬼方等语,皆非臆造。牝牛事特稍隐耳)。唐、虞州伯称牧,牧亦视牛。及夫赁藉贡纳,悉自贵人定之,则井田食邑自此始矣。

文明之民,战胜之国,大抵起自海滨,为其交通易也。独中夏王迹,基陇坻、华山间,非自殊方东度亡繇。《五帝本纪》曰:"嫘祖为黄帝正妃,生二子,其后皆有天下。一曰玄嚣,是为青阳,青阳降居江水;次曰昌意,降居若水(《索隐》曰:江水、若水皆在蜀。《水经》曰:水出旄牛徼外,东南至故关,为若水)。昌意娶蜀山氏女曰昌仆,生高阳。"高阳是为帝颛顼。帝喾高辛者，"父曰极，极父曰玄嚣。"若然，黄帝葬于桥山，地在秦、陇，而顼、喾皆自蜀土入帝中国。其后喾子放勋，以唐侯升帝位，稍东。及舜之生，《世本》言在西城，所谓妫虚（或作西域，大误）。西城于汉隶汉中。而《公孙尼子》曰："舜牧羊于潢阳。"（《御览》八百三十三引）潢阳者，汉阳之讹（汉阳，凡汉水之阳皆得称之。此所指自在汉中，非《左氏传》"汉阳诸姬"及今汉阳地也）。《六国表》曰："禹兴西羌，汤起于亳（《集解》：徐广曰：京兆杜县有亳亭），周以丰、镐伐殷。"《蜀王本纪》言："禹，汶山郡广柔县人，生于石纽。"然则舜、禹皆兴蜀、汉，与顼、喾同地，即上世封略，舒于西方，蹙于东南，审矣。《传》称大皞都陈，神农、少皞都曲阜，颛顼都卫，舜、虞邑实河东地，禹父曰崇伯鲧，后为夏室，在阳城中岳下。是五都皆偏东，亦其征伐所至，是留戍之，而帝者因以为宅。若周作雒邑以为天下大凑，非其本都。察其本都，奥区阻深，以丽王公，西方之人欤？

自黄帝入中国，与土著君长蚩尤，战于阪泉，夷其宗。少皞氏衰，九黎乱德，颛顼定之。当尧时，三苗不庭，遏绝其世，窜之三危。其遗种尚在，"三苗之国，左洞庭，右彭蠡"，不修德义，"外内相间，下挠其民，民无所附，夏禹伐之，三苗以亡。"自是俚、獠诸族，分保荆、粤至今。自禹灭三苗，而齐州为宁宅，民无返志，与加尔特亚浸远。察彼土石刻：契者，亚细亚人，卒居商邑，未闻其归也。至周穆王，始从河宗柏夭，礼致河典，以极西土。其《传》言西膜者，西米特科，旧曰西膜，亚细亚及前后巴比伦（前巴比伦即加尔特亚）皆其种人。膜稷者，西膜之谷也；膜拜者，西膜之容也；膜昼者，西膜之酋也。其训沙漠及南膜拜，皆非是。又言"至于苦山，西膜之所谓茂苑"，此以箸东西同言。"至于黑水、西膜之所谓鸿鹭。"鸿鹭者，神坛也。加尔特亚人所奉最上神，命曰衣路；其名与希伯来人所奉哀路西摩，亚拉伯人所奉亚拉，声皆展转相似，则鸿鹭其近之矣。又西膜种事亚普路神，乂曰上天之子姓；转入希腊，变音曰亚泡路，而为光明洁清之神，声类皆似鸿鹭。大抵其神坛在黑水云。当穆王时，盖先共和纪元二百余岁，即加尔特亚既灭于亚细亚矣。然犹览其风土，省其士女。庄周曰："旧国旧都，望之畅然。虽丘陵草木之缗，入之者十九，犹之畅然。况见见闻闻者也。"其后《邶风》思西方美人，而《小雅》言："彼都人士，台笠缁撮"；"彼君子女，卷发如虿。"台笠野服，不可施于都人。缁布冠者，始冠，冠而敝之，后不竟箸？《正义》亦设此疑，而云："士以上冠而敝之，庶人则虽得服委貌"，"而俭者服缁布"。按：《诗》明言"彼都人士"，何得以为庶人）。且妇人敛发无髢，即孰睹其卷者（《正义》谓："长者尽皆敛之，不使有余；而短者若鬈，旁不可敛，则因曲以为饰。"尤迂）明其非周宗法服，而念在西膜旧民也。

《穆传》又曰："天子宾于西王母，乃执白圭玄璧以见。"（按：《释地》以西王母为四荒。西母与西膜同音；王，闲音也。）西膜民族，始见犹太《旧约》，本诺亚子名，其后以称种族，遂名其地。穆王见其部人之大酋。大酋者，复以地被号。若《书》有将蒲姑，齐桓之斩孤竹，皆以国名名其君也。古者人君执神权，常自谓摄天帝。是故《西山经》言西王母如人，豹尾虎齿而善啸，蓬头戴胜；宜即加尔特亚所奉尼加尔神，其形半如人半如虎者，非大酋形体然，其所摄之神则然也。《汉·地理志》言"临羌西北塞外，有西王母石室"，及"弱水昆仑山祠。"此其寝庙适在，而地绝远矣。

《穆传》又曰："至于群玉之山，容成氏之所守"，"先王之所谓册府。"此亦信矣。自萨尔宫一世，已建置书藏。其书皆陶瓦为之，而雕刻楔文于方面，其厚三寸，其长三寸或至三尺六寸。宝书复朽陶土于外，更刻其文。故历五千余祀以至今日，外虽毁剥，内书尚完具可读。中国初为书契亦然。观《说文》训"专"为"纺专"，又训曰"六寸簿"，足明古者以纺专任书。其后有簿、忽（今字作笏。笏也，簿也，手版也，三者异名同实），书思对命，亦以"专"名。最后称诸册籍曰簿，其义相引申矣。夫上世无竹、帛、赫蹄,独取陶瓦任文籍之用。其山产玉,则亦因而采之,足以摄代,故群玉为册府,宜也。萨尔宫之在中国,斫木为粗,揉木为耒,不举文学,而亦无教令,独为书藏于其故国。后王怀之,知其自来,称之曰先王。穆王既西狩,因纪铭迹于县圃之上,弇山之石。亦以西膜民族,本以瓦石为书,则而效之,所以崇法先民,则刻石纪功自此始。

章炳麟曰:尚考方夏种族所出,得其符验,而姓氏次之。古者"天子建德,因生以赐姓,胙之土而命之氏。诸侯以字为谥,因以为族。官有世功,则有官族。邑亦如之。"其后亦或以官赐姓,故曰彻官:有百,"物赐之姓,以监其官,是为百姓。姓有彻品,十于王谓之千品。五物之官,陪属万,为万官。官有十丑,为亿丑。"自品以下,皆称曰氏,而得氏者亦多术:"五帝三王之世,所谓号也。文、武、昭、景、成、宣、戴、桓,所谓谥也。齐、鲁、吴、楚、秦、晋、燕、赵,所谓国也。王氏、侯氏、王孙、公孙,所谓爵也。司马、司徒、中行、下军,所谓官也。伯有、孟孙、子服、叔子,所谓字也。""巫、祝、匠、陶、段、梓、仓、庾,所谓事也。""东门、西门、南宫、东郭、北郭,所谓居也。三鸟、五鹿、青牛、白马,所谓志也。"然上世自母系废绝,诸姓会最而为父系同盟,则邦邑、种族、姓氏三者,时瞀乱弗能理。何者?大上,民各保其邑落,百里之国,而种族以是为称。其后稍有蹊隧,乃更以王者之都为号。故舜称其民曰庶虞(《大戴礼记·四代篇》"于时鸡三号以兴庶虞,庶虞动,蜚征作";《千乘篇》"祈王年,祷民命,及畜谷、蜚征,庶虞草"。是也),禹称其民曰诸夏(《说文》:"夏,中国之人也。")周称殷民曰庶殷(《书·召诰》:"厥既命殷庶,庶殷丕作。")皆以京师遂言民种。近世四裔或称吾民曰汉,亦或曰唐,则邑居种族,其弗辨哉。姜,姓也,遹子为氏、羌(《后汉书》曰:"西羌之本,盖姜姓之别。")马,氏也,援之溃卒为马留(隋唐时称马留,今曰马来由),其种族又因姓氏起云。自《帝系》、《世本》,推迹民族,其姓氏并出五帝。五帝之臣庶,非斩无苗裔尔。《晋语》

曰："黄帝以姬水成，炎帝以姜水成。"《河图》亦言庆都生尧于伊祁（《御览》一百三十五引）。然则豪右贵种，因其邦贯为姓；细民无姓，而亦从其长者。黄帝十四子，分长一部，则因之姓其国地，与民盟誓，合符同徽，不得异志。亦犹北房乌桓，氏姓无常，以大人健者名字为姓（《后汉书·乌桓传》）。援之遗卒，隋末孳衍至三百户，而皆从其故帅，同氏曰马矣。当是时，史籍较略，民无谱谍，仍世相习，则人人自谓出于帝子，稷、契之托高辛是也。又上世习于战斗钞暴，而拥众多者常胜，其遇外族亡命，常尉荐拊循之，以为己子。希腊古史有言，受诺神以赫乔里神为养子，而罗马尼尔巴帝之世，其俗日浸。惟中国亦然，《离》言牝牛则详矣。又曰，突如其来如、焚如、死如、弃如。说曰：突者，云也，倒子为云，"不孝子突出不容于内也。"然则异族亡命，倍其家长，而畜遁逃者，方昫妪之，其后亦共为一姓。所谓技工兄弟者矣（社会学以技工兄弟别于天属兄弟）。近在明世，荐绅之家，苍头百人。是时承平亡战，特以饥寒质鬻，然犹舍其氏族以从主人。况于五帝，部落至强，攻伐所至则摧破，以术招携，而他族革而从之也则宜。及夫分气受形，正体于上，以守宗祊者虽多，亦十而一已。若纬书《苗兴》之说，恒以帝者受命，功在远祖，虽起自草茅，必其前世尝为贵种，陵夷而在皂隶者。以实推之，不亦远乎！（谱系至周世始确凿可信，夏、商犹惧未谛。前此多乱，纬书尤甚）上世同部男女旁午交会，无夫妇名。战胜略他族，女始专属，得正其位号。故败则丁壮旄倪悉戮，独处女被矜全，使侍房闼。蒋济《万机论》曰："黄帝不好战，四帝各以方色称号，边城日警，介胄不释。黄帝叹曰：'主失于国，其臣再嫁，厥病之由，非养寇邪！'遂即营垒，以灭四帝。令黄帝不虎变，与俗同道，则其民臣亦嫁于四帝矣。"（《御览》七十九引。案蒋济魏人，其言必有所据）繇是言之，师失其律，则弱女远嫁，彰也。其次不以累囚衅器，使服力役，于是有厮养隶圉。则胜者常在督制系统，而败者常在供给系统。一部悉主，一部悉伏地为僮仆。转相掍殽，同处一域，犹不能废阶级。印度《摩尼法典》，制国人为四阶，累世异礼。中国亦云："天有十日，人有十等。""王臣公，公臣大夫，大夫臣士，士臣皂，皂臣舆，舆臣隶，隶臣僚，僚臣仆，仆臣台；马有圉，牛有牧，以共百事。"隶僚以下，其始皆俘虏，而后渐以惩谪罪人。一人一族，升降不恒，则阶级自是废也。然其贾贩齐民，犹以财力相君，江左区区，旅寓菰苇，"一婢之身，重婢以使；一竖之家，列竖以役；瓦金皮绣、浆酒藿肉者，故不可胜纪，至有列轱以游敖，饰兵以驱叱。"(《宋书·周朗传》朗上书语）痛夫！十等之法，隶以下迭相君臣，其名则丧，实故在也。夫妃匹亚旅，始皆略自他族，而与玉石重器金布畜产同俘，故一切资产视之。后世传其遗法："帑者，金币所藏也（《说文》)，则称妇子曰帑；臧（藏本字）者，文书器物之府也（《周礼》宰夫注），而婢仆以臧获称。《书序》有俘宝玉，《春秋传》言内实四敚，明其所克获抚有，则人与资产不殊也。其次，怯懦者亡所略取，而欿专，有故匄合部人，相为盟誓，使凡略于他部之妇，其息女皆从母姓，则无嫌于内娶。自是一部得并包数姓，而多县属母系。及父系既盛，谣俗未变，犹丈夫称氏，女子称姓，然其名实愆矣。父系之始造，丈夫各私其子，其媢妒甚。故羌、胡杀首子，所以荡肠正世（汉王章对成帝语）。而越东有輆沐之国，其长子生，则解而食之，谓之宜弟（《墨子·节葬下篇》）。何者？妇初来也，疑挟他姓遗腹以至，故生子则弃长而畜稚，其传世受胙亦在少子。至今蒙古犹然，名少子则增言斡赤斤。斡赤斤，译言"灶"也，谓其世守父灶，若言不丧匕鬯矣。中国自三后代起，宗法立长，独荆楚居南方，其风教与冀、沇、徐、豫间殊，时杂百濮诸民种，其俗立少。故《传》曰："楚国之举，恒在少者。"(《左氏》文元年传文。卢水宽人《春秋时代楚国相续法》曰：案楚熊渠卒，子熊挚红立。挚红卒，其弟代立，曰熊延。又熊严有子四人，长子伯霜，次子仲雪，次子叔堪，少子季徇。熊严卒，长子伯霜代立。熊霜卒，三弟争立。是亦未尝立少，盖楚国民间之法也）其成法然也。宗法虽萌芽夏、商间，逮周始定，以适长承祀。凡宗，别子为祖，继别者为大宗，继高曾祖祢者为小宗。大宗百世不迁。小宗四，亲尽，缌服竭，而移矣。婚姻则别以姓，宗法则别以氏。置司商以协名姓，而小史掌奠系世，辨昭穆，瞽矇鼓琴瑟以讽诵之，故能昭明百姓，无失旧贯。遭战国兵乱，官失其守，人知氏而忘系姓，赖有《世本》公子谱等，识其始卒。然弗能人人籀读，故自周季至今，宗法颠坠。豪宗有族长，皆推其长老有德者，不以宗子。婚姻亦以氏别，虽崔、郭、唐、杜，灼然知出于一姓，犹相与为匹耦。礼极而迁，固所以为后王之道也。凡姓世世不易，然其缘因母族，不废父系者，或一人二姓。故舜姓兼姚、妫。越为禹后则姓姒，为楚族则姓芈。锡土因生而各统其德者，父子则亦殊姓。咎繇偃姓，其子伯益而嬴；唐尧祁姓，其子丹朱而狸矣。及夫异系同姓，惟部落杂厕，更迭雄长，以为故然。则黄帝十四子，其一釐姓（釐亦作僖），其一依姓（《晋语》）。禹生均国，其后为毛民，亦以依姓（《山海经》）。长狄氏亦以釐姓。颛顼生骧头，骧头生苗民，犹釐姓也（《山海经》。凡《山海经》姓氏世系之说，多有淆乱，姑依用之）。凡氏数传则易。有支庶别氏于太宗，孟孙之有子服，季孙之有公鉏，荀氏之有中行也。有亡逃惧祸而更氏，夫概王奔楚为堂谿氏，伍员属子于齐为王孙氏，智果别族于太史为辅氏也。有兼官、邑字而为数氏，士又曰随、范，荀又曰智，郤又曰冀也。夫氏于国、邑者，封君以为恒义，及汉未绝，故赵兼因国以氏周阳（《汉书·酷吏周阳由传》），而折像者，其先折侯张江（《后汉书·方术折像传》）。然氏王父字者竟亡。其以事志，则久更踳驳丧实。晋之羊舌大夫者，或传说李果事，夸矣。中行穆子，尝一相投壶，因以事氏（《风俗通义》。案相投壶事在《左氏》昭十二年）。而投氏亦言本之郇伯，以投策称，此其割裂而成讹者（《广韵》十九侯：汉有光禄投调，本自郇伯，为周畿内侯；桓王伐郑，投先驱以策，其后氏焉。寻郇伯投策，史传无征。而中行本分于荀氏，则知投壶氏变为投氏，其人尚自知荀氏苗裔，然已忘得氏所由，遂造投策之说。凡姓氏书多展转传讹，而变复为单之氏，尤易傅会。所谓割裂成讹也）。姓氏之大别，炳炳如此。其失，男子犹或称姓。当周时，楚有彭、仲、爽、於、郑、姚、句、耳也，而汉有东、平、嬴、公；姜姓箸者尤众，宜慕本返始者所为。观晋士氏出于刘累，绝迹千年，不称其族，及士会虆子在秦，则复故为刘氏。氏有返始，其或返而称姓，宜矣。亦有姓氏同言，弗能审别。若僖姓、任姓出黄帝，祁姓出尧，曹姓出祝融。其在周世，曹有僖负羁，晋有祁奚（《潜夫论·志氏姓》云，晋之公族邰氏班有祁氏，是也。其于黄帝子祁姓下亦引晋祁奚，则非也），皆以其谥号封邑氏。风姓之任，周之曹叔末裔，并氏其国，与彼四姓者绝异。故彭、姚、嬴、姜，或其氏族适与古姓同言，不诡自更也。独汉子南君嘉、褎鲁侯公子宽，用奉二王先圣祠祀，返姓曰姬（《汉书·恩泽侯表》），是乃为慕本耳。氏同者，公孙、桓、穆之伦，国有而非一姓。及夫夏出陈之少西，齐出卫之齐恶，秦出鲁之董父，非伯禹、尚父、非子之裔。以故国为氏者，其不可同，亦犹负羁与僖姓之别也。夫王基产东莱，与太原王沈为婚。孔思晦祖尼父，而与孔末之后别族（见《元史·孔思晦传》）。虽在叔季，犹知其文字适同，其系世则不一祖。古之人乎，宜睹于是察矣。

章炳麟曰：余以姓氏分际，贞之《世本》，旁摭六艺故言，而志姓谱。盖《尧典》言"百姓"，今可箸录者五十有二：大皞风姓。炎帝姜姓。黄帝姬姓，其子青阳、苍林因之。其一亦称青阳，是为少皞，与夷鼓同为己姓。徻子为酉姓，祁姓，滕姓（《晋语》作滕，《潜夫论》作胜），葳姓，任姓，荀姓（《晋语》误为荀，从《广韵》正；《潜夫论》作拘），僖姓（《潜夫论》作釐），姞姓，儇姓，依姓。而尧亦为祁姓。高辛之子弃，亦为姬姓。高辛为房姓（《古史考》，见《御览》七十八引），子契为子姓。尧子丹朱为狸姓。虞舜为姚姓，亦曰妫姓。夏后禹为姒姓（《诗》亦为弋）。颛顼孙吴回，为火正，亦曰回禄，有子陆终，生长子樊，为巳姓，其后董父，别为董姓；三子篯，为彭姓，后复别为秃姓；四子求言，为妘姓；五子安，为曹姓，后复别为斟姓；六子季连，为芈姓。咎繇，颛顼裔子也，为偃姓，子化益为嬴姓。此三十姓，皆有谱谍系世，出于帝王。夏时有仍曰缙姓（《左》哀元年传："后缙方娠。"女子举姓。故贾侍中曰："缙有仍之姓也。"）周以前霍国曰真姓（《史记·三代世表》索隐引《世本》）。殷遗民在晋者曰怀姓（《左》定四年传）。樊氏、尹氏曰庆姓（《潜夫论·志氏姓》）。春秋时四国：胡曰归姓，邓曰曼姓，狄曰隗姓，阴戎曰允姓。此八姓者，不知所自出。而《山海经》复有句姓（似即荀姓，疑不能明也），於姓，阿姓，盼姓，桑姓，几姓，鼬姓，威姓，销姓，烈姓，气姓，或系神圣而分在夷狄之域。《说文》有敢姓，嬿姓，媒姓（《说文》又云："娰，殷诸侯为乱，疑姓也。"《春秋传》曰："商有姑、邳。"洪亮吉曰："姚、侁、嫠、莘，并同音，盖即有莘国也。"则《说文》言疑姓者，不为定据。又曰："㚻，人姓。"段氏据《广韵》，知出何承天《纂文》。又曰："望，姓也。"亦属妄增。是等皆后世掍氏为姓者，故皆不录），皆史官所不载者。《山海经》虽夸，其道神巫，有巫咸，巫即，巫盼，巫彭，巫姑，巫真（《水经·涑水注》作贞），巫礼（亦作履），巫抵，巫谢，巫罗（《大荒西经》），巫阳，巫相，巫凡（《海内西经》）。咸、彭、盼、真（咸即箴），姓也。其他九巫，宜皆以姓箸者。疑事之不可质，尚已。

其国：

风姓，任、宿、须句、颛臾、巴、流黄辛氏、流黄酆氏（见《海内经》、《海内西经》。巴、酆与姬姓之巴、酆异国。周之辛甲，盖出太皞。酆舒则不知何别也。凡《山海经》不尽可信，节取其雅驯者如此）。

姜姓，有逢、齐、纪、焦、申、吕、许、向、州、莱、姜戎。

姬姓，黄帝子，绝。

己姓，沈、姒、蓐、黄、郯。

酉姓，白狄（《潜夫论·志氏姓》作嬬。嬬即酉）。

祁姓，黄帝子，绝。

滕姓，绝。

姓，滑、齐（《潜夫论·志氏姓》。非周时滑、齐）。

任姓，谢、章、薛、舒、吕（与群舒、姜姓之吕异国）、祝、终、泉、毕、过、挚、畴。

荀姓，栖、疏（据《潜夫论》有之。然其为国为氏未谛，姑据为异国）。

僖姓，长狄（作漆者，由来误"黍"也）。

姞姓，南燕、密须、偪。

儇姓，依姓，绝。

尧之祁姓，唐、杜、铸。

弃之姬姓，周也。分为管、蔡、郕、霍、鲁、卫、毛、聃、郜、雍、曹、滕、毕、原、酆、郇、邢、晋、应、韩、凡、蒋、邢、茅、胙、祭、吴、虞、虢、东虢、郑、丹（《郑语》桓公取十邑中有丹国。《吕览·直谏》：荆文王得丹之姬。故《潜夫论·五德志》姬姓有丹）、燕、隗、杨、芮、彤、贾、耿、魏、滑、密、沈、唐、随、息、巴、方、养（《潜夫论·五德志》有）、刘、单、召、荣、甘、鲜虞、骊戎、大戎。

房姓，绝。

子姓，殷也。分为来、宋、空桐、稚、髦（一曰北殷）、时、萧、黎、小戎。

狸姓，房，傅氏不知其国也。

姚姓、妫姓，虞、遂、陈、庐。

姒姓，夏也。分为有扈、有南、斟灌、斟寻、彤城、费、杞、鄫、褒、莘、冥、越、匈奴。

已姓，昆吾、苏、顾、温、董、莒。

董姓，飂夷、豢龙。

彭姓，大彭、豕韦。

秃姓，舟人。

妘姓，鄢、邬、桧、路、偪阳、鄅。

曹姓，邹、莒（《郑语》明言莒为曹姓，韦解又言莒为已姓，大史公又以莒为嬴姓，是三姓也）、　　。

斟姓，绝。

芈姓，楚、夔、罗、越。

偃姓，六、蓼、舒庸、舒鸠、桐、许、英氏。

嬴姓，秦、徐、梁、赵、葛、郯、莒（郯二姓，莒三姓）、钟离、运奄、菟裘、将梁、江、黄、修鱼、白冥。

缗姓，有仍。

真姓，霍。

怀姓，国绝。

庆姓，尹、樊、骆、越。（《潜夫论》言："庆姓，樊、尹、骆。"案：骆宜即骆越。《越世家》正义引《舆地志》："交趾周时为骆越，秦时曰西瓯。"南越及瓯骆，皆芈姓也。"言姓氏者古今不一，此无多怪）

归姓，胡。

曼姓，邓、鄾。

隗姓，赤狄也。分为洛、泉、徐、蒲、甲氏，留吁，铎辰，廧咎如，皋落氏。

允姓，阴戎。

句姓以下，国在《山海经》者，皆不能正言其地。姬、燃、娸，亦然。惟威氏有南威，不知其女出何国也（《战国策》："晋文公得南之威，三日不朝。"女子举姓，南之威犹《庄子·齐物论》言"丽之姬"也。寻《说文》："威，姑也。"《汉律》曰："妇告威姑。"然威姑即君姑。《说文》："䓿，读若威。"则威可借为君明矣。训威为姑，殊非本义。《广雅·释亲》："姑，谓之威。"亦承其误。窃以威本人姓，故其字从女尔。

南咸之国，尚无所考。至《广韵》引《风俗通义》云：咸姓，"齐咸王之后"。此则男子系氏而非姓）。而周封黄帝之后于蓟，重黎之后有程伯，高辛之后有商丘、大夏，不识其姓，以一人苗裔分数姓故。凡此有姓之国，大略具矣。其支庶分析，各为氏族，则不具记。曰："芟夷其伪者，而本氏可睹也。

序种姓下第十八（訄书十八）

尧、舜、彭铿虽在世，古之名族，箸于《世本》、《潜夫论》者不二三而在，亦未能指其庐井、识其乔木也。大人不悲故姓之雕，而悲夫戎部代起以滑吾宗室者。明太祖革虏姓，令就汉族。汉族文二者削其一。自是系谍凌杂，不可斠理。顾炎武尝愤痛之。

然夷汉之殽，何渠自明世？当晋之衰，而　错相乱者，既有萌矣。若渊、勒称刘、石，与赤县箸族相混，非独一二。独孤曰刘，而相似者三。杜伯自尧，独孤浑曰杜，而相似者四。房自丹朱，屋引曰房，而相似者五。

世皆曰中夏无金氏，尽金日磾裔也。至《广韵》则本其出于白帝金天之胄。又复姓有金留氏，其后削一不可知。隋文帝时，新罗王金真平遣使入贡。隋《东蕃风俗记》曰："金姓相承，三十余叶矣。"（《通典》一百八十五引）新罗本辰韩种。辰韩耆老，自言秦时亡命至此。自隋而上，三十余叶，则金氏故秦族也。今在中国者，日磾与金天，亦不知何别也。齐大夫有长孙修。《世本》曰："食邑于唐，其孙仕晋，后号唐孙氏。汉世治《孝经》者，犹曰长孙（见汉《艺文志》），晫晫自神明出。拓跋之部，亦有长孙氏，若无忌等，粲然为索虏。其沦隐者，未能明也。叔孙亦然，与鲁三家同号。周，姬姓也，魏献帝次兄普氏署焉。宿，风姓也，宿六斤氏署焉。梁，嬴姓也，拔列兰氏署焉。周之单子自文、武，魏之单氏自可单。上党之黎自黎侯，河南之黎自素黎。凡朱氏自邾娄，索头之朱自渴独浑。于之鼻祖自邘叔,其在东海,有定国,为汉丞相;北庭之于自万忸于。更氏曰侯,佗本于宣多,自贺吐。更氏曰窦,佗本于广国,自没鹿回。鲍氏箸者,于汉有宣,在齐曰叔牙;窃之者自俟力伐。寇氏在汉,恂最卓荦,为大官,本苏忿生为周司寇,后以官氏,窃之者自若口引。羽之颉,为大夫于郑,窃之者自羽弗。连之称,齐臣也,窃之者自是连。费之长房,在汉为方士,祎于蜀执国兵秉,一曰自大费至纣臣费仲,亦曰自夏禹出于江夏,一曰鲁季孙后也;窃之者自费连。田千秋者,以乘小车称车丞相,子孙氏之;窃之者自车焜。黄帝之师,或曰封钜者,实受族曰封;窃之者自是贲。云敞,或曰祝融后也,又曰缙云氏者,受族曰云;窃之者自宥连。毕公之子曰季孙,食采于潘,楚则有潘崇;破多罗氏摭之。共叔与段干木后,皆曰段;檀石槐之后匹碑摭之。扬之在晋,食于步以为族;步鹿根氏摭之。汉之兴,而有陆贾、娄敬;陆者,步六孤氏摭之;娄者,伊娄氏、匹娄氏摭之。汉之亡,而王莽有臣曰甄丰;郁原甄氏摭之。丘林氏曰林,错于放。丘敦氏曰丘,错于丘明。俟伏斤氏曰伏,错于博士胜。贺儿氏曰儿,错于御史大夫宽。可地延氏曰延,错于京兆尹笃。如罗氏曰如,错于陈郡丞淳。汉之守巴郡者鹿旗(见《风俗通义》),戎乱之自阿鹿桓。庞俭母曰艾(见《风俗通义》),戎乱之自去斥。齐建之后曰王家,戎乱之自阿布思(此惟安东王氏。唐成德节度使王庭凑,即胡种也)。且拓跋曰元,齐欢曰高,尉迟曰尉,胡珹曰浑,则元昛、高偯、尉缭、浑罕之裔,殆替绝矣。汉詹事有蒲昌(见《风俗通义》),武都之氐而有蒲洪。洪更氏曰苻,今迁讹为苻云。中古鲁顷公孙雅,仕秦为符玺令,以得符氏,望于琅邪,此故有符也。汉大尉曰桥玄,望于梁国,其后书不正为乔。乔者,匈奴贵姓,而世为辅相,箸于前代,录汉则不蒇。是其文籍踳驳,以乱官族,亦以悲矣!何氏亦有庐江、东海、陈郡三望,本韩灭,子孙分散江淮间,音讹变而为何。武仕晚汉为名臣;妥父以细脚胡入郸,而窃其宗。吴公子柯卢,其后为柯;利用於柯拔袭有之。独《风俗通义》言吴夫概奔楚，其子在国，以夫余为氏；其后百济王亦氏夫余，世莫知其同异。汉则有鲜于妄人，荐第五伦者鲜于褒也，应氏以为箕子之世；今在朝鲜者，尚氏鲜于。二国与神州故同柢。同柢者，其玉步同；异柢者，其玉步异。是以有黄中而无阴血，无所析也。非是，则羼于石民，丞尝于炎虙者，谓之沴气。自江左及唐，既有贩鬻图谱，自傅甲族者，北人尤嗜进，不耻腥膻，若元、高、长孙、尉、浑之属，虽一二出炎黄，亦自引致于近贵，明矣。上世戎狄有树惇者，其享觐共主，白鹄之血以饮之，牛马之湩以洗之，鱼鞞鲛服以卫之，翠羽菌鹤以观之，白旄纮屦以荐之，内向非不诚也。报之，则胙以侯王，隆以大长，明有旌节，幽有玉匣，独氏族未尝锡之以为宠。至唐，则有赐姓，蛮夷降虏，或冠以李氏。阿史那之削，上狐佚、籀。重胤故乌石兰氏，自更曰乌，以援枝鸣。虽韩愈依违其间。夷汉互贸，为辞兹沓，昭穆无质，官氏自此而庙濯自彼。其不蘖芽于豪州受命之世，灼灼也。然犹幸有高俭、柳芳、林宝之伦，辨伦脊，察条贯，成周小史之职，未废于地。先是贾、王诸巨人，多有纂录；其后虽邓名世、王应麟，皆章章有功。自永嘉丧乱以至晚宋，更九百年，戎夏捽久矣，犹有畛略，不即于汗漫无纪，亦二三明哲辨章之力哉！蒙古入，遂放纷无次。至明太祖以行乞致南面，李善长、宋濂、王祎并起自蒿莱，不睹金匮，古学废秅，而姓氏失其律度，兹无谪焉。今又有忙氏、完氏、黏氏诸族，皆金元遗裔，遭明时未北徙。此其略可辨程者。其余回种，亦日以蕃息，不可究度。

万物莫不知怀土，而乐归其本。不知地望，不能推陵谷；不自知其气类，不能观庙怪。故思古之情弛，合群恩国之念亦儳儳益衰。古者贞系世，辨乡望，皆树之官府，铭之宗彝，誓之皇门。然则其民重弃种类。当其流散，而魂魄犹斟酌饱满，永怀其故老，至于台笠杂佩，一簪一屦，凄凄怆怆；有事则率其类丑，以赴亟难。自荆翼之亡，赖三闾，九宗得复存立。江左衰微，其民挟注本郡，而不土断；闾伍不修，赋无所出，亦以爱类，得不沦于芃野，有以也。间者经纬诸子，历算、地形、六书、彝器诸艺，所在匡饬，而谱学不绍，旷六百年。故王道日替，民以风波，悲夫！议者欲举晋衰以来夷汉之种姓，一切疏通分北之，使无干渎。愚以为界域泰严，则视听变易，而战斗之心生。且其存者，大氐前于洪武，与汉民通婚媾。婚至七世，故胡之血液，百二十八而遗其一。今载祀五百矣！七世犹倍进之。与汉民比肩，若日本之蕃别，则可也。要之，无旷谱官，使流别昭彰。诸夷汉部族，其物色故不相混者，董理则易也；相混者，虽微昧不可察，或白屋无乘载，宜诹其迁徙所自，递踪迹之，以得其郡望，必秩然无所遁。房姓则得与至九命，而不与握图籍，以示艺极。国之本榦，所以胙胤百世而不易矣。巴、僰、賨、蜑吊诡之族，或分于楚、越，亦与诸华甥舅，宜稍优游之，为定差等，勿使自外。独有满洲与新徙塞内诸蒙古，今在赤县，犹自为妃耦，不问名于华夏。其民康回虐饕，墨贼无艺。有圣王作，傥攘斥之乎？攘斥而不殚，流蔡无土，视之若日本之视虾夷，则可也。

原变第十九（訄书十九）

人谓紫脱华于层冰，其草最灵（《文选》王元长《三月三日曲水诗序》注引《礼斗威仪》："人君乘土而王，其政太平，而远方献其珠英、紫脱。""紫脱，北方之物，生植紫宫。"按：紫宫，即北极。今北冰洋亦有浮生之草，斯即紫脱矣。本非奇卉，以致远物为奇尔）。紫脱非最灵也，其能寒过于款冬已。鼠游于火，忍热甚也。海有象马，嘘吸善也。物苟有志，强力以与天地竞，此古今万物之所以变。变至于人，遂止不变乎？人之相竞也，以器。风胡子曰：轩辕、神农、赫胥之时，以石为兵，断树木为宫室，死而龙臧。黄帝时，以玉为兵，以伐树木为宫室，死而龙臧。禹穴之时，以铜为兵，以凿伊阙，决江导河，东注于东海，天下通平，治为宫室。当今之时，作铁兵，为龙渊、泰阿、工布镁之，至于猛兽欧瞻，江水折扬，晋郑之头毕白（见《越绝书·外传·记宝剑》）。石也，铜也，铁也，则瞻地者以其刀辨古今之期者也。惟玉独无所见于故书轶事。

章炳麟曰：阖胡观于鞞琫珌具之用？以知璋之邸射，古之刀也；圭之上邹，古之铗也；大圭杼上而终葵首，古之铁椎也；琮之八隅，古之矛与戟也。及玉，不足以刃人，而仅存其璵珌以为容观。武库之兵，出之典瑞，以为聘祭之币。斯无以竞矣。竞以器，竞以礼，昔之有用者，皆今之无用者也。民无兽患，则狩苗可以废。社无鬼神，则朱丝、攻鼓可以息。自是以推，坐不隐地而跪稽（按：坐不隐地者，多不欲拜稽。《元史·宪宗纪》禽钦察部酋巴齐马克，命之跪。曰："身非驼，何以跪人为？"此其一事。其详在《礼俗篇》），庙不揆景而刻石，大臣戮者不赐盘水而拜恩，名实既诡，则皆可以替。竞以礼，竞以形，昔之有用者，皆今之无用者也。冰期非茸毛，不足与寒气格战。至于今，则须发为无用，凑理之上，遂无短毳矣。泰古之马，其蹄四指，足以破沮洳。今海内有大陆，而马财一指。然则沧热燥湿之度变，物之与之竞者，其体亦变。且万族之相轧，非直沧热燥湿之比者也。若是，人且得无变乎？浸益其智，其变也侗长硕岸而神明。浸损其智，其变也若跛鳖而愚。其变之物，吾不能知也，要之，蜕其故用而成其新用。吾不敢道其日益，而道其日损。下观于深隧，鱼虾皆瞽，非素无目也，至此无所用其目焉。鲸有足而不以尘，羖有角而不以触，马爵有翼而不以飞，三体勿能用，久之则将失其三体。故知人之怠用其智力者，萎废而为廣雌。人迫之使入于幽谷，禾阏天明，令其官骸不得用其智力者，亦萎废而为廣雌。防风，釐姓也，后为侨如。马留，天汉之士卒也（《唐书·南蛮·环王传》："又有西屠夷，盖马援还，留不去者，才十户，隋末孳衍至三百，皆姓马。俗以其寓，故号'马留人'，与林邑分唐南竟。"按：今马留遍殖南洋，孳乳固广，而彼土故种，亦沿其称号也），今其颜色苍黑，其思虑不徇通。自亚洲之域，中国、日本、卫藏、印度有猿，其他不产。奥洲无猿，亦无反噍之兽。其无者，化而为野人矣。其有者，庸知非放流之族，梼杌、穷奇之余裔，宅岫窟以御离觥者，从而变其形也？以是为忧，故"无逸"之说兴，而"合群明分"之义立矣。

章炳麟曰：物不知群，益州之金马、碧鸡。大古有其畜矣，沾沾以自喜，踽踽以丧群，而亡其种，今仅征其枯腊（凡僵石，皆生物所化，亦有本是金石，而生物留其印迹者；又有生物已化去，而他金石之质往代其壳，与原式无异者。是盖鸡马枯壳已化，而金碧代之也）。知群之道，细若贞虫，其动翊翊，有部曲进退而物不能害。山林之士，避世离俗以为亢者，共侏张不群，与夫贪墨佣驽之役夫，诚相去远矣。然而其毙，将挈生民以为麇雎。故曰：鸟兽不可与同群。合群之义，其说在《王制》、《富国》；知人之变，其说在《八索》。

族制第二十（訄书二十）

刑天无首而舞，跋难陀龙无耳而听，阿那律陀无目而见（见《楞严经》）。藉弟令非诬，其抑者若珊瑚与水母，动物而虚其脑也。若夫五凿异处，而视听之舍殊，此奚足眩矣？思士不妻、思女不夫孕也，舜若多神之无身触也（亦见《楞严经》），此非殊舍也，而犹若是。意者其犹电鱼之储气，将不行而至者邪？以电卧人，能使前知若远游，所睹星辰、水波、山谷、人物、虫兽、车马，诡谲殊状，皆如其志（瑞典人著《催眠术》，言以电气使人熟睡，能知未来及知他人所念，或见异物殊状，有千里眼、梦游诸名。其原出于希腊。晚有《曼司莫立士姆》及《汉坡诺忒斯没》诸书，今皆命曰精神学。盖列子西极化人、易人之虑，谒王同游诸事，皆非诬也）。要之，万物莫神于辟历，苟非骸质，犹无以觉无以传矣。圣王因是以却鬼神，而天所生。

上古受姓皆以母，而姬、姜、姞、姚从女。自黄帝子为十二姓，箸之图录，冀统以父，然不能无棼乱。是故嬴氏之祖不章，而秦之先乃谍系颛顼，以出于其孙女修故（《秦本纪》："秦之先，帝颛顼之苗裔孙曰女修。女修织，玄鸟陨卵；女修吞之，生子大业。"索隐曰："秦、赵以母族而祖颛顼，非生人之义也。"《左传》，郯国，少皞之后，而嬴姓盖其族也。秦、赵宜祖少皞。"按：少皞，己姓，索隐误）。且诸侯皆一本，惟六、蓼，则并祖咎繇、庭坚。庭坚者，颛顼之才子（《古今人表》列高阳才子八人，以咎繇代庭坚，竟谓一人二名，此误）。女修于庭坚，盖姑姊妹。母系者传甥，是以舅甥两名其祖（《族制进化论》曰：世有不传官位于子，而传姊妹之子者。此由女系亲族法。故拔德儿曰：罗安高之市府首长四人，皆国王甥也；王子不得嗣位。海衣说中部亚非利加之俗亦然。佗斯佗士史载日耳曼古代风俗，曰：舅与从母之爱其甥，犹父之爱其子；甥爱舅与从母，或过其父；敌国交质，不取子而取甥，独财产传之其子耳。印度之连波人，夫以财物少许与妇，买其子归，冠以己族，始得专有；其女则必归妇家，而夫不得有也。班古罗夫之书所载亚美利加之其尼路人，传财产于女系子孙；初克佗人，儿童将入学校，父不命而舅命之。皆重甥之征也）。传称咎繇子为皋子（《列女·辨通传》。皋即咎）。惟咎繇亦称陶叔（《易林》需之大畜），而许由者实咎繇之异称（后有附说）。以是知繇者其名，咎则犹咎犯也（舅犯，古多作咎犯）。咎繇既传于母系，已亦从其宪典而授之甥；自甥称之曰咎，其后遂以为成俗习言，犹咎犯也。故化益虽以繇子，而别其姓曰嬴，独国邑未薨以授人耳（见后附说）。胥臣曰青阳，方雷氏之甥也；夷鼓，彤鱼氏之甥也；方以明彰族姓，而亟言甥，即黄帝子犹有母系，无疑也。嗟乎！核丝之远近，蕃萎系焉（传称"男女同姓，其生不蕃"。故父党母党七世以内，皆当禁其相婚，以血统太近故也）。遗传之优劣，蠢智系焉。血液之衿杂，强弱系焉（言人种改良者，谓劣种婚优种，其子则得优劣之血液各半；又婚优种，其子则得优种血液八分之六；至七世，则劣种血液仅存百二十八分之一，几全为优种矣）。细胞之繁简，死生系焉（生物学之说，谓单细胞动物万古不死，异细胞动物则无不死。然其生殖质传之裔胄，亦万古不死）。民之有统也，固勿能斥外其妣矣。观于深山大泽，而知其将生龙蛇，素成之道，书之玉版，其慎始敬终也。民之蔡哉！平等之说盛，而第高下者，持其故以相诘，曰：女智必不如士。胡蝶的争女也，而华其羽毛；鸡的争女，故生冠距；师子惟争女，故修项被鬣。其丽且武，皆以争而擅于其牝。虽人，亦动物也，自大上而静瘗者不增其材力，又常迫妊娠，至不能事事，是以《梓材》怜之，曰姶妇也，鳏寡也。姁之必厚，其权则必不得均于士矣。圣王因是以贵世适而尊祢庙，天子则及其太祖，虽文母犹系之子，世适之贵也，亦曰遗传尔。其敝至于任用一姓，而贵戚之卿守其胙。守胙者，诚宵其祖父，不丧蝉嫣，世卿奚讥焉？夫遗传，若冰之隐热矣，隐于数世，越世以发，以类其鼻祖，不必父子。故商均不宵舜，而宵瞽叟；周幽不宵宣，而宵汾王。且性犹竹箭也，括而羽之，镞而弦之，则学也。不学，则遗传虽美，能兰然成就乎？登啮肥乘坚之童，而摈羊裘之骏雄于杸杙，其道莫颇。圣王因是以革世卿而官天下，曰：弗乎弗乎？白雉不贡，泗水不出鼎，吾已矣夫！仲尼之遇于季孙、田成子，而不得进；子弓之驿角，而不得十二游以南面。遏之也力，故创之也甚。虽然，使上古无世卿，又安得仲尼、子弓也？彼共和而往，其任国子者，非以贵贵，惟竞存其族故。不然，今吾中夏之氏族，礧落彰较，皆出于五帝。五帝之民，何为而皆绝其祀也？是无他，夫自然之淘汰与人为之淘汰，优者必胜，而劣者必败。睿哲如五帝，氓固奔逐，喘弗能逮矣，则又封建亲戚以自屏翰，迫劫其异族使为一宗；不宗者以律令放流，屏于大荒深阻丛棘白草之间，以伍戎狄。繇轩辕以至孔氏，凯二千年，其名子姓者至于百姓千品万官亿丑，非其类者，又安所容其趾乎？且古之淘汰，亟矣！故戚施直镈，籧篨蒙璆，侏儒扶卢，蒙瞍修声，聋聩司火，有时而用之。若夫童昏、嚚瘖、僬侥，官师之所不材也，以实裔土。夫屏之裔土者，惧其传疾以败吾华夏之种，故蹙蹙焉淘汰之也（凡负伤遗传，如狸犬或失其尾，则所产者亦无尾；人或堕指，其子亦无指；又骈指至六、七者，或数代皆同。此则形骸疾眚，皆有遗传矣）。古之人，未尝不僭滥于赏罚。欲良其种也，则固弗能舍是。

比端门之有命，而种既良矣，尽天下而皆出于厉山有熊，则孰为其优？而孰为其劣？于是废世卿，释胥靡，与天下更始。三古之世卿，若执桃茢以赤发其不材之种，然后九州去其狼扈，而集其清淑。虽竞存，非私也。今至于桓、文，四裔之孤偾，其有以于吾族纪乎？其皆吾昆弟与皇之耳孙矣。虽不竞存，无进于其公也。自非前世之竞存，则仲尼、子弓雕额冒耏也久矣，又安得渊圣之材，而制是法乎？制法有程，而种之日进也无程。使人人之皆角犀丰盈者，必革其恒榦。革榦之道，非直严父，亦赖母仪焉。《十翼》以《归妹》为天地之大义（上《系》："《易》有大极，是生两仪。两仪生四象，四象生八卦。"虞注："四象，四时也；两仪，谓乾坤也。《乾》二五之《坤》，成《坎》、《离》、《震》、《兑》。《震》春，《兑》秋，《坎》冬，《离》夏。故两仪生四象。《归妹》卦备，故《彖》独称天地之大义也。"此则《风》始《关雎》，《书》首"釐降"，义皆该之矣。又按：自大极而两，而四，而八，则自八而十六，而三十二，而六十四，自可比类，非邵雍之私说也。今生物学家谓细胞极球，一裂为二，二裂为四，自此为八，为十六，为三十二，为六十四。是即《归妹》之旨），其成绩究乎"使跛能履，使眇能视。"（《集解》本"能"作"而"。《履卦》亦然。然《释文》不出异文。据虞注，则作而；据《履卦》侯果注，则作能。按：废疾负伤，若夫妇同病，则必为遗传；若妇非跛眇，则幸可改良。凡改良之说，视此）呜呼，民之蔡哉！

附：许由即咎繇说

　　唐、虞以贵族行禅让。瞽叟者虞君，而舜其世适也，不欲以天位授庶人。太史公称"尧让天下于许由",宋氏《尚书略说》以为伯夷。其义曰:"《大传》'阳伯',郑谓伯夷掌之。《左》隐十一年传:'夫许,大岳之胤也。'《墨子·所染》、《吕氏·当染》,皆云'舜染于许由、伯阳'。伯阳,阳伯也。故知许由即伯夷矣。史言尧让许由,正傅会咨岳巽位之文也。"此其说知放勋之不禅布衣,其实犹未审谛。案,《吕氏》高注,谓"伯阳即老子"。说诚诬缪,然《尸子》言"舜得六人,曰雒陶、方回、续耳、伯阳、东不识、秦不空,皆一国之贤者也。"(《御览》八十一引)是固别有伯阳,非许由矣。

余以许由即咎繇,《古今人表》书作许繇,正与咎繇同字。《夏本纪》曰:"封皋陶之后于英、六,或在许。"(皋陶即咎繇)古者多以后嗣封邑逆称其先人,以其子姓封许,而因称咎繇曰许繇,亦犹契曰"殷契"(盘庚迁殷,始有殷名。契始封商,不曰殷也。而《殷本纪》亦称殷契,弃曰"周弃"(大王迁岐,始有周名。弃始封邰,不曰周也。而《鲁语》云"夏之兴也,周弃继之"),不一一曲譬也。禅让之说,本在夏世。《夏本纪》言"帝禹立而举皋陶荐之,且授政焉"。而皋陶卒后,乃展转讹迁,以为尧让。古事芒昧,未足怪也。《伯夷列传》云,"余登箕山,其上有许由冢"。《夏本纪》言"益让帝禹之子启,而辟居箕山之阳"。益固咎繇子也。高注《吕氏·当染》,以许由为阳城人。箕山者,下临阳城(《括地志》曰:阳城,县在箕山北十三里)。由冢在是,归葬故里也;益辟在是,誓守父墓也。亦犹禹辟商均于阳城,阳城以北为崇伯之国,将守故封,而视终身不奸天室之政矣(《夏本纪》正义:阳城县在嵩山南二十三里)。按:嵩本作崇,即崇伯,鲧所封。禹、繇封邑相邻,特分南北耳)。若《皇览》言咎繇冢在庐江六县,与许由箕山不相应。此犹尧葬济阴(《五帝本纪》集解引刘向及《皇览》),而《墨子·节葬》以为蛩山,《吕氏·安死》以为穀林。舜葬九疑(《五帝本纪》),而《孟子·离娄》

以为鸣条。古事芒昧，亦未足怪也。又，《御览》一百七十七引戴延之《西征记》曰："许昌城，本许由所居。大城东北九里，有许由台，高六丈，广三十步，长六十步。由耻闻尧让而登此山，邑人慕德，故立此台。"是说则后起者。然许昌即许县，与阳城同属颍川（《续汉·郡国志》）。则意咎繇封邑，本自阳城达许，其后世封许者，亦即守其故土，未可遽定也。或曰，墨、吕既箸舜染许由之文，又言禹染于皋陶、伯益，诚使许由、咎繇为一人，何故变名更举？是则以尧让之諕言，远起三季，墨、吕固习闻焉，而不察其为异称也。

民数第二十一（訄书二十一）

阴阳之气，发敛之度，无古今一也。丛林乔木，不一日而兹，惟蠛蠓醯鸡欤？蠕动群飞，其卵育亦不迍。人者独异是。自嬴氏以前，里闾什伍之数，尚已。盖汉平帝元始二年，口五千九百五十九万。后汉和帝永兴元年，口五千三百二十五万（此据《续汉·郡国志》注引伏无忌所记。东汉户口，此为最盛）。唐玄宗开元二十八年，口四千八百一十四万。元世祖至元二十七年，口五千八百八十三万。明神宗万历六年，口六千六十九万。清兴以来，康熙四十九年，口二千三百三十一万；乾隆五十九年，口三万七百四十六万；道光二十八年，口四万二千六百七十三万。其辜较如此。

夫自元始以来，至于康熙，千七百年，民数不相越。及乾隆之季，相去财八十年，而民增十三倍。此何说也？借曰天下久无事，民不见水火蜂刃，故日以孳乳。然自建武以逮和、安，由天宝溯贞观，中原无狗吠之警者，其距年亦相等，而倍不至是。借曰疆域袤延，前代所未有。未有者，即回部耳。汉尝开朝鲜、高句骊，以为乐浪、玄菟，今亦未能郡县之也。蒙古今为汗，羁属理藩。唐时则且灭突厥，以置刺史。较其长短阔狭，亦略相当。且沙漠之地，固稀人而旷土，其户口何足选？天府所登，未越九州也。

章炳麟曰：均庸调于地者，始自康熙朝。自康熙而往，上蔇秦、汉民皆有口赋。有口赋，则民以身为患，虽有编审，必争自匿矣。有司惧负课，会计其数，又十而匿三四。口赋既免，贫优于富厚，游惰优于勤生。民不患有身，虽不编审，而争以其名效于上矣。故乾隆之民数增于前十三倍者，曩之隐窜伏匿者多也。且升平之世，疆吏喜以膴盛媚于上。彼将曰："袤益民数，既不足以累郡县，圣灵斐然，宜有所润色，以乐主听，则虚增之可也。"非直虚增尔，户籍属草稿，多受成于保甲。一人而远游，地既鬲越，有司不相知，榜其名家，复榜其名在所。及要最既上，无校雠者，卒不为删除重复。若是，则以一人为二人也。一隐之，一增之，故相去若丘谷，至十三倍其旧。然则元始以来，民必有盈万万者也。乾隆、道光之世，民不过倍万万也。虽然，古者乐蕃遮，而近世以人满为虑，常惧疆宇狭小，其物产不足以袭衣食。今淮、汉以南，江皋河濒沮洳之地，盖树艺无瓯脱矣。东南之民数，宜必数倍前代。使辟地于巨岛灌莽间，则邻国先之。使从事于河、雒，昔之膏腴，今乃为沙砾。地质易矣，不可以值稻粱，而犹宜于嘉卉，莫挈之则窳也。故弱者道殣，强者略夺。终则略夺不可得，而人且略夺之。章炳麟读《小雅》，至于"螟蛉有子，蜾蠃负之"，叔然叹曰：呜呼！后司农见之矣。言有万民不能治，则能治者将得之也。

封禅第二十二（訄书二十二）

呜呼后世之封禅，佟心中之，而假于升中燔柴以恣其佚乐，斯无足论者。夫古之升中燔柴者，曷为者也？封大山，禅梁父，七十有二家，以无怀为最近。当是时也，天造草昧，榛薄四塞，雄虺长蝮，尽为颛民害。人主方教民佃渔，以避蜚征之螯，何暇议礼？然则其所以封禅者，必有所职矣。吾尝以为古之中夏，赢于西极，而缩于东南。东南以岱为竟。徐扬淮海，禹迹之所蹈，同于羁縻，有道则后服，无道则先强，故《春秋》夷吴、越。成周之盛，淮夷、徐戎，其种族犹吾人，而以其椎髻之俗，憪然犯南甸。若然，自岱而南，王教之所不及。帝王治神州，设险守固。其封大山者，于《周礼》则沟封之典也。因大麓之阻，纍土为高，以限戎马，其制比于蒙古之鄂博。是故封禅为武事，非为文事。彼夷俗事上帝，故文之以祭天以肃其志，文之以祀后土以顺其礼，文之以秩群神以扬其职。是其示威也，则犹偃伯灵台者也。三王接迹，文肆而质灗，而本意浸微。丧其本意，而曰行以蒲车、恶伤山之土石草木者为"仁物"也。夫国有峤隓，不崇其高，堑之凿之赭之荡之，以为魁陵粪土，即有大寇，其何以御侮？为封域计，土石可伤邪？古者野庐几竟，宿息井树。单襄公有言："列树以表道，立鄙食以守路。"故至于狭沟丛树，而戎车寋矣。为封域计，草木可伤邪？然则所以恶伤土石草木者，在彼不在此；所以用蒲车者，在彼不在此。先王以"仁物"叫号于九围，而实阴收其利，故封禅可尚也。嗟乎！嬴、刘之君，南殄滇、粤，而北逐引弓之民，其所经略，则跨越乎七十二家之域矣。去病以武夫，知狼居胥之可封，而人不以僭越罪之也。使汉武寤于此，则岱宗之彻迹可以息矣！

公言第二十七（訄书二十七）

求朝夕于大地，而千岁不定，横赤道之带是也；藉假吾手所左右以期之，而上下于半球者异言矣；是以一方之人为公者也。黄赤、碧涅、修广，以目异；徵角、清商、叫、啸、喁于，以耳异；酢甘、辛咸、苦涩、隽永百旨，以口异；芳苾、腐臭、腥蝼、膻朽，以鼻异；温寒、熙湿、平棘、坚疏、枯泽，以肌骨异；是以人类为公者也。生而乐，死而哀；同类则爱，异类则憎；是以生物之类为公者也。公有大小，而人不营度，公其小者，其去自私，不间以白氂。是故至人谓之"累虒之智"。虽然，以黄赤碧涅之异，缘于人之眸子，可也；以目之眚者，视火而有青炎，因是以为火之色不恒，其悖矣。取歧光之璧流离。蔽遮之于白日，而白者为七色，非璧流离之成之，日色固有七，不歧光则不见也。火之有青炎，火者实射之，不眚目则亦不可见也。烛炧钧冶之上，七色而外，有幻火变火，可以熔金铁，而人目不能见。不见其光，而不得谓之无色；见者异其光，而不得谓之无恒之色。虽缘眸子以为艺极，有不缘者矣（右论色）。大鱼始生，卵割于海水，久渍而不知其咸。苟以是论咸味之无成极，而坐知咸者以舌臁之妄缘（《荀子·正名篇》已言"缘天官"，又言"验之所缘，无以同异而观其孰调"。释典未入中国，儒书言缘者始此）。夫缘非妄也，虽化合亦有其受化者也。且人日茹饮于酸素之内而不知其酢，及其食醯梅，则酢者觉矣。苟日寝处于醯梅而噍之，虽醯梅亦不知其酢也，乃酢于醯梅者则知之。是故分剂有细大，而淡咸无乱味。以忘微咸者而欲没咸之达性，固不厌也（右论味）。单穆公曰：目之察色，不过墨丈寻常之间，耳之察清浊，不过一人之所胜，故制钟大不出钧，重不过石，过是则听乐而震，观美而眩。声一秒之动，下至于十六，高至于三万八千，而听不逮。日赤之余粘（《说文》："炎，火光上也"；"粘，炎光也"。按："炎光"，即今所谓光线；光自发点以至人目，皆顺线，行至目则成圆锥形，即炎光上锐之义），电赤之余粘，光力万然蒸，而视不逮。余尝西登黄鹤山，瞻星汉阳，闪尸乍见，屑屑如有声。以是知河汉以外，有华臧焉，有钧天广乐之九奏万舞焉，体巨而吾耳目勿能以闻见也。以不闻见，毅言其灭没，其厌人乎？（上论声色二事）夫物各缘天官所合以为言，则又譬称之以期至于不合，然后为大共名也。虽然，其已可譬称者，其必非无成极，而可恣膺腹以为拟议者也。今吾已范人之形，而勿能求其异合于非人之形，其不从大共以为名者，数也。及夫宗教之士，知其宥，不知其别，以杜塞人智虑，则进化之几自此阻。吾与之陟灵台，曰：道刑乎域中，而智周九天之上。

平等难第二十八（訄书二十八）

天地之道，无平不陂，故曰：水平而不流，无原则竭；云平而雨不甚，无委云，雨则遫已；政平而无威，则不行。然则平非拨乱之要也。昔者平等之说，起于浮屠。浮屠之言平等也。盖亏盈流谦，以救时弊，非从而纵之，若奔马之委辔矣。何者？天毒之俗，区人类为四等：以婆罗门为贵种，世读书主祭；其次曰刹利，则为君相将士；其次曰毗舍，则为商贾；其次曰首陀罗，则苦身劳形，以事畎亩，监门畜之，而臧获任之。是四类者，庆吊不通，婚媾不遂，载在册府，世世无有移易。夫楕颠方趾一也，而高下之殊至是。此释迦所以不平，而党言平等以矫正之也，揉曲木者，不得不过其直，恣言至其极，则以为毂卵毛鳞，皆有佛性，其冥极亦与人等。此特其左证之义，觊以齐一四类，而闳侈不经，以至于滥，有牛鼎之意焉。愚者滞其说，因是欲去君臣，绝父子，齐男女。是其于浮屠也，可谓仪豪而失墙矣。且平等之说，行之南北朝，则足以救敝，行之唐宋以后，则不切事情。是何也？当门地之说盛时，公卿不足贵，累囚俘虏不足贱，而一于种胄乎办之。至唐高俭定《氏族志》，犹退新门进旧望，右膏粱左寒畯。盖其俗尚之敝，与天毒同风。观夫王源与富阳满氏为婚，班列不当，无损无礼教豪发。而沈约弹之，以为生死点辱，于事为甚，若以兹事为至僻回者。嘻！其挚也。于斯时也，而倡平等之说于其间，则萱菽之弃，蕉萃之哀，息矣。其有助于政教，必不訾矣。

今自包衣而外，民无僮仆。昔之男子入于罪隶、女子入于舂稿者，今亦及身而息。自冕黼旆钺以逮蓝缕敝衣者，苟同处里闬，一切无所高下。然则以种族言，吾九皇六十四民之裔，其平等也已夙矣。复从而平之，则惟去君臣，绝父子，齐男女耳。昔者《白虎通德论》之言，以人皆上天所生，故父杀其子当诛。晋献公罪弃市，以杀其大子申生故。夫忍戾至于戕贼其所爱，则何人而不戕贼？又上绝其考妣之性，使无遗育，其在辟，宜也。今缪推其同出于上天以立义，虽夏楚之教，没其慈爱，而诬之以酷烈，责之以自擅；若是，虽法吏之囚锢役作其罢民，亦酷烈自擅也（欧美法有囚锢役作，无夏楚。说者必谓夏楚酷于囚锢役作，亦思数日之困悴，与一时之呼暴，在受者果孰甚乎？父之于子，必不忍囚锢役作之；成年而后，或施以夏楚，亦与榜掠异状。宁得倒置其重轻也）。乃夫男女之辨，非苟为抑扬而已。山气多男，泽气多女（《淮南·地形训》语）。泽女不骈适则不夫，山女不适骈则不养（俄罗斯人威斯特马科《婚姻进化论》有此说，今本之），数也。中国无媒氏以会男女，其数不彰。一岁之为盗贼罪人、劳作饿夫以死者，皆男也。男之雕丧，则怨女自多，而不得不制妾媵以通之。且人类者，欲其蕃衍，与一女伉数男，则不若一男而伉数女。夫以一男而伉数女，此犹三十辐共一毂，即其势固不可以平等。就除妾媵矣，有生与之技，有形与之材，官其剂量，则焉可平也？第马而殊骏驽，第人而殊佣下与卓跞，亦剂量殊尔，然犹以其第厚薄之。虽舜与造父者，亦若是厚薄之，况不易之剂量哉？（按：普鲁士宪法，女子不得嗣君位，此大陆主义与偏岛固殊，亦剂量然也）昔樊英有疾，其妻使婢候问，英则下床答拜，曰："妻，齐也，礼无不答。"（《后汉书·方术·樊英传》）君子齐其礼，而不齐其权也。古者谓君曰林烝，其义为群，此以知人君与烝民等，其义诚大彰明较箸也。及其骤然独立于民上，欲引而下之，则不能已。夫一哄之市，必立之平，一卷之书，必立之师；虽号以民主，其崇卑之度，无大殊绝，而其实固已长人。故曰：以不平平，其平也不平。彼道家之言曰：虽有忮心者，不怨飘瓦。然则以投鈰定赏罚，以三载考绩易总统，是特当轴处中者之所以避怨诽，顾贤桀安取乎？夫父子夫妇之间，不可引绳而整齐之，既若是矣，君臣虽可平，抑于事故无取。故曰：平等之说，非拨乱之要也。虽然，吾尝有取矣，取夫君臣之权非平等，而其褒贬则可以平等也。昔者埃及之王称法老，死，大行至窆所，或颂其德，或指其邮，以得失相庚偿，过多则不得入墓。其王亦深自亟敕。惧罹罪辟，莫敢纵欲。是故中国称天以谏天王，而《春秋》有罪者不书其葬。

明独第二十九（訄书二十九）

遇灵星舞僮而谓之曰："子材众庶也。"则按剑而噁。俄而曰："子材固卓荦，天下所独也。"则笑屑然有声矣。则又曰："子入世不能与人群，独行而已。"则又按剑噁。呜呼！是何于名誉则欲其独，而入世则以独为大邮也？彼瘤俗也，僮子且然，而况丈夫哉！睬夫，其乱于独之名实夫！大独必群，不群非独也。是故卓诡其行，虓然与俗争，无是非必胜，如有捲勇，如不可敌者，则谓之鸷夫而已矣；厚其泉贝，膏其田园，守之如天府之寀，非己也，莫肯费半菽也，则谓之啬夫而已矣；深豁博林，幽闲以自乐，菑华矣，不菑人也，觞鸟矣，不觞宾也，过此而靓，和精端容，务以尊其生，则谓之旷夫而已矣。三者皆似独，惟不能群，故靳与之独也。大独必群，群必以独成。日红采而光于毫，天下震动也；日柳色而光于夕，天下震动也；使日与五纬群，尚不能照寸壤，何眼及六合？海尝欲与江河群矣，群则成一渠，不群则百谷东流以注壑，其灌及天表。曰：与群而成独，不如独而为群王。灵鼓之翁博，惟不与吹管群也，故能进众也。使嘉木与荍群，则莫荫其下，且安得远声香？凤之冯风也，小雏不能群，故卒从以万数。贞虫之无耦，便其独也，以是有君臣，其类泡盛。繇是言之，小群，大群之贼也；大独，大群之母也。

不睬于独，古者谓之圣之合莫。抱蜀不言，而四海谨应，人君之独也。握其节，莫与分其算，士卒无敢不用命，大率之独也。用心不枝，孑然与精神往来，其立言，诵千人，和万人，儒墨之独也。闭阁而省事，思凑单微，发其政教，百姓悦从如蒲苇，卿大夫之独也。总是杂术也，以一身教乡井，有贤不肖，或觥之，或挞之，或具染请之，皆磬折而愿为之尸，父师之独也。吾读范氏书，至《独行传》，迹其行事，或出入党锢。嗟乎！非独，何以党哉？古之人欤，其独而群者，则衣冠与骨俱朽矣。今之人，则有钱塘汪翁。其性廉制，与流俗不合。自湖北罢知县归，人呼曰"独头"（按：独头，语甚古。《水经·河水注》"河北雷首山"引阚骃《十三州志》云："山一名独头，山南有古冢，陵柏蔚然，櫕茂丘阜，俗谓之夷、齐墓。"是则以其狷介赴义，号曰独头，因名其山矣），自命曰"独翁"，署所居曰"独居"。章炳麟入其居，曰："翁之独，抑其群也。"其为令，斡榷税，虽一锱不自私，府臧益充，而同官以课不得比，怨之：其群于州部也。罢归，遇乡里有不平，必争之，穷其氐，豪右衔怨，而寡弱者得其职姓：其群于无告者也。悖礼必抨弹，繇礼必擅：其群于知方之士也。夫至性恫天下，博爱尚同，鞠录以任之，虽贾怨不悔，其群至矣，其可谓独欤？入瞽师之室，则视者独矣；入伛巫跛击之室，则行者独矣。视与行，至群也，而有时谧之曰独。故夫独者群，则群者独矣。人独翁，翁亦自独也，案以知群者之鲜也。呜呼！吾求群而不可得也久矣。抑岂无訑辞以定民者吾与之耦？天下多败群。故西入周南，而东亡命郁銕之野，傥得一二。当是时，水陆未移，官号未革，权概未变，节荡未毁；俎犹若俎，钲犹若钲，羽犹若羽，籥犹若籥，戚犹若戚；而文武解弛，举事丧实，引弓持柄，无政若雨。是为大群之将涣，虽有合者，财比于虮虱。于是慺然而流汗曰："于斯时也，是天地闭、贤人隐之世也。"虽然，目睹其支体骨肉之裂而不忍，去之而不可，则惟强力忍诟以图之。余，越之贱氓也。生又羸弱，无骥鹜之气，焦明之志，犹憯凄忉怛，悲世之不淑，耻不逮重华，而哀非吾徒者。窃闵夫志士之合而莫之为缀游也，其任侠者又吁群而失其人也，知不独行，不足以树大萃。虽然，吾又求独而不可得也。于斯时也，是天地闭、贤人隐之世也。吾不能为狂接舆之行唫，吾不能为逢子庆之戴盆。吾流污于后世，必矣！

冥契第三十（訄书三十）

章炳麟曰：吾不征伯夷，不尚观于斟雉之史，委蛇黄宗羲之言而欲君禄，曰：天子之于辅相，犹县令之于丞尉，非复高无等，若天之不可以阶级升也。挽近五洲诸大国，或建联邦，或以贵族共和。贵族之弊曰"寡人"，则大君之尊，日以骞损，而与列侯、庶尹同班。黄氏发之于二百年之前，而征信于二百年之后，圣夫！且夫鸡雍、桔梗，场圃以为至贱，而中其疾则以为上药。自古妄人之议，常冒没以施当时，卒其所言之中，亦与黄氏等者，盖未尝绝也。予观明武宗自号总督军务威武大将军，兵部宣敕，虽御名不讳，传之后世，以为谈笑。又上求之，则汉灵帝尝内许凉、伍宕之说，谓大公《六韬》，有天子将兵事，因讲武平乐观，躬擐甲介马，称无上将军。此事稍不章。要之，二君皆淫酗昏虐之主，佻狎自丧，替其赤刀，诚无不酿嘲于后世者。然挽近尚武之国，其君皆自称元率，或受邻国武臣官号，佩其章𬒗，恔然勿以为怪，而戎事日修，则天子诚与庶官等夷矣。嗟乎！彼汉、明二主者，其憪欤？其逆计至是也？事之闯然而得之者，千世以后，辄与之相契合。章炳麟曰：㓝乎君子，大哉黄中通理！南人曰：夏姬之𡫳额，其里连衽；戚施效之，𡫳其额，其里无炊灶。章炳麟曰：戚施之𡫳额，其里无炊灶；夏姬效之，𡫳其额，其里连衽。名实未亏，而爱憎相贸。于是知妄人之议不竟非，而举其事以酿嘲者，适咫尺之见也。

章炳麟曰：中夏之王者，谓之天子。是故言苍牙者，以为出于东皇大一；而创业之主，其母必上帝冯身以仪之。吾读浮屠书，称帝曰帝释，亦曰释提桓因。是无他，彼塞种者，其氏曰释迦，以其王为出于上天，而因以其氏被之。惟牟尼狭小其说，摈排上帝，而犹谓之瞿释迦氏（一作憍尸迦，亦称憍陈如，并一音之转）。彼神灵其国主，翕然以为出于朱鸟权衡之宿。其于中夏，壹何其榘范之合也？自东自西，自南自北，凡长人者，必雄桀足以欺其下，以此羑民。是故拱揖指麾，而百姓趋令若牛马。章炳麟曰：大哉黄中通理！章炳麟曰：《封禅书》有八神将，太公以来作之，而天主其一也，则邪苏以为号。《六韬》曰："武王伐纣，雪深丈余，有五车一马，行无彻迹，诣营求谒。太公曰：'此天方之神来受事。'遂以其名召入，各以其职命焉。"（见《旧唐书·礼仪志》引。《太平御览》十二引《阴谋》所载，与此略同）则穆罕默德以为号。是二子者，西隔昆仑，而南隔黄支之海，未尝一觌尚父之苗裔，诵其图籍，而称号卒同（天主、天方，皆译语，然不失本意）。岂姜姓四岳之掌宾饯者，其怪迂之说固多欤？天降时雨，山川出云。章炳麟曰：屑乎君子，大哉黄中通理！

通法第三十一（訄书三十一）

帝王之政，不期于纯法八代。其次箸法，维清缉熙，合符节于后王，足以变制者，则美矣。周之克商，矢圭矢宪，与九鼎比尊。宪者，前代之图法，今以因革者也。明昭有刘，施于朱氏。

汉之政，可法有二焉。天子曰县官，亦曰国家（汉马第伯《封禅仪记》："国家御首辇，人挽升山。"又云："国家台上北面。"是称天子为国家也。法王路易十四曰"朕即国家"，中国固用此义）。此其过制淫名。以土之毛，当会敛于己。然其名实自违，卒有私财，足以增修宫馆，得无亏大农经费。《新论》有曰："汉定以来，百姓赋敛，一岁为四十余万万。吏奉用其半，余二十万万臧于都内，为禁钱。少府所领园地作务，八十三万万，以给宫室供养诸赏赐。"（《御览》六百二十七引桓谭

《新论》。按：少府所入，不应倍天赋敛。盖是积岁羡余，非一年收入如此。然不审所据为何年，要指其著书时也）此为少府与主赋敛者分。帝有私产，不异编户，后王以皇室典范所录别于赋税者也。景、武集权于中央，其郡县犹得自治。古之王度，方伯之国则有三监。大国相也，其命曰"守"。故管仲言"有天子之二守"（《左》僖十二年传），栾盈亦以士匄为"王守臣"。（《左》襄二十一年传）小国相也，其命曰"令"。故楚以子男，令尹辅之。及秦罢侯，而间置其孤卿；郡则御史监之，其主者言"守"，其下县道言"令"，皆因前世建国之差率以为比（晋侯问原守，史起为郫令。先秦之世，以方部大吏为守令，业有萌芽。要本被以相国之号，以为尊荣，亦犹后世藩镇之带京衔也。集成箸法，则自秦始）。是故郡县之始，亡大异封建。汉氏因之，太守上与天子剖符，而下得刑赏辟除。一郡之吏，无虑千人，皆承流修职，故举事易而循吏多。成哀之末，纲纪败于朝，吏理整于府。至于元始，户口最盛矣。其县邑犹有议院。《稿长蔡湛碑》阴曰"贱民、议民"，与"三老、故吏、处士、义民"异列。议民者，西方以为议员，良奥通达之士，以公民参知县政者也。贱民者，西方以为私人厮役匽养，不及以政，不得选人，亦不得被选者也。此其名号炳然。国命不出于议郎，而县顾独与议民图事，与今俄罗斯相类。凡汉世道路河渠之役，今难其费，彼举之径易者，无虑议院之效。后王觖望于斯制，如其初政，则因是也。新与晋、魏、隋、唐之政，可法有一焉。汉承秦敝，尊奖兼并。上家累巨亿，斥地侔封君，行苞苴以乱执政，养剑客以威黔首；专杀不辜，号无市死之子；生死之奉，多拟人主。故下户踦岖无所跱足，乃父子氐首奴事富人，躬率妻帑为之服役。故富者席余而日炽，贫者蹴短而岁踧，历代为虏，犹不赡于衣食；岁小不登，流离沟壑，嫁妻卖子，伤心腐臧，不可胜陈（《通典》一引崔寔《政论》语如此）。新帝复千载绝迹，更制"王田"，男不盈八，田不得过一井。此于古制少奢。荀悦以为废之于寡，立之于众，土田布列在豪强，卒而革之，并有怨心，则生纷乱。此其所以败也。然分田劫假之害,自是少息。讫建武以后,乡曲之豪,无有兼田数郡,为盗跖于民间,如隆汉者矣。大功之成亏,亦不于一世也。晋之平吴,制:"男子一人占田七十亩,女子三十亩。其丁男课田五十亩,丁女二十亩;次丁男半之,女则不课。"然仕者犹差第官品,以得荫客。及元魏,制均田:"诸男夫十五以上,受露田四十亩,妇人二十亩,奴婢依良。丁牛一头受田三十亩,限四牛。所授之田率倍之,三易之田再倍之。""民年及课则受田,老免及身没则还田,奴婢、牛随有无以还受。诸桑田不在还受之限。""初受田者,男夫一人给田二十亩,课莳,余种桑五十树,枣五株,榆三根。非桑之土,夫给一亩,依法课莳榆枣。""诸麻布之土,男夫及课,别给麻田十亩,妇人五亩。奴婢依良。皆从还受之法。""诸人有新居者,三口给地一亩,以为居室。奴婢五口给一亩。"北齐之授露田,夫妇丁牛皆倍魏制,亦每丁给永业二十亩,以为桑田。周制:"有室者田百四十亩,丁者田百亩。""口十以上,宅五亩;口七以上,宅四亩;口五以下,宅三亩。"隋居宅从魏,永业、露田从齐,而陿乡每丁财二十亩。唐:男子丁、中者,给永业田二十亩,口分田八十亩。老男、疾废,口分半之。寡妻妾,口分田三十亩。先永业者,通充口分之数。黄、小、中、丁男子及老男、疾废、寡妻妾当户者,各给永业田二十亩,口分田二十亩。陿乡所受,口分视宽乡而半,易田倍给。大氐先后所制,丁男受田,最多百亩,少不损六十亩。亩以二百四十步为剂,视古百步则赢。民无偏幸,故魏、齐兵而不殚,隋世暴而不贫。讫于贞观、开元,治过文、景。识均田之为效,而新室其权首也。夫农耕者,因壤而获,巧拙同利。一国之壤,其谷果桑榆有数,虽开草辟土,势不倍增。而商工百技,各自以材能致利多寡,其业不形。是故有均田,无均富;有均地箸,无均智慧。今夏民并兼,视他国为最杀,又以商工百技方兴,因势调度,其均则易。后王以是正社会主义者也。朱梁之政,可法有一焉。奄寺,周而有之,至汉转盛;江左晋、宋几绝,而不能瀸尽也(按:晋、宋二志,惟大后三卿,似为奄官,其余未见有位者。西晋贾后时,有宦者董猛,稍稍用事。东晋及宋,史传虽间见奄儿,然其箸者极鲜。固繇矜重流品,不使刑人干位。又元帝以相王草创,宋武素不好弄,故裁减奄官,几于尽绝也)。唐法魏、周,中官复贵。此非独以分权陵主当去,无罪而宫人,固无说焉。梁大祖龚行其罚,践位以后,切齿于薰椟,改枢密院曰崇政院,以敬翔为院使,不任中人,虽趋走禁掖者亦绝。及李氏破汳,诏天下求故唐宦者悉送京师。此梁无奄寺之征也。嗟乎!淫昏不道之君,作法于齐,犹高世主。生民载祀四千,而间十七,文德之流,轶于汤、武矣。后王欲循理饬俗,观视四夷,可无鉴是邪?明之政,可法有一焉。初罢行省,主疆域者曰布政使,凡理财、长民、课吏皆责之,西方之知事是也。按察使,掌刑名廉劾之事,西方诸裁判所是也。都指挥使(秩正二品,与当时布政使同秩),掌治军政,率其卫所以隶于五府,而听于兵部,西方之师团是也。三司同位,不相长弟,贤于后嗣常设督抚。后王式之,按察与布政分,则司法、行政异官之隧也;都指挥与布政分,则治戎、佐民异官之剂也。

哀乎!中夏之统一,二千年矣。量其善政,不过于五,然世犹希道之,斯足为摧心失气者也。及夫东晋之世,君臣有礼,而唐陈诗不讳,得尽见朝政得失、民间疾苦,此亦其可法者。然当时自以习贯率行,将法典之非成文者,故不陈于大裯也。

官统上第三十二(訄书三十二)

"天不一时,地不一利,人不一事,是以箸业不得不多,人之名位不得不殊。方明者察于事,故不官于物而旁通于道。"(《管子·宙合篇》语)盖先圣刘歆有言:"《书》曰:'先其算命。'本起于黄钟之数,始于一而三之,三三积之,历十二辰之数,十有七万七千一百四十七,而五数备矣。""太极元气，函三为一。极，中也。元，始也。行于十二辰，始动于子。参之于丑，得三。又参之于寅，得九。又参之于卯，得二十七。又参之于辰，得八十一。又参之于巳，得二百四十三。又参之于午，得七百二十九。又参之于未，得二千一百八十七。又参之于申，得六千五百六十一。又参之于酉，得万九千六百八十三。又参之于戌，得五万九千四十九。又参之于亥，得十七万七千一百四十七。此阴阳合德，气钟于子，化生万物者也。"(《律历志》说。本《史记·律书》，而去其余分）自子至亥，数以三积。《易》曰"亥子之明夷"(《易》"箕子之明夷"，赵宾作"荄兹"，云"万物方荄兹"也。惠定宇以为"亥子"虽非其本文，而训读则极当。《律历志》云"该阂于亥"，"孳萌于子"，是其义也），算命所取法，则在于是。彼明夷者，箕子、文王所公也。然阴阳气无箕子。箕子言五行，出于《雒书》；文王言八卦，《河图》也。是故言"元年"者，以"王"为文王，而摈箕子于海外营部之域，使无乱统。如彼积数至于十七万七千一百四十七者，是安用邪？

　　章炳麟曰：此谓官制之大数，在察玉衡，箸于方明者也。凡官，皆以一统三。昔者管仲之治齐也，曰："参国起案，以为三官，臣立三宰，工立三族，市立三乡，泽立三虞，山立三衡。"(《齐语》）而临下相统，亦往往以三三积之。文王之立政也，"罔攸兼于庶言、庶狱、庶慎。""庶慎"者，何也？公羊董仲舒《官制象天》曰："三臣而成一慎，故八十一元士，为二十七慎，以持二十七大夫；二十七大夫为九慎，以持九卿；九卿为三慎，以持三公；三公为一慎，以持天子。天子积四十慎，以为四选。选一慎三臣，皆天数也。"然则"慎"者，三之别称。《秦风·小戎》传曰："胁驱，慎驾具，所以止入也。"此因止骖马之入以为名。"慎驾具"者，若言"三马之驾具"矣（乘马实有驷牡。然骖之命名，实因驾三而起。盖一服两骖，非骖服皆两也。慎驾具亦本此为名。而驷马之两骖驾具，即因名于是）。厥以慎名官者。《汉书·高惠高后文功臣表》：厌次侯爰类,"以慎将,元年从起留"。慎将,为楚汉时官号,犹明之参将也(明《职官志》:总兵官,副总兵,参将,无品级,无定员。此参将与总兵、副总兵为三,慎将之名犹此矣。师古言"以谨慎为将",义甚迂曲。汉初厩将,弩将,刺客将等,命名皆从其职,无以空言立号者。以慎为三,周、秦、汉之通言,故董氏用之)。夫慎者,三物之称;自上以下,积乘以三,故曰"庶慎";僚佐辅殷,置自上官,故文王罔兼。此则官以三乘之义,明矣。先圣荀卿曰:后王之成名,"爵名从周"(《正名》)。明三百六十官者,其法为春秋所因。及夫三公、九卿、二十七大夫、八十一元士,以成百二十官,如不契合。然百二十官,未及中下士也;三百六十官者,下逮是矣。因元士八十一而参之,则二百四十三为中下士数,以增百二十官,则为三百六十有三。故董氏《爵国篇》曰:"八十一元士,二百四十三下士。"又曰:"天子分左右五等,三百六十三人。"而谓之"周制",夫何不合之有乎?(按:二十七大夫,八十一元士,二百四十三中下士,皆谓其职名,非谓其员数也。如言以大夫为长官者,有二十七职;以元士为长官者,有八十一职。非谓大夫祇有二十七人,元士祇有八十一人也。《周礼》一官而有数大夫、数士者不少,然其官祇三百六十耳。况乡遂都鄙之正长,同此一官,而其员以千百计,虽尽中下士之数,犹不足充乎!又按:三公、九卿、二十七大夫、八十一元士之说,《王制》及《尚书大传》皆同。郑君注《大传》曰:"自三公至元士,凡百二十,此夏时之官也。周之官三百六十。《礼志》曰:有虞氏官五十,夏后百,殷二百,周三百。近之,未得其实也。据夏、周推其差,则有虞之官六十,夏后氏百二十,殷二百四十,周三百六十,为有所法。"鄙意《明堂位》说似与此不相涉。《大传》又言:"舜摄时,三公、九卿、百执事,此尧之官也。故使百官事舜。"则又谓尧舜时已有百二十官,亦与《明堂位》官五十相戾。窃谓古制芒昧,学者多以周制说虞夏,或以虞夏制说周,纷如纠缠。今从《考工记》"外有九室九卿朝焉"之文,定为周制。至所谓九卿者,即六卿与三孤，而三孤亦必兼六卿所属之官。如师氏、保氏，或言即是师保，殆其然欤）自午以下，至亥六等，其数至于十七万七千一百四十七，是为胥史陪属，递统而相增。六等者，何也？士之所臣曰皂，皂臣舆，舆臣隶，隶臣僚，僚臣仆，仆臣台也。是在《春秋传》则比十日，今乃比于十二辰者，《传》有王、公、大夫、士，而大夫弗别于卿、士，又弗别元与中、下，是以为十；别之是以为十二，非其相舛盭也。《周官》府史胥徒之制，不皆以三相乘，虽其上亦然（如大夫，亦不止二十七职也）。要之，道其较略而已。千里之路，不可扶以绳；万家之都，不可平以准。苟大意得，不以小缺为伤。必若引绳切墨，而以三制之者，虽倕、商高为政，固勿能也。且夫爵名则因于周，若春秋所为斟酌损益者，亿甚众矣。是故荀子有《序官》(《王制》)，其名或异《周礼》，然犹十取其七八，故曰文王之法云尔。及夫箕子所飏言，则以五行为臬枳，斯太古夏殷之成宪，而周时毁弃久矣。荀子道桀纣之世曰：古者天子千官，诸侯百官。以是千官，令行于诸夏之国，谓之王；以是百官，令行于竟内，谓之君（《正论》）。夫其千官者，则《郑语》言"合十数以训百体，出千品，具万方"，《楚语》言"百姓，千品，万官，亿丑"是也。是皆以十相乘，然其本则在"以土与金木水火杂，以成百物"（《郑语》）。所谓五物之官，则《传》言"物有其官"，"故有五行之官"，"列受氏姓"，是已（《左》昭二十九年传）。古者计官，自士而止，不及皂舆陪属。故以三乘者，其下虽尚有六等，而曰三百六十矣；以十乘者，其下虽有万官亿丑，而曰千官矣。千官之法，本于五行，是则皞、顼、夏、商所阒置（金氏《求古录》谓"周以前，皆五官。《甘誓》召六卿，郑谓即周之六卿。不知《周官》所云'军将皆命卿'者，谓选将而命之为卿，必非使大宰、司徒等六卿将之也。不可据此谓夏有六官"。其说最塙。下《曲礼》："天子建天官，先六大，曰大宰、大宗、大史、大祝、大士、大卜，典司六典。天子之五官，曰司徒、司马、司空、司士、司寇，典司五众。天子之六府，曰司士、司木、司水、司草、司器、司货,典司六职。天子之六工,曰土工、金工、石工、木工、兽工、草工,典制六材。"郑曰:"此盖殷时制也。周则大宰为天官,大宗曰宗伯。宗伯为春官,大史以下属焉。""司士属司马",府则"皆属司徒",工则"皆属司空"。案:此为殷时五官之明证。周时始立六官,《通典》二十三云:"自宋、齐以来,多定为六曹,稍似《周礼》。至隋六部,其制益明。大唐武天后,遂以六部为天、地、春、夏、秋、冬六官。若参详古今,征考职任,则天官大宰当为尚书令,非吏部之任。今吏部之始,宜出夏官之司士。"杜君此说,精审绝伦。周代冢宰,实为三公之副,若汉时以御史大夫副丞相矣。故小宰注谓"若今御史中丞"。明大宰若御史大夫也。后汉以御史大夫为司空,则为论道之职,而众务悉归尚书,故冢宰又若后汉以来之尚书令也。杜君又谓算计之任,本出于天官之司会。案近世普鲁士有会计检察院,直隶国王,为特立官。古者则以直隶宰臣。汉初张苍善算,以列侯主计,居相府,领郡国上计者,谓之计相。然则司会属于天官,犹计相居于相府,益明大宰是副相矣。又,世人多怪禁掖冗官,隶于大宰。不知大宰实兼统五官,而官于禁掖者,于五官并无所归,故直隶大宰耳。其与五官同列为六者,犹后汉至唐,以令仆与诸曹尚书同为八坐也。而六官取法,则与夏商以前取法五行者大异,盖神权始衰矣。又寻夏官司士,掌群臣之版,岁登下其损益之数,以德诏爵,以功诏禄,以能诏事,以久奠食。司士仅下大夫,则进退百僚,非其所任。盖官吏名籍,集于司士,所谓德、功、能、久者;自据其长官所考以诏王,非自任铨选也。此与汉世选部略似,而权尚不逮。若殷置司士,乃为五官之一,则与晋后之吏部一致,进退黜陟,专制于一人矣。上选卿尹,则非敬忌择人之道;下选榦佐,则非庶慎罔知之义。此魏、晋以来之积弊,而殷法已为其前导。故文王立政,大革斯制,然则以大宰为神官,以司士执铨柄,皆殷法之乖缪者,是以爵名从周也),而箕子以为王府之葆臧者(《隋书·倭国传》,其内官有十二等:"一曰大德,次小德,次大仁,次小仁,次大义,次小义,次大礼,次小礼,次大智,次小智,次大信,次小信。夫以五官分职,实始五行之官。日本文教,受自百济王仁。隋《百济传》固言百济之先,出自高丽。则知以五德命官,必出于箕子也)。当殷之衰,"昊天不飨者六十年,麋鹿在牧,蜚鸿满野。厥登名民三百六十夫,故能不显,亦不宾灭。"(《逸周书·度邑篇》)以是知文王之为方伯,既尝改官,即每职举其一人以上殷室。故《周官》非肇制于公旦。父子积思,以成斯业,信其精勤矣。自周而下,设官在乎理财正辞,禁民为非,而司天属神之职,有所勿尚。象物以五者,特兵事之斥候旌旐耳。儒有一孔,不法后王,而眩于神运,故荀子之讥子思、孟轲曰:"案往旧造说,谓之五行。"(《非十二子》)则箕子之法,必不行于域中,而文王得持其元,故曰大一统也。《春秋传》于昭之五年,箸叔孙氏筮得《明夷》事,则曰"《明夷》,日也。日之数十,故有十时,亦当十位。自王以下,其二为公,其三为卿。日上其中,食日为二,旦日为三。"亦以见《明夷》之以日定位,久矣。而其言"亥子"者,则周室取之,以为官成之大齐者也。

问曰:斥候旌旐,象物以五,何事也?应之曰:"《春秋传》曰"明其五候"。贾逵曰:"五候,五方之候,敬授民时,四方中央也"(昭二十三年)。其后军候亦如之,故曰:"军行,右辕,左追蓐,前茅虑无,中权,后劲,百官象物而动,军政不戒而备。"(宣十二年传)物者,旗物也。上《典礼》曰:"行,前朱雀而后玄武"(雀,今本误鸟),左青龙而右白虎。招摇在上,急缮其怒。"则辕者,萑也(萑,从萑声。《说文》:"萑,读若和。"《大司马》:"以旌为左右和之门。"注:"军门曰和。"《穀梁》昭八年传:"置旃以为辕门。"是辕门即和门。辕、萑音皆近和,故可通借)。《考工》鲍人言"欲其荼白",荼者,萑苕(《诗》传)。右萑,即右白矣。蓐者,鹿蓐草也。《释草》所谓"菉王刍"者(某氏注谓"鹿蓐",孙炎注谓"蓐草",郭注亦同),其色绿,《小雅》"终朝采绿",则是矣。追,画也(《诗》"追琢其章",传:"追,雕也。"《广雅·释诂》:"彫,画也。"

又"弴弓"，《公羊解诂》作"彫弓"。《说文》："弴，画弓也。"是彫本有画义。追则与彫双声通借）。"左追蓐"，即"左画青"也。茅蒐无者，茅蒐，则《释草》所谓"茹藘茅蒐"也，"无"其余声。茅蒐可以染绛，其声合则为赪。"前茅蒐"而"前朱"，明矣。权者，《释草》曰"黄华"，《释木》曰"黄英"，郭璞曰"牛芸草也"。《小雅》"芸其黄矣"，传亦云"芸，黄盛也"。故"中权"者，中央用黄色也。劲者，《释草》曰"劲，鼠尾"，孙炎以为"可染皂"。"后劲"，"后玄"也（凡七入之缁，六入之玄，皆得以皂通称）。《曲礼》独以军行载旗为义，传即旁及斥候（旧解传者，皆支离。今考正如此）。军中以徽识物色教目依于五方，非以为神怪。及其末流，而有《卫侯官》十二篇，入阴阳家（《汉•艺文志》）。侯官者，候官也。

官统中第三十三（訄书三十三）

七十一圣之官，命禄尽于今，陈诸东序，不为下国缀游。然其称号磨灭，或觳见于四裔与后嗣王所布法，而幽隐不箸者，第而录之。非苟为采获异闻，凡近世鸿胪、中允（即中盾）诸职，因名于古，而十世以后称其卓诡考迹者，称吾世也。

《虞书•尧典》称"内于大麓"。郑君说《大传》曰："麓者，录也。"《新论》亦云："昔尧试于大麓者，领录天子事，如今尚书官矣。"（刘昭《百官志注》引）《论衡•正说》曰："言大麓，三公之位也。居一公位，大总录二公事。"其说虽异古文以为"山足"，要之言相位者，必有所从受。及拟以录尚书事，则诬也。繇汉而上，官号多难知，若长秋、光禄勋，其解诂犹近钩鈲，宁独上世？余读《汉书•乌孙传》，说其国官制曰："相大禄，左右大将二人，候三人，大将、都尉各一人，大监二人，大吏一人，舍中大吏二人，骑君一人。"自左右大将以下，皆汉语译录，独"大禄"非汉称。传又言："昆莫有十余子，中子大禄强，善将；大子有子曰岑陬。"其下言："岑陬者，官号也。"此则乌孙自以官称其人，即大禄为乌孙语，明矣。相大禄者，一官。大禄从主人，相从中国。史官所记，音义偕箸之也。都护韩宣奏"乌孙大吏、大禄、大监，皆可赐金印紫绶，以尊辅大昆弥"，明"大禄"为股肱贵臣，而与"大麓"译音正同，则《虞书》所说为相位，乌孙取于古官旧号，豁然矣。乌孙故在祁连、敦煌间，后乃他徙（见《张骞传》），与瓜州允姓故邻壤，当舜时则邶成地也。隋《西域传》言高昌王坐室，画鲁哀公问政孔子像，其官曰"令尹"，曰"公"，多取周、秦以上。高昌于汉，则车师前王庭，今为土鲁番、辟展二城；当中世声教殊绝，犹上法《周官》，以为光宠，况于舜世，东西固未鬲也？故孔子称"天子失官"，学在四夷"，而杨子云喜识绝代方言，信其有征哉！

"羲和作占日，尚仪作占月。"（《世本》及《吕氏春秋·勿躬》文）羲、和分，而皆有仲叔。及王莽，则合羲和为一官，亦犹秦之合仆射也（上《檀弓》："扶君，卜人师扶右，射人师扶左。"注："卜当为仆，声之误也。仆人、射人，皆平生时赞正君服位者。"故秦置谒者、侍中、尚书，皆有仆射，并仆人、射人为号。谒者辈皆近臣也。其后遂泛及他官，取其领事之号。《百官公卿表》谓古者重武官，有主射以督课之。非其实也）。综校其实，既远起东周矣。《文侯之命》言"父义和"者，郑以为晋仇其字义和，固无征也。马从孔安国故，以为晋重耳，其云"父能以义和我诸侯"，亦愈曼衍矣。义和者，羲和也；赐弓矢秬鬯以为侯伯，比于唐官分宅四方者。故取其尊号，而曰羲和。羲、和故分，尚仪亦非一名。《大传》曰："仪伯之乐舞，鼚哉！"此其仪也（《大传》注："仪当为羲，羲仲之后也。"按，下又有"羲伯之乐舞将阳"，则此非"羲"之误。郑以下言羲伯为羲叔之后，此为羲仲之后。然同言羲伯，不应如此无辨。故知此仪伯，为"尚仪"之"仪"，非羲伯也），周世法之。《大雅》有"维师尚父"，《故训传》以为"可尚可父"，惟《别录》亦言"师之、尚之、父之"。此皆近望文生义。师者，大师；尚父者，尚也。大公之赐履而征五侯，其职侪于仪伯，故曰"尚父"。周之爵号，秘逸者多矣。三晋之世，天子赏魏文侯以"上闻"（见《吕氏春秋·下贤》。旧作"上卿"。《汉书·樊哙传》如淳注引作"上闻"）。若羲和、尚父者，宁一事邪？

周之六典，亡三老、五更。三老，公也。五更者，世疑其出于秦官。秦爵：十二左更，十三中更，十四右更。皆以主领更卒，部其役使。凡将军，有前、后、左、右（《百官公卿表》），而大将军居中，而主莫府。故主领更卒者五人。章炳麟曰：秦无儒，袒而割牲，执酱而馈，执爵而酳，尚首虏之国不有也。夫庶长、不更之号，夙箸于《春秋》纬书。《文耀钩》曰："成周改号，苌弘分官。"（《续汉书·律历志》虞恭、宗诉等引）弘其取于秦官而建五更矣。今叔旦所制，既出山岩屋壁，独苌弘后定者不传。然其足以拨乱反正，宁不得与于苍姬之典乎？

屈原称其君曰"灵修"，此非诡辞也。古铜器以"灵终"为"令终"。而《楚辞》传自淮南（《楚辞》传本非一，然淮南王安为《离骚传》，则知定本出于淮南），以父讳更"长"曰"修"，其本令长也。秦之县，万户以上为令，减万户为长。此其名本诸近古。楚相曰"令尹"，上比国君（尹即古君字。故《左氏春秋》"君氏"，《公羊》作"尹氏"）。上世家族政体，君出乎刑部，曩犹以为事守，而久更慢驰。其他之凌乱则旧矣！是故革故之政，相材而授之职。自治官、法吏、军帅，专对之使，帑臧之守，起自卒史，上至乎上卿，终身不出其曹。虽有大勋，止乎赐爵矣。三术。处战国者，以军队为国之大郛，其势则不得不右武。兵法既异，因国之文臣，虽握神雀力，持遏必隆之匕首，不足以统驭士卒。八国比合，以陷宛平，其主跳走，督抚则先与密为誓盟。夫以疆圉抗诏，叛也；又逡循多畏，而弗能自立为小国，虚设节镇也；孰用？后王废督抚而建师团，内受命于本兵，外有承宣布政使以长一部。四术。明制，监司长吏以下，皆避本省。

宋政和制，则授官无过三十驿。议者善宋，以朱买臣、毕安敬、张汉周、范仲淹之守本郡为故。之二议者，其失则均也。必不用乡人，则瞢于风土，其举庋民；必专用邻比，而勿远取，僻陋之地风俗弗革，其民将老死不相往来。夫豪俊虽超轶于里闬之士，其材性则大抵不出其里闬。东方日本，有少连焉（《礼记·杂记下》孔子曰："少连、大连，善居丧，三日不怠，三月不解，期悲哀，三年忧，东夷之子也。"按：日本自神武天皇班功建德，胙土赐姓，于是有国，造县主之号。尔后氏族系朧，贵贱掍淆。逮天武天皇十三年，诏定八等之姓，曰真人，曰朝臣，曰宿祢，曰忌寸，曰道师，曰臣，曰连，曰稻，置以牢笼天下之姓氏。然则以官定姓，虽自天武始赐，实昉于神武也。仲哀天皇，当汉献帝初平、兴平、建安间，始置大连之官，亦因于古。盖是等官族，皆自神武建德赐姓始。神武元年，当周惠王十七年。少连、大连，盖即其时人。故孔子得称之。《论语》少连与柳下惠并称，鳃不知其何时何国？今观《杂记》"东夷之子"一语，又证以东方氏族，而知少连、大连之称，犹汉世大小夏侯、大小戴等以氏族箸者，乃始豁然确斯云），其民蹲夷不恭，故贤者犹侏张。西方秦，有子桑焉（《论语》"子桑伯子"，正义曰："郑以《左传》秦有公孙枝，字子桑，则以此为秦大夫。"按，郑盖以子桑、伯子为二人，与包氏异也），其民好稼穑，务本业（《汉·地理志》说秦俗如此），故贤者犹大简，不足以自拔也。今是秦、赵、燕、代、荆、楚、滇、蜀，陆行几万里。铁道未布，游者未能以遍至，赖远宦互革其俗，互增其见闻。必杜绝之，则民死其乡，吏死其牖下，川谷郡县鬲越而不达，风俗臭味窒阂而不流。若是，则其害于文明也最甚。故除吏者，无避本省，亦无迺远；人情有不通，则辅以三老、亭长。五术。贵贱之情，视其权不视其位；轻重之情，视其禄不视其阶。有位而无权，有阶而无禄，则将军之策命，或厘足以易觞豆。往者有理藩院，则鸿胪寺替矣；有总理通商之臣，则理藩院轻矣。大学士，宰臣也；提督，持斧之帅也。自军机处之设，则内阁无政；自金陵之陷，则提镇为仆妾。至于郎曹观政之士，而不肯与均茵伏，名违其实，权舛其秩，故赏不劝而黜不创。必核其权实，而升降其阶位。其尤冗散无事者，则废。六术。

以是六术，规蕞其建置。若夫增损财益之凡目，则以时定也。章炳麟曰：若古官方之乱，莫泰元魏。县置三令长，郡置三大守，州置三刺史。刺史则皇室一人，异姓二人。守其泯棼，宜勿可以终一籑，然而犹曰"升平之世"，何也？其端未见也。见端而革，以其六典，上诸大旅，震来虩虩，无丧翼翯，敷天之下，哀时之对，时周之命。

商鞅第三十五（訄书三十五）

商鞅之中于谗诽也二千年，而今世为尤甚。其说以为，自汉以降，抑夺民权，使人君纵恣者，皆商鞅法家之说为之倡。呜呼！是惑于淫说也甚矣。

法者，制度之大名。周之六官，官别其守，而陈其典，以扰乂天下，是之谓法。故法家者流，则犹西方所谓政治家也，非胶于刑律而已。后世之有律，自萧何作《九章》始（汉《地理志》：箕子作"乐浪朝鲜民犯禁八条"。李悝、高祖皆尝有作。然或行于小国，或草创未定之制。若汉唐及今变本加厉之法，则皆萌芽于何），远不本鞅，而近不本李斯。张汤、赵禹之徒起，踵武何说而文饰之，以媚人主，以震百辟，以束下民，于是乎废《小雅》。此其罪则公孙弘为之魁，而汤为之辅，于商鞅乎何与？鞅之作法也，尽九变以笼五官，核其宪度而为治本，民有不率，计画至无俚，则始济之以攫杀援噬。此以刑维其法，而非以刑为法之本也。故太史公称之曰："行法十年，秦民大说，道不拾遗，山无盗贼，家给人足。"今夫家给人足，而出于虔刘之政乎？功坚其心，纠其民于农牧，使曩之游惰无所业者，转而傅井亩。是故盖臧有余，而赋税亦不至于缺乏。其始也縠，其终也交足，异乎其厉民以鞭棰而务充君之左臧者也。及夫张汤，则专以见知、腹诽之法，震怖臣下，诛鉏谏士，艾杀豪杰，以称天子专制之意。此其鹄惟在于刑，其刑惟在于簿书筐箧，而五官之大法勿与焉，任天子之重征敛、恣调发而已矣！有拂天子意者，则己为天子深文治之，并非能自持其刑也。是故商鞅行法而秦日富，张汤行法而汉日贫，观于汲黯之所讥，则可知矣。繇汤之法，终于盗贼满山，直指四出，上下相蒙，以空文为治。何其与鞅反也？则鞅知有大法，而汤徒知有狴狱之制耳。法家与刀笔吏，其优绌诚不可较哉！且非特效之优绌而已，其心术亦殊绝矣。迹鞅之进身与处交游，诚多可议者，独其当官，则正如檠榜而不可紾。方孝公以国事属鞅，鞅自是得行其意，政令出内，虽乘舆亦不得违法而任喜怒。其贤于汤之窥人主意以为高下者，亦远矣。辱大子，刑公子虔，知后有新主能为祸福，而不欲屈法以求容阅。呜呼！其魁垒而骨髄也。庸渠若弘、汤之徒，专乞哀于人主，藉其苛细以行佞媚之术者乎？夫鞅之一日刑七百人以赤渭水，其酷烈或过于汤，而苛细则未有也。观其定令，如列传所言，略已具矣。吾以为酷烈与苛细者，则治乱之殊，直佞之所繇分也。何者？诛意之律，反唇之刑，非有所受也。汤以为不如是不足以媚人主，故瘁心力而裁制之，若鞅则无事此矣。周兴、来俊臣之酷烈也，又过于鞅，然割剥之憯乱越无条理。且其意亦以行媚，而非以佐治，则鞅于此又不屑焉。嗟乎！牛羊之以族蠡传者，虑其败群，牧人去之而无所遴。刑七百人，盖所以止刑也。俄而家给人足、道不拾遗矣！虽不刑措，其势将偃齐斧以攻桹桶。世徒见鞅初政之酷烈，而不考其后之成效，若鞅之为人，终日持鼎镬以宰割其民者，岂不缪哉！余观汉氏以降，刀笔吏之说，多傅《春秋》。其义恣君抑臣，流跑而及于民。汤之用"决事比"，其最俶矣。自是可称道者，特旌旗之以文无害之名，而不能谓之有益于百姓。是其于法家，则犹大岩之与壑也。今缀学者不能持其故，而以"抑民恣君"蔽罪于商鞅。呜呼！其远于事情哉。且亦未论鞅之世矣。夫使民有权者，必其辩慧之士可与议令者也。今秦自三良之死，后嗣无法，民无所则效，至鞅之世，而冥顽固以甚矣。后百余岁，荀子犹曰"秦无儒"，此其蠢愚无知之效也。以蠢愚无知之民，起而议政令，则不足以广益，而祗以淆乱是非。非禁之，将何道哉？后世有秀民矣，而上必强阏之，使不得与议令。故人君尊严若九天之上，萌庶缩朒若九地之下。此诚昉于弘、汤之求媚，而非其取法于鞅也。耦弟令效鞅，鞅固救时之相而已。其法取足以济一时，其书取足以明其所行之法，非若儒墨之著书，欲行其说于后世者也。后世不察鞅之用意，而强以其物色效之，如孙复、胡安国者，则谓之愚之尤；如公孙弘、张汤者，则谓之佞之尤。此其咎皆基于自取，而鞅奚罪焉？吾所为濑鞅者，则在于毁孝弟、败天性而已。有知其毒之酋腊而制之，其勿害一也。昔者蜀相行鞅术，至德要道弗蹈焉。贾生亦好法矣，而非其遗礼义、弃仁恩。乃若夫挽近之言新法者，以父子异财为宪典，是则法乎鞅之秕稗者也。宝其秕稗而于其善政则放绝之，人言之戾也，一至是哉！夫民权者，文祖五府之法，上圣之所以成《既济》也。有其法矣，而无其人，有其人矣，而无其时，则三统之王者起而治之。降而无王，则天下荡荡无文章纲纪，国政陵夷，民生困敝，其危不可以终一铺。当是时，民不患其作乱，而患其骀荡姚易，以大亡其身。于此有法家焉，虽小器也，能综核名实，而使上下交蒙其利，不犹瘉于荡乎？荀曰"吾宁国政之不理，民生之不遂，而必不欲使法家者整齐而搏纫之"，是则救饥之必待于侊饭，而诫食壶飧者以宁为道殣也。

悲夫！以法家之鸷，终使民生；以法家之刻，终使民膏泽。而世之仁人流涕洟以忧天下者，猥以法家与刀笔吏同类而丑娸之，使九流之善，遂丧其一，而莫不府罪于商鞅。嗟乎！鞅既以刑公子虔故，蒙恶名于秦，而今又蒙恶名于后世。此骨鲠之臣所以不可为，而公孙弘、张汤之徒，宁以佞媚持其禄位者也。

正葛第三十六（虓书三十六）

　　临沮之败，葛氏不以一卒往援。昧者讥其无远略，而或解以败问之未通。苟罗骑斥候之疏如是，则政令愈慢矣！皆窥闇者也。法家之所患，在魁柄下移。移者成于从横之辩言，其上则雄桀难御，不可以文法约束者为特甚。故韩非所诛，莫先于务朋党、取威誉。

附录二　纪念先师章太炎先生

许寿裳

先师章先生是革命大家，同时是国学大师，其阶位卓绝，非仅功济生民而已。前世纪之末，士大夫或言变法，或言立宪，议论纷纷，淆乱民听，自先师以历史民族之义提倡光复，"首正大义，截断众流"，百折不挠，九死无悔，而后士民感慕，翕然从风，其于民国，艰难缔造，实为元功。

清失其鹿，民国肇兴。虽兵不血刃，百日而成，追惟事前经营之力，所以摩荡人心者，盖十有余年矣。炳麟不佞，始以历史民族之义提倡光复。时前总统孙公屏居日本，交游素寡，初与定交，同谋匡济。既而文字兴祸，絷于上海，海内为之激昂，幸得不死，东抵江户。以天之灵，黄农虞夏之佑我子孙，腾书驰说，不为四百兆人遐弃，内外喁喁，延颈望义。逮乎辛亥，大义举于武昌，十有四省，应如反掌。夫惟历史民族之义，足以为全国斗杓，故举兵不为犯顺，推亡不为篡盗。……

（民国三年《致袁世凯书》）

至于先师学术之大，前无古人，以朴学立根基，以玄学致广大。批判文化，独具慧眼，凡古近政俗之消息，社会都野之情状，华梵圣哲之义谛，东西学人之所说，莫不察其利病，识其流变，观其会通，穷其指归。"千载之秘，睹于一曙。"

庄生之玄，荀卿之名，刘歆之史，仲长统之政，诸葛亮之治，陆逊之谏，管宁之节，张机范汪之医，终身以为师资。

……自揣平生学术，始则转俗成真，终乃回真向俗，世固有见谛转胜者邪。后生可畏，安敢质言。秦汉以来，依违于彼是之间，局促于一曲之内，盖未尝睹是也。乃若昔人所诮，专志精微，反致陆沈，穷研训诂，遂成无用者，余虽无腴，固足以雪斯耻。

（《菿汉微言》）

观此三段引文，语语核实，而先师之神解聪察，丰功伟绩，已可窥见一斑。若其闳眇之旨，精微之言，著于简策，长留天地，固非浅学如我者所宜妄赞也。今就于己有关者数事，约略述之，以存纪念。

我生也晚，民元前十一年（一九〇一），始由宋平子（名恕，后更名衡）师得闻先师之大名。时宋师掌教杭州求是书院，其教法迥异恒常，"取法象山，限规不立，经史子集，任择从事"。对于先师之排满论，宋师阳为反对，阴实赞同，尝曰："枚叔文章，天下第一"，盖先师别号初为枚叔也。我此后得读《正仇满论》及改定本《訄书》，实由宋师启之。《訄书》当初多未了解，首受感动者，仅仅在《订文》之附录及《哀焚书》至《解辫发》数篇而已。《解辫发》有云：

> ……共和二千七百四十一年，秋七月，余年三十三矣。是时满洲政府不道，戕虐朝士，横挑强邻，戮使略贾，四维交攻，愤东胡之无状，汉族之不得职，陨涕涔涔曰：余年已立，而犹被戎狄之服，不违咫尺，弗能翦除，余之罪也。将荐绅束发，以复近古，日既不给，衣又不可得。于是曰：昔祁班孙，释隐玄，皆以明氏遗老，断发以殁。《春秋谷梁传》曰："吴祝发"，《汉书·严助传》曰："越劗发"（晋灼曰："劗，张揖以为古翦字也。"）。余故吴越间民，去之亦犹行古之道也。……

翦辫变夷，所关非浅，故亦必考据凿凿。全文在先师手订《检论》时已经删去。《訄书》之外，如《中夏亡国二百四十二年纪念会书》、《驳康有为论革命书》等，皆我所百读不厌者。

民元前九年（一九〇三），以《驳康有为论革命书》有云："载湉小丑，未辨菽麦"，又尝为邹容所著《革命军》作序，先师遂与邹容俱被逮。时我在东京编辑《浙江潮》，常从蒋观云先生处，藉知先师狱中状况。一日，观云以先师狱中书视我，书后附写近作诗四首，我求抄以实《浙江潮》，观云即裁下予之。此我得观先师墨迹之始。原纸至今藏在行箧，弥可珍贵，诗录如下：

狱中赠邹容（闰月廿八日）

邹容吾小弟，被发下瀛洲。
快翦刀除辫，乾牛肉作粮。
英雄一入狱，天地亦悲秋。

临命须掺手，乾坤只两头。

狱中闻沈禹希见杀（六月十二日）

　　不见沈生久，江湖知隐沦。
　　萧萧悲壮士，今在易京门。
　　魑魅羞争焰，文章总断魂。
　　中阴当待我，南北几新坟。

狱中闻湘人杨度被捕有感（六月十八日）

　　神狐善埋掎，高鸟喜回翔。
　　保种平生愿，征科绝命方。
　　马肝原识味，牛鼎未忘香。
　　千载《湘军志》，浮名是锁缰。
　　衡岳无人地，吾师洪大全。
　　中兴渗诸将，永夜遂沈眠。
　　长策惟干禄，微言是借权。
　　藉君好颈子，来者一停鞭。

　　民元前六年（一九〇六）阳历六月二十九日，先师出狱，即日东渡至东京，发长过肩，肌体颇腴。闻因狱中食物无盐之故。七月十五日，留东学生在神田区锦辉馆开会欢迎，先师即席演说，其大意首述自己平生历史，次以涵养感情两事勉励大众：（一）"用宗教发起信心，增进国民的道德。"（二）"用国粹激动种性，增进爱国的热肠。"此我亲接先师尊容之始。现将演说摘录数段如下：

　　兄弟少小的时候，因读蒋氏《东华录》，其中有戴名世、曾静、查嗣庭等人的案件，便就胸中发愤，觉得异种乱华是我们心里第一恨事。后来读郑所南、王船山两先生的书，全是那些保卫汉种的话，民族思想，渐渐发达。但两先生的话，却没有甚么学理。自从甲午以后，略看东西各国的书籍，才有学理收拾进来。当时对着朋友，说这逐满独立的话，总是摇头，也有说是疯颠的，也有说是叛逆的，也有说是自取杀身之祸的。但兄弟是凭他说个疯颠，我还守我疯颠的念头。……大凡非常可怪的议论，不是神经病人，断不能想，就能想也不敢说，说了以后，遇着艰难困苦的时候，不是神经病人，断不能百折不回，孤行己意。所以古来有大学问，成大事业的，必得有神经病才能做到。……近来有人传说：某某是有神经病，一某某也是有神经病，兄弟看来，不怕有神经病，只怕富贵利禄当面现前的时候，那神经病立刻好了，这才是要不得呢！略高一点的人，富贵利禄的补剂，虽不能治他的神经病，那艰难困苦的毒剂，还是可以治得的。这总是脚跟不稳，不能成就甚么气候。兄弟尝这毒剂是最多的，算来自戊戌年以后，已有七次查拿，六次都拿不到，到第七次方才拿到。以前三次，或因别事株连，或是普拿新党，不专为我一人．后来四次，却都为逐满独立的事。但兄弟在这艰难困苦的盘涡里头，并没有一丝一毫的懊悔，凭你甚么毒剂，这神经病总治不好。或者诸君推重，也未必不由于此。若有人说，假如人人有神经病，办事必定瞀乱，怎得有个条理？但兄弟所说的神经病，并不是粗豪卤莽，乱打乱跳，要把那细针密缕的思想，装载在神经病里。譬如思想是个货物，神经病是个汽船。没有思想，空空洞洞的神经病必无实济，没有神经病，这思想可能自动的么？以上所说，是略讲兄弟平生的历史。

至于近日办事的方法，一切政治、法律、战术等项，这都是诸君已经研究的，不必提起。依兄弟看：第一要在感情。没有感情，凭你有百千万亿的拿破仑、华盛顿，总是人各一心，不能团结。当初柏拉图说："人的感情，原是一种醉病。"这仍是归于神经病了。要成就这感情，有两件事最是紧要的：第一是用宗教发起信心，增进国民的道德；第二是用国粹激动种性，增进爱国的热肠。

先说宗教……孔教基督教既然必不可用，究竟用何教呢？我们中国本称为佛教国，佛教的理论，使上智人不能不信，佛教的戒律，使下愚人不能不信，通彻上下，这是最可用的。但今日通行的佛教，也有许多的杂质，与他本教不同，必须设法改良，才可用得。因为净土一宗，最是愚夫愚妇所尊信的。他所求的，只是现在的康乐，子孙的福泽。以前崇拜科名的人，又将那最混帐的《太上感应篇》、《文昌帝君阴骘文》等，与净土合为一气，烧纸拜忏化笔扶箕种种可笑可丑的事，内典所没有说的，都一概附会进去。所以信佛教的，只有那卑鄙恶劣的神情，并没有勇猛无畏的气概。我们今日要用华严法相二宗改良旧法。这华严宗所说，要在普度众生，头目脑髓都可施舍与人，在道德上最为有益。这法相宗所说，就是万法惟心，一切有形的色相，无形的法尘，总是幻见幻想，并非实在真有。近来康德、索宾霍尔诸公，在世界上称为哲学之圣。康德所说"十二范畴"纯是"相分"的道理。索宾霍尔所说"世界成立全由意思盲动"，也就是"十二缘生"的道理。却还有许多哲理，是诸公见不到的。所以今日德人，崇拜佛教，就是为此，在哲学上今日也最相宜。要有这种信仰，才得勇猛无畏，众志成城，方可干得事来。……有的说佛教看一切众生，皆是平等，就不应生民族思想，也不应说逐满复汉，殊不晓得佛教最重平等，所以妨碍平等的东西必要除去。满洲政府待我汉人种种不平夕岂不应该攘逐？且如婆罗门教分出四姓阶级，在佛教中最所痛恨。如今清人待我汉人，比那刹帝利种虐待首陀更要利害十倍。照佛教说，逐满复汉，正是分内的事。又且佛教最恨君权、大乘戒律都说"国王暴虐，菩萨有权，应当废黜"。又说"杀了一人，能救众人，这就是菩萨行"。其余经论，王贼两项都是并举。所以佛是王子，出家为僧，他看做王就与做贼一样，这更与恢复民权的话相合。所以提倡佛教，为社会道德上起见，固是最要，为我们革命军的道德上起见，亦是最要。总望诸君同发大愿，勇猛无畏，我们所最热心的事，就可以干得起来了。

次说国粹。为甚提倡国粹？不是要人尊信孔教，只是要人爱惜我们汉种的历史。这个历史是就广义说的，其中可以分为三项：一是语言文字，二是典章制度，三是人物事迹。……

……第三要说人物事迹。中国人物，那建功立业的，各有功罪，自不必说。但那俊伟刚严的气魄，我们不可不追步后尘。与其学步欧美，总是不能像的，何如学步中国旧人，还是本来面目。其中最可崇拜的有两个人：一是晋末受禅的刘裕，一是南宋伐金的岳飞，都是用南方兵士，打胜胡人，可使我们壮气。至于学问上的人物，这就多了，中国科学不兴，唯有哲学，就不能甘居人下。但是程朱陆王的哲学，却也无甚关系，最有学问的人就是周秦诸子……近代有还一人，这便是徽州休宁县人，姓戴名震，称为东原先生。他虽专讲儒教，却是不服宋儒，常说"法律杀人，还是可救，理学杀人便无可救。"因这位东原先生，生在满洲雍正之末，那满洲雍正所作朱批上谕，责备臣下并不用法律上的说话，总说："你的天良何在？你自己问心可以无愧的么？"只这几句宋儒理学的话，就可以任意杀人。世人总说雍正待人最为酷虐，却不晓是理学助成的。因此那个东原先生，痛哭流涕，做了一本小小册子。他的书上，并没有明骂满洲，但看见他这本书，没有不深恨满洲。这一件事，恐怕诸君不甚明了，特为提出。照前所说，若要增进爱国的热肠，一切功业学问上的人物，须选择几个出来，时常放在心里，这是最紧要的。就是没有相干的人，古事古迹，都可以动人爱国的心思。当初顾亭林要想排斥满洲，却无兵力，就到各处去访那古碑古碣传示后人，也是此意。……

此演说录，洋洋洒洒长六千言，是一篇最警辟有价值之救国文字，全文曾登《民报》第六号，而《太炎文录》中未见收入，故特地多抄如上。现在中国虽称民国，而外侮日亟，民气日衰，一般国民之怯懦浮华，猥贱诈伪，视清末或且加甚，自非一面提倡佛教，"以勇猛无畏治怯懦心，以头陀净行治浮华心，以唯我独尊治猥贱心，以力戒诳语治诈伪心"，（先师《答梦庵书》中语，见《民报》第二十一号）一面尊重历史，整理国故，其不善者改良之，善者顶礼膜拜之，以养成民族的自信力，前路茫茫，何能有济？

民元前四年（一九〇八），我始偕朱蓬仙（宗莱），龚未生（宝铨），朱逖先（希祖），钱中季（夏，今更名玄同，名号一致），周豫才（树人），启明（作人）昆仲，钱均夫（家治），前往受业。每星期日清晨，步至牛込区新小川町二丁目八番地先师寓所，在一间陋室之内，师生席地而坐，环一小几。先师讲段氏《说文解字注》，郝氏《尔雅义疏》等，精力过人，逐字讲解，滔滔不绝，或则阐明语原，或则推见本字，或则旁证以各处方言，以故新谊创见，层出不穷。即有时随便谈天，亦复诙谐间作，妙语解颐。自八时至正午，历四小时毫无休息，真所谓"默而识之，学而不厌，诲人不倦"。其《新方言》及《小学答问》二书，皆于此时著成，即其体大思精之《文始》，初稿亦权舆于此。"……讨其类物，比其声均。音义相仇，谓之变易，义自音衍，谓之孳乳。坒而次之，得五六千名，虽未达神恉，多所缺遗，意者形体声类，更相扶胥，异于偏旁之议。若夫囱𥥿同语，扩一文，天即为颠，语本于囟；臣即为牵，义通于玄。真丩出嵩芏，同种而禅，乳巨父互，连理而发。斯盖先哲之所未谕，守文者之所疴劳。亦以见仓颉初载，规摹宏远，转注假借，具有泰初。……"（《文始叙例》）凡所诠释，"形音义三，皆得俞脉"，豁然贯通，此先师语言文字学之成

235

就，所以超轶清代诸儒。惜我听讲时间既短，所得又极微，次年三月，便因事告归耳。

民元前一年（一九一一），武昌起义后，先师归国，时发谠言，至民国三年，被袁世凯幽禁，愤而绝粒者二次，各至十余日，如曩昔之在西牢，后以爱女北来，又经友人及弟子环吁床前，始渐复食，其后见洪宪之逆谋渐著，益深痛恨。因生平于印度之中兴，期望至切，见诸文字者甚多，如云"……昔我皇汉刘氏之衰，儒术堕废，民德日薄，赖佛教入而持世，民复挚醇，以启有唐之盛。讫宋世佛教转微，人心亦日苟偷，为外族并兼勿能脱。如印度所以顾复我诸夏者，其德岂有量耶？臭味相同，虽异族，有兄弟之好。……印度自被蒙古侵略，至今才六百岁，其亡国不如希腊罗马之阔远。振其旧德，辅以近世政治社会之法，谁谓印度不再兴者！……"（《送印度钵逻罕保什二君序》）又云："东方文明之国，荦荦大者，独吾与印度耳。言其亲也，则如肺府，察其势也，则若辅车，不相互抱持而起，终无以屏蔽亚洲。……"（《印度中兴之望》）五年三月，先师决意出游梵土，赐书命我设法，我便就商于有力者某，托其进言，竟未有成，至今耿耿。其书录于下方：

  季茀足下。数旬不觌，人事变幻，闻伯唐辈亦已蚩遁。今之政局，固非去秋所可同喻，羁滞幽都，我生靡乐，而栋折榱崩，咎不在我，经纶草昧，特有异人，于此两端，无劳深论。若云师法段干，偃息藩魏，虽有其术，固无其时也。今兹一去，想当事又有遮碍，晓以实情，当能解其忧疑耶。梵土旧多同志，自在江户，已有西游之约，于时从事光复，未及践言。纪元以来，尚以中土可得振起，未欲远离也。迩者时会倾移，势在不救，旧时讲学，亦为当事所嫉。至于老庄玄理，虽有纂述，而实未与学子深谈，以此土无可与语耳。必索解人，非远在大秦，则当近在印度，兼寻迦释六师遗绪，则于印度尤宜。以维摩居士之身，效慈恩法师之事，质之当事，应无所疑。彼土旧游，如钵逻罕，鲍什诸君，今尚无恙，士气腾上，愈于昔时远甚。此则仆所乐游也。兹事既难直陈当事，足下于彼，为求二纳牖者，容或有效。若以他事为疑，棋已终局，同归于尽可知矣。又安用疑人为？此问起居康健。章炳麟白。二十三日。

近年，先师讲学苏州，门徒大盛，我欲得有机会，重坐春风。却因奔走南北，未遑登门，而今已矣！末师前卒于民元前二年（一九一○），先师哀其"怫郁以终"，又谓"……文辞多刺当世得失，常闭置竹笼中……其轶特魁垒之气，没世不可忘也。"（《检论·对二宋》）今年六月十四日先师又遽捐馆舍。国丧典刑，吾将安仰？"学术既亡，华实蔍剥"，呜呼哀哉！

二十五年八月十四日

（原载一九三六年九月十六日《新苗》月刊第八册，又一九三六年九月十六日《制言》半月刊第二十五期"太炎先生纪念专号"，现据《制言》录存。）

附录三　作为著述家的许寿裳

陈平原

一　文学家还是著述家

作为教育家的许寿裳（1883—1948），已经日渐隐入历史深处；而作为章太炎弟子、鲁迅挚友的许寿裳，则仍然被广大读者所记忆。这自然是"立言"的结果——只要你稍微涉猎章太炎或鲁迅研究，就很难回避许先生所撰《章炳麟》(1945)、《鲁迅的思想与生活》(1947)、《亡友鲁迅印象记》(1947)、《我所认识的鲁迅》(1952)等。在这个意义上，说"许寿裳先生也是一位有成就的文学家"，或者称"许寿裳也是我国有影响的人物传记专家、作家"，也无不可。

不过，一般人所理解的"文学家"，大都是才情横溢、文采风流，与许先生的诚挚、笃实、平淡、自然，相去甚远。更何况，许先生不以驰骋想象见长，所撰多为"实录"性质的传记或回忆录。因此，称其为"著述家",或许更稳妥些。那样的话,我们可以转化视角,在学术史上,而不是在文学史上讨论许先生的贡献。

去年逝世的鲁迅研究专家林辰先生,对许著《亡友鲁迅印象记》等赞不绝口,称其"是有关鲁迅的重要文献,而文笔醇朴,亲切动人,其本身也富有文学价值";而近年活跃于学界及文坛的孙郁,对此也深有同感:"我读许氏的著作,深感其温和敦厚之气,内中有着质朴、纯正的风韵。许寿裳国学根底深,又通西学,故对鲁迅的感知,视界开阔,不拘于凡俗。虽然缺少哲人的目光,对鲁迅精神深广之处探颐有限,但对其人品、文风、境界的把握,独到深厚,非外人可及。"对于这些表彰许著的文字,我心有戚戚焉;只是谈到单靠这几本好书,能否"使许先生厕身于现代中国文学家之林而毫不逊色",我始终有些犹豫。

说白了,我对于许寿裳先生的文学才华,其实是颇有怀疑的。与鲁迅、许寿裳交往甚多的孙伏园,曾用小说笔法,讲述许先生从事文学创作的逸事:

> 在东京求学时代,鲁迅先生兄弟与许先生同居一处,许先生于学术研究之余,亦颇有志于创作。一夕,他对鲁迅先生说,今晚一定要创作了。鲁迅先生见他亲自到西洋料理店去买了点心来,而且亲自准备咖啡,鲁迅先生兄弟相约不要去扰乱他。等到夜深入静,鲁迅先生将要睡觉的时候,偷偷地去窥探他的创作已经有了多少。出人意料,鲁迅先生说:"西洋点心只吃了一块,咖啡已经冷了,季黻靠在桌上睡着了,而稿纸还是空白的。"

既然是逸事,难保没有"艺术加工"的成分。不过,如果了解当初许寿裳曾与周氏兄弟等相约,筹办《新生》杂志,这故事或许还有些影子。我甚至还怀疑,这故事的讲述者,很可能就是鲁迅,因其幽默中包含着善意,不伤人,但很能见性情。

本不以文学见长的许寿裳先生,受尊师章太炎的教诲、挚友鲁迅的感染,再加上那代人普遍良好的古文修养,一旦著述,颇见神采。换句话说,许先生回忆鲁迅等书之所以可读、可传,"工夫在诗外"。因此,我主张暂时搁置其"文学技巧"或"修辞手法"的探讨,也无须汲汲于将其抬进本就相当拥挤的"文学殿堂"。

二 从《纪念先师章太炎先生》到《章炳麟》

读过《亡友鲁迅印象记》的,大概都会记得该书第七节"从章先生学"。此文以及鲁迅的《关于太炎先生二三事》、周作人的《知堂回想录·民报社听讲》、任鸿隽的《记章太炎先生》、刘文典的《回忆章太炎先生》等,都涉及令人神往的章太炎东京讲学。其中,许寿裳的"追忆",是"始作俑者"。《亡友鲁迅印象记》明明迟至1947年方才出版,为何将其置于鲁迅的《关于太炎先生二三事》之前?那是因为,"从章先生学"一节的轮廓,其实早就见于十年前的《纪念先师章太炎先生》。

熟悉鲁迅著述及史迹的朋友,大概都知道,鲁迅撰于1936年10月的《关于太炎先生二三事》,与许寿裳撰于1936年8月的《纪念先师章太炎先生》,关系极为密切。一强调"先师章先生是革命大家,同时是国学大师",一称"我以为先生的业绩,留在革命史上的,实在比在学术史上还要大",二者互相发明,配合默契。细读文本,你还会发现,鲁迅的引录《狱中赠邹容》、《狱中闻沈禹希见杀》二诗,摘录章太炎在东京留学生欢迎会上的演说辞("第一是用宗教发起信心,增进国民的道德;第二是用国粹激动种性,增进爱国的热肠"),以及专门提及章先生为八人小班讲授《说文解字》等,都是依据许寿裳文章提供的资料。

叙述角度颇有差异,文章境界也显高低,但鲁文基于许文的提示,这点毫无疑义。撰写《关于太炎先生二三事》这篇名文前半个月，鲁迅曾给许寿裳去信，其中有曰：

> 得《青苗》，见兄所为文，甚以为佳，所未敢苟同者，惟在欲以佛法救中国耳。
>
> 从中更得读太炎先生狱中诗，卅年前事，如在眼前。因思王静安没后，尚有人印其手迹，今太炎先生诸诗及"速死"等，实为贵重文献，似应乘收藏者多在北平之便，汇印成册，以示天下，以遗将来。

章太炎的狱中诗，许寿裳编《浙江潮》时曾予以刊出，"原纸至今藏在行箧，弥可珍惜"；至于章太炎在东京留学生欢迎会的演说，许文竟抄录了整整四页，原因是：

> 此演说录，洋洋洒洒，长六千言，是一篇最警辟有价值之救国文字，全文曾登《民报》第六号。而《太炎文录》中未见收入，故特地多抄如上。

许寿裳的这些追忆，显然很让鲁迅动容，也因此勾起了不少陈年往事。对比鲁迅之抱怨浙江所刻《章氏丛书》，"先前的见于期刊的斗争的文章，竟多被刊落"，以及称"先生手定的《章氏丛书》内，却都不收录这些攻战的文章"，"其实是吃亏、上当的"，与许文的上述表达，可谓若合符节。

至于鲁迅明确表示不敢苟同的"欲以佛法救中国"，指的是许寿裳文章中的这么一段话：

> 现在中国虽称民国，而外侮益亟，民气益衰，一般国民之怯懦浮

华,猥贱诈伪,视清末或且加甚,自非一面提倡佛教,"以勇猛无畏治怯懦心,以头陀净行治浮华心,以惟我独尊治猥贱心,以力戒诳语治诈伪心"(先师《答梦庵书》中语,见《民报》第二十一号),一面尊重历史,整理国故,其不善者改良之,善者顶礼膜拜之,以养成民族的自信心,前路茫茫,何能有济?

对于鲁迅的批评,许寿裳是口服心服的。日后所撰《章炳麟》一书,虽设专节谈论章太炎"经子及佛学上的贡献",却不再发挥"佛法救国"的空想了。

其实,这段"公案",许寿裳本人在《亡友鲁迅印象记》第十三节"看佛经"中,已经公开挑明。除了全文引录鲁迅去世前二十四天写的这封长信,许寿裳还对同是读佛经的太炎先生师徒,下了这么个断语:"先生和鲁迅师弟二人,对于佛教的思想,归结是不同的:先生主张以佛法救中国,鲁迅则以战斗精神的新文艺救中国。"

三 兼及"革命元勋"与"国学大师"

从善如流的许寿裳先生,显然很看重鲁迅的这封回信,日后撰写《章炳麟》,不只不再妄谈佛法救国,更重要的是,一再强调章太炎的革命家身份,希望其不被"国学大师"所遮蔽。而在我看来,许的这一坚持,与其对鲁迅的尊崇与信任大有关系。

1944年9月,国民党中央宣传部副部长潘公展来信,邀请许寿裳为其主编的丛书《中国历代名贤故事集》撰写《章炳麟》一书。虽"山居无书参考,颇费踌躇",许还是当仁不让,开始四处寻觅资料。好不容易借到1936年《制言》杂志的章太炎先生纪念专号,上面既有许的《纪念先师章太炎先生》,也有诸多师友的怀念文章,《章炳麟》的撰写,这才得以顺利展开。半年后，全书杀青，在寄稿的同时，许寿裳给潘公展去信（1945年3月31日），郑重声明：

> 章先生为革命元勋，同时为国学大师，世人仅注意后一点，不足以明真相，拙稿双方并重，而文字力求简要，删而又删，成此字数。

同年11月，应邀为《教育全书》撰一万五千言的"章炳麟传略"，交稿时，许寿裳同样奉上一"附带声明"：

> 章先生为国学大师，著述精深独到，三百年来无第二人，贡献于学术上及教育上者甚大。又为革命元勋，惜世人多不明了。今拙稿于此双方兼顾，而文字力求简要，删而又删，故不超过所限字数。

如此叮嘱再三，可见许先生对此兼及"学问"与"革命"的论述策略，是何等重视。

主编《中国历代名贤故事集》丛书的，是国民党中央宣传部副部长潘公展，将章太炎置于第三辑"学术先进"，很大程度是全书体例使然。潘公展为这套丛书所撰"编纂旨趣"，称："我认为建国文化是建筑在两大基础上：第一是发扬固有的优良文化，从根救起；第二是吸收最新的科学工艺，迎头赶上。这套故事集就是第一个基础上的许多基石之一。"至于选择"基石"的标准，不外传统的立德、立功、立言。与此相适应，也就有了第一辑"民族伟人"、第二辑"历代贤豪"、第三辑"学术先进"的区分。

这套书的作者阵容相当可观，要不当时已成名家，要不日后大有发展。1946年南京版《章炳麟》后面，附有该丛书的总目，值得选摘（括号里面是该传的作者）：第一辑"民族伟人"共九种，包括黄帝（钱穆）、孔子（黎东方）、秦始皇（顾颉刚）、汉武帝（缪凤林）、唐太宗（罗香林）、明太祖（吴晗）、孙总理（邹鲁）等；第二辑"历代贤豪"共十五种，包括勾践（卫聚贤）、诸葛亮（祝秀侠）、武则天（蓝文徵）、岳飞（邓广铭）、文天祥（王梦鸥）、郑成功（郑德坤）、洪秀全（罗尔纲）、林则徐（魏应祺）等；第三辑"学术先进"共十五种，包括老子（张默生）、墨子（罗根泽）、屈原（游国恩）、司马迁（汪辟疆）、韩愈（李长之）、玄奘（苏渊雷）、徐光启（方豪）、顾炎武（谭其骧）、曾国藩（萧一山）、梁启超（吴其昌）、章炳麟（许寿裳）等。细察丛书的整体框架，置章太炎于"学术先进"，定位其实相当准确。况且，对于许著的兼及"革命元勋"与"国学大师"，主编并无异议。

以弟子身份为尊师作传，好处是见闻真确，态度虔诚，且掌握很多第一手资料；可也面临很难回避的陷阱，那就是"为尊者讳"，拼命拔高，言过其实。比如，称"章先生学术之大，也是前无古人"，这样的说法，便很难让人信服。好在接下来的具体评说，还是很有见地的：

> 独有先生出类拔萃，虽则他的入手工夫也是在小学，然而以朴学立根基，以玄学致广大，批判文化，独具慧眼，凡古今政俗的消息，社会文野的情状，中印圣哲的义谛，东西学人的所说，莫不察其利病，识其流变，观其会通，穷其指归。"千载之秘，睹于一曙。"这种绝诣，在清代三百年学术史中没有第二人，所以称之曰国学大师。

熟悉章太炎著述的读者，很容易发现，这些品鉴，大都是借用或化用章氏本人的自述。这正是此书的最大特点：熟读《章氏丛书》，大量摘引原文。如此"以章说章"，对于学术评传来说，未尝不是一种好办法。其实，这种写作，大有来头，追摹的是黄宗羲、全祖望的《明儒学案》《宋元学案》等。

梁启超《中国近三百年学术史》提及清代的谱牒学,称自撰年谱价值最高,其次便属"友生及子弟门人为其父兄师友所撰年谱","因时近地切,见闻最真也"。而"可以观一时代思想"的"学者之谱",要想写好,并不容易。

是故欲为一名人作一佳谱,必对于其人著作之全部(专就学者或文学家言,别方面则又有别当注意之资料),贯穴钩稽,尽得其精神与其脉络。不宁惟是,凡与其人有关系之人之著作中直接语及其人者,悉当留意。不宁惟是,其时之朝政及社会状况,无一可以忽视。

以我的观察,许寿裳之为尊师作传,所凭借的学术资源,并非胡适等人所提倡的西式的"传记文学",而是清人的"学案"以及梁启超所评述的"学者之谱"。

《章炳麟》一书,最见功力的,无疑是"革命元勋的章先生"和"国学大师的章先生"两章。可第一章"最近三百年来中国政治和学术的鸟瞰",这大帽子的功能,一如梁启超所说的:"其时之朝政及社会状况,无一可以忽视";至于第四章"先生晚年的志行",涉及章太炎晚年的日常生活、学术兴趣以及政治立场,是全书的补充,也是必要的强调。全书的结构很特别,始终将政治史与学术史的思路扭结在一起,不即不离。落实到具体事件,便是不完全遵从时间顺序,随时"按下"与"提起"。比如,第二章讲述章太炎《民报》时期的工作,故意按下最为精彩的为鲁迅等讲学不表,留给了第三章,以便突出其"革命不忘讲学"(第十四节的题目,真的就叫"革命不忘讲学")。而在第四章设"对于全面抗日的遗志"专节,既符合全面抗战这一著述背景,同时再次凸显全书宗旨:章太炎不仅仅是"国学大师"。考虑到丛书第三辑的命名——"学术先进",这样的提醒十分必要。

四 传记文学与师友情谊

在追忆许寿裳先生时,孙伏园说了这么一段话:"章太炎先生的早期弟子们,既不忘师说,也不泥师说,日有进境而成为纯科学态度的学者的,许寿裳先生便是其中的一人。"笼统地说许先生学业有成,那没问题;可要说章太炎的弟子中"不泥师说"且"日有进境"者,许先生其实算不上。《太炎先生自定年谱》宣统二年(1910年)则,提及其亡命日本时之"提奖光复,未尝废学",称:

> 弟子成就者,蕲(州)黄侃季刚、归安钱夏季中、海盐朱希祖逖先。季刚、季中皆明小学,季刚尤善音韵文辞。逖先博览,能知条理。其他修士甚众,不备书也。

太炎先生一贯特立独行,评论时事以及品鉴人物,不太受流俗影响。在"自定年谱"中,不提声名显赫的周氏兄弟以及许寿裳,有政治立场歧异的缘故,但更重要的是,从专业角度考量,这三位"文化名流"都不能算是其"得意门生"。鲁迅说,"先生的音容笑貌,还在目前,而所讲的《说文解字》,却一句也不记得了",并非只是自我调侃。章太炎对于周氏兄弟以及许寿裳的影响,主要在思想与人格,而不是具体的文字学知识。鲁迅撰有《门外文谈》,也有编《中国字体变迁史》的计划,但并非以此名家;许寿裳去世前一年为台湾大学中国文学系二年级学生讲授"文字学",课余编著《文字学概要》讲稿,可也说不上光大师门。

作为学者的许寿裳,虽有若干教育学文章,以及《怎样学习国语和国文》、《历代考试制度述要》等著作传世,但都说不上十分精彩。真正让读者难以忘怀的,还是《章炳麟》、《亡友鲁迅印象记》等传记作品。好友台静农在《追思》一文中,提及许先生谦冲慈祥、临事不苟的个性,以及弘通致用的学术风格，下面这段话尤其值得注意：

> 先生一生与章太炎、蔡孑民、鲁迅先生关系最深，这三位先生都是创造现代中国文化的大师，以先生长于传记的文笔，不幸仅写出章先生一传，蔡先生传尚未及下笔，鲁迅先生的止成印象记一书，而一代文献所寄的前辈，竟在深夜梦中死于柴刀之下，事变之来，真不知从何说起。

称许寿裳乃"一代文献所寄"，表彰其"长于传记的文笔"，我以为是知人论世。实际上，日后学者之褒扬许先生文章"朴实淡雅，具有一种自然之美"、"言简意赅，毫无渲染"、"他的叙述既客观，又有生活气息和感情色彩"等，指的也都是这几种传记作品。

说到"传记"写作，自然不能忽略许先生曾在大学开设"传记文学"课程。据许世瑛编《先君许寿裳年谱》，我们知道，1940年就任华西大学文学院英庚款国学讲座，许先生开设的课程是《传记研究》和《中国小说史》；同年5月2日撰有《谈传记文学》一文，只是未详出处。可以说，在生命的最后十年，许寿裳的学术工作，主要围绕传记的研究与写作。至于具体成果，除了广为人知的章太炎、鲁迅的传记，还包括《〈宋平子先生评传〉序》、《宋师平子先生留别求是书院诸生的八首诗》、《蔡孑民先生的生活》、《俞曲园先生的思想》和《李慈铭〈秋梦〉乐府本事考》等。单从表面上看，文体五花八门，有序，有考，有回忆，也有评述，但大的思路相当一致，那就是借对于乡里先贤或师友的生平及著述的考辨，展开人物研究。广义地说，这些都可以称作"传记写作"。

读袁珂的《悼忆许寿裳师》，我们大致能领会到，许寿裳先生的"传记文学"课程，不是很成功。只有两个学生，可"许师却丝毫不苟，每上课前一定要在图书馆里钩稽群籍，作充分的准备"；有一回只剩下袁珂一人,面对如此难堪局面,"许师却从容一如平时,干脆不去写黑板了,而把他写好的讲义,放在我的课桌上,亲身站在我面前,认真讲课直到下课铃声叮当叮当地响起来"。这些描述,固然显示许先生教学的认真,以及处变不惊的绅士风度,可另一方面,也让我们体味到其内心的寂寞。许先生认真编写的"传记文学"讲义,未见行世;但这一不太成功的"研究",对其写作却很有意义。

要说许先生的传记写作,相对于其学术准备,我更看重的是"师友情谊"。孙郁表扬过《亡友鲁迅印象记》的文采与气象,后面还有一句:"鲁迅有这样的知己,可谓幸事。"这是从著作方面立论;反过来,正因为有了鲁迅这样的知己,方才成就许寿裳的文章。文章的好坏,固然依赖于个人才情,但与描写对象不无关系。全祖望《梨洲先生〈思旧录〉序》,劈头就是:

予尝谓文章之事,不特藉山川之助,亦赖一时人物以玉成之。

这话大有讲究。生活在一个大转折的时代,从小见识各种非同寻常的人物,眼界很高,其追怀朋好,杂糅见闻,这样的文章自是有别于小桥流水、小家碧玉。在《中国近三百年学术史》中,梁启超特别赞扬全祖望"最会描写学者面目",比如说黄梨洲、顾亭林、刘献廷、钱谦益、毛奇龄等,都是三言两语,就能写活一个人。所谓全氏"能以比较简短的文章,包举他们学术和人格的全部,其识力与技术,真不同寻常",固然在理;但还必须考虑到,这些当世第一流人物,本身行事特异,性格鲜明,确有可写处。换句话说,不管是黄宗羲的《思旧录》,还是全祖望诸多慷慨壮烈的碑传,确实是"亦赖一时人物以玉成之"。

同样道理,许寿裳的传记作品之所以可读、可传,与其得天独厚的师友交谊大有关系。据许世玮《父亲许寿裳生活杂忆》称:

在他被杀害前不久,他与我在院子里闲聊,当谈及他的著作时,他忽然说:"我有鲁迅、蔡元培先生这样两个知己,一生总算没有白过。"说这话时态度非常庄重,我听了不由得一愣。是啊,有这么位中国现代文化史上的伟人为知己是光荣的,也值得自豪!

这虽是家属几十年后的追忆,但大致可信。对于许寿裳来说,"值得自豪"的,不仅仅是蔡元培、鲁迅这两位知己,还有宋恕、章炳麟这两位尊师。据《鲁迅研究资料》第14辑,许寿裳残留的自传手稿,恰好谈的是"余年十九在杭州读书,最得益的老师是宋平子先生",以及留学东京时,"曾于每星期日到太炎先生寓所听讲小学"。

许寿裳对这二师二友,实在是佩服得五体投地。1937年,应夏丏尊之邀,许为《中学生》杂志撰稿,批评何健的"明令读经案",称:"我对于嗜好的读书,愿意贡献一点小小的意见:(一)少读中国书,多读外国书;(二)少捧国粹,多捧'人粹'。"接下来的论述,引证鲁迅的《青年必读书》和《十四年的"读经"》、宋平子的《国粹论》、章太炎的《广论语骈枝》,以及蔡元培关于公民道德的一段话。在同一篇文章中,"四大护法"全部出场,正所谓念兹在兹。能服善,肯表彰师友,而且语调不卑不亢,此乃许寿裳为人为文的最大特色。

在《怀亡友鲁迅》一文中,许寿裳称,自1902年秋至1927年夏,这二十五年中,"晨夕相见者近二十年,相知之深有如兄弟"。这并非高自标榜,许广平也曾描述鲁迅与许寿裳的"兄弟怡怡之情":

他们谈话的范围也很广泛,从新书介绍到古籍研讨,从欧美名著以及东洋近作,无不包罗。而彼此人事的接触,见闻的交换,可歌可泣,可喜可怒,都无不(?)遮瞒,尽量倾吐。这样的友谊,从来没有改变的,真算得是耐久的朋友,在鲁迅先生的交游中,如此长久相处的，恐怕只有许先生一位了。

所谓"师友情谊"，与学问大小没有关系。就像今人之谈论陈寅恪与吴宓、钱锺书与郑朝宗，如果非要挑剔双方学问上是否旗鼓相当，未免过于势利了些。许寿裳的思想不及鲁迅深刻、文章也不如鲁迅华美，但二人之间生死不渝的情谊，值得我们永远怀念。再说，鲁迅孤寂的心灵，其实是需要亲人以及朋友的安慰与支持的。

表彰尊师的"大传"，与追怀好友的"回忆录"，不用说，后者更容易放得开。同样朴实真挚、情深意切，《亡友鲁迅印象记》的挥洒自如，与《章炳麟》的体例谨严，各有千秋。更重要的是，二书同样包含大量第一手资料。许广平为《亡友鲁迅印象记》所撰《读后记》，几乎可以原封不动地移赠《章炳麟》：

> 回忆是不轻的沉痛。幸而许先生能在沉痛中淘净出一些真材实料，为我辈后生小子所不知不见，值得珍贵，而也给热心研究这一时代一个文化巨人的一点真相。就是吉光片羽罢，也弥足珍视的了。除了许先生，我们还能找到第二个人肯如此写出吗？不是肯不肯，而是能不能。没有几十年的交谊以及足够的崇敬之心，还有大致与之相副的笔墨，是写不出《亡友鲁迅印象记》以及《章炳麟》这样的好书的。

五　荡开去的笔墨

撰写传记时，不管是专书还是单篇，许寿裳总喜欢荡开去，引入一些个人交谊以及生活琐事。这样一来，文章不刻板，更能让读者感受到历史人物的音容笑貌。清初黄宗羲在《论文管见》中称，善于经营文章者，除了"三史八家",深厚的学识,还必须添上"竹头木屑"以及"常谈委事"。否则,文章洁是洁了,但没有生气。对"传记文学"有过专门研究的许先生,肯定懂得这个诀窍。

轮到我来谈论许先生及其著述,同样希望将笔墨荡开去。像许多现代文学研究者一样,我之关注许寿裳,最初确实是由于鲁迅以及章太炎的缘故。许著之由"资料库"变成"研究对象",很大程度缘于两次有趣的游历。十年前,在东京大学访学时,我曾对照旧地图,从鲁迅及许寿裳等居住的"伍舍",步行到章太炎讲学的民报社旧址。经历过1923年关东大地震,以及"二战"末期美军的大轰炸,民报社遗址云云,自是荡然无存。穿行于车水马龙之间,遥想八九十年前的往事,只能说是一种"心灵的游历"。但冥冥之中,感觉上离章太炎、周氏兄弟、许寿裳等又走近了一步。

前年秋冬,我有幸在台湾大学中国文学系客座讲学一学期。上任的第二天,系主任送了一册刚刚印制完成的《国立台湾大学中国文学系系史稿(1929—2001)》,其中的"沿革"部分称:1945年台湾光复,国民政府接收这所创办于1929年的"台北帝国大学",改名"国立台湾大学",并将原文政学部分解为文学院与法学院;文学院下设中文、历史、哲学三系,台大中国文学系于是得以正式成立:

> 唯当时百废待兴,乃由北大中文系教授、台湾省国语推行委员会主任委员魏建功先生代为邀聘教员,参与规画(划)。三十六至三十七年中由许寿裳、乔大壮二先生相继担任系主任,二先生旋相继去世。三十七年八月,台静农先生出任系主任,其后主持系务长达二十年,对本系之稳定与发展贡献甚巨。

细读"年表"及"传记",发现许多有趣的细节:比如,1948年2月许寿裳被害,一个月后,原本任教于台师大的许世瑛被台大中国文学系聘为兼任副教授（13页），1952年8月改聘为兼任教授（17页），1972年7月方才离职（45页）。对于现代文学研究者来说，这位小许先生，可是大名鼎鼎，耳熟能详：五岁时鲁迅为其开蒙、上清华大学中国文学系时鲁迅为其开列书目。又比如，台大中国文学系早年诸多名教授，大部分是北京大学的毕业生，如毛子水、董作宾、洪炎秋、戴君仁、台静农等，再加上毕业于燕京大学的郑骞和毕业于清华大学的董同龢，难怪我到此讲学，有"宾至如归"的感觉。

我的办公室在文学院二楼，正对着为纪念傅斯年校长（又一位北大校友！）而建的"傅钟"，每回在走廊里漫步，想象着许寿裳、毛子水、台静农等我熟悉并景仰的先辈，也曾在这里徜徉、攀谈、嬉笑，有一种充实且幸福的感觉。或许，这就是人们常说的"历史文化氛围"。记得周作人说过，"我们于生活日用必需的东西以外，必须还有一点无用的游戏与享乐，生活才觉得有意思"。看花、听雨、闻香、喝不求解渴的茶，还有，追求生活在历史文化氛围中，这些"无用的装点"，确实像周作人所说的，"愈精练愈好"。

真没想到，回北大一年后，我再次遭遇许寿裳先生。不过，这回是在书本上。拜读过许先生的诸多著述，最想推介的，还属《章炳麟》。那是因为，许先生所撰鲁迅各书，包括1947年10月上海峨眉出版社初刊、1953年起由人民文学出版社重排的《亡友鲁迅印象记》，以及1947年6月台湾文化协进会初刊的《鲁迅的思想与生活》、1952年人民文学出版社重编的《我所认识的鲁迅》等，广为研究者阅读与征引；需要专家"导读"的，是相对落寞的《章炳麟》。

说《章炳麟》"落寞"，也只是相对而言。1986年，湖南人民出版社刊行林辰编《许寿裳文录》，其中的《国学大师的章太炎先生》一文，实即《章炳麟》第三章；1987年，重庆出版社推出重排的《章炳麟》。这两种书，各印了千余册，依据的都是"字迹模糊之处甚多"的土纸本（重庆胜利出版社，1945）。2003年，上海百家出版社刊行倪墨炎、陈九英编《许寿裳文集》上下卷，其中《章炳麟》一书用的是1946年南京胜利出版公司的本子。上海版收罗颇广，除几部专门著作外，更旁及集外文、诗集、书信以及纪念文录（据《编辑说明》，此举得益于许先生家乡先后出版的《许寿裳纪念集》、《许寿裳诗集》、《许寿裳书信选集》等），给研究者提供了很大的方便。

即便如此，对于普通读者来说，一册轻便且校勘精良的《章炳麟》，还是十分必要的。

2004年2月13日于京西圆明园新居
（原刊《鲁迅研究月刊》2004年3期）

图书在版编目（CIP）数据

天字第一号：章太炎传 / 许寿裳著. ——北京：新星出版社，2017.10
（传记文库）
ISBN 978-7-5133-2800-5

Ⅰ. ①天… Ⅱ. ①许… Ⅲ. ①章太炎（1869—1936）—传记 Ⅳ. ①B259.25

中国版本图书馆 CIP 数据核字（2017）第 188727 号

传记文库

天字第一号：章太炎传

许寿裳　著

策　　划：彭明哲
责任编辑：冯文丹
责任印制：李姗姗
装帧设计：冷暖儿

出版发行：新星出版社
出 版 人：谢　刚
社　　址：北京市西城区车公庄大街丙3号楼　　100044
网　　址：www.newstarpress.com
电　　话：010-88310888
传　　真：010-65270449
法律顾问：北京市大成律师事务所

读者服务：010-88310811　　service@newstarpress.com
邮购地址：北京市西城区车公庄大街丙3号楼　　100044

印　　刷：北京汇瑞嘉合文化发展有限公司
开　　本：660mm×970mm　　1/16
印　　张：17
字　　数：150千字
版　　次：2017年10月第一版　2017年10月第一次印刷
书　　号：ISBN 978-7-5133-2800-5
定　　价：49.00元

版权专有，侵权必究；如有质量问题，请与印刷厂联系调换。